万科30年
稳健的企业管理

刘丽娟　编著

中国建筑工业出版社

图书在版编目（CIP）数据

万科30年．稳健的企业管理／刘丽娟编著．—北
京：中国建筑工业出版社，2016.9
ISBN 978-7-112-19571-8

Ⅰ．①万… Ⅱ．①刘… Ⅲ．①房地产企业–企业管
理–经验–中国 Ⅳ．①F299.233.3

中国版本图书馆CIP数据核字（2016）第154374号

　　万科作为房地产行业的代表企业，伴随着中国房地产市场的变化走过了30年
的发展历程，万科对企业的运营、管理都积累了很多的经验。本书从战略管理、
企业治理结构变革、制度管理标准化信息化、人力资源管理人性化透明化、企业
文化、客户关系管理五个方面，详细介绍，重点展开。以期能够成为房地产从业
人员和企业管理人员学习、借鉴的优质读物。

责任编辑：封　毅　周方圆
责任校对：王宇枢　李欣慰

万科30年
稳健的企业管理
刘丽娟　编著
＊
中国建筑工业出版社出版、发行（北京西郊百万庄）
各地新华书店、建筑书店经销
北京锋尚制版有限公司制版
北京君升印刷有限公司印刷
＊
开本：787×1092毫米　1/16　印张：13½　字数：288千字
2016年9月第一版　　2016年9月第一次印刷
定价：35.00元
ISBN 978 - 7 - 112 - 19571 - 8
（29040）

目 录

第一章

万科前瞻性的战略管理

1984年在深圳成立的一家公司，虽然当时看起来毫不起眼，没想到在之后，以至于今天，对中国的房地产行业以及中国的企业，都产生了深远的影响。它的企业领导者，领导者的更迭，重要人物出场以及新产品发布……总之，它的每一次亮相，都引起人们追逐式的关注。它所提供的房子，成了一种城市生活方式，它所建设的社区，成了城市人的一种生活文化，它所提供的产品，成了行业的标准。它所倡导的价值观和企业理念，它所培养的人才，这些，都成了中国很多企业的课堂。它内部所发生的每一次变革，经由行业和媒体精细解读，都成了我们所生活和亲历的时代变革的标记。

它，就是万科。

管理大师彼得德鲁克说：管理得好的工厂，总是单调乏味，没有任何激动人心的事情发生。在如今这个日新月异的时代，他的话显然已经不能描述总在发生激烈变化的土地的"工厂"内所发生的事情。

万科发展至今已经30年。这30年，从企业的角度看，万科发展的最大特征是它难能可贵地保持了"均好"，当然，均好的前提是：它一直作为房地产企业的领军和标杆存在。证明的依据是：在房地产的白银时代，万科2014年仍实现了2151.3亿元的销售额。

2015年年初，万科十多年来的行业规模第一宝座旁落，绿地集团夺得榜首。这是万科的失败？不，这正是万科长远的眼光，是万科不争做行业规模第一，而是更加关注企业的可持续发展能力、生态化结构的价值观。万科集团总裁郁亮也在与媒体沟通过程中透露出万科稳健的战略方向：第一，万科住宅业务稳健依然，将着力发展新业务与之并驾齐驱；第二，万科将放弃对规模的片面追求，不争第一；第三，万科将继续转型，赚小钱。

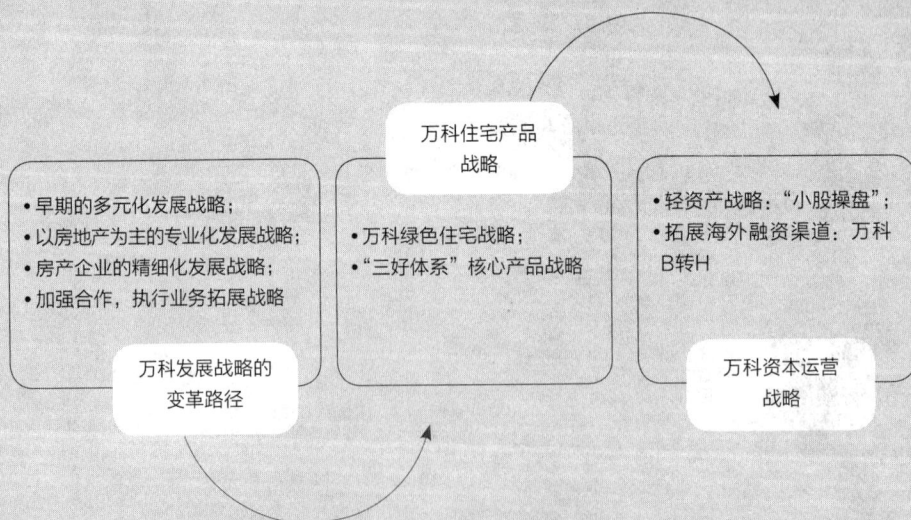

图1-1　万科30年稳健的战略管理

第一节　万科企业发展战略的革新之路

万科集团的发展简单概括起来就是四个步骤：

首先，它起步于一家单营贸易的小公司，最初以日本"综合商社"模式为样本，逐步形成以贸易、工业、房地产和文化传播四大业务为支柱的经营架构；第二步，转变为学习诺基亚模式走专业化道路，发展战略调整为以城市大众住宅开发为主导的架构；第三步，对标美国帕尔迪，走精细化发展道路；第四步，建立全球最大专业住宅开发商战略视野。

在万科企业的每一历史时期，万科企业的管理行为可以概括为两个词：积极、主动。万科是一个最善于调整和改变自己以顺应时代的企业，这个顺应时代，有时候体现的是时代的潮流，有时候体现的是时代的技术。总之，在每个关键时候的应变，万科都体现出战略先行的理念（图1-2）。

图1-2　万科渐趋生态化的战略

一、早期战略以多元化发展为主

万科从1984年到1993年间一直实行多元化发展战略，在当时成为企业多元化发展战略的成功典范。

1. 从销售和办加工厂起步

万科1984年成立，当时企业名为深圳现代科教仪器展销中心。作为一个刚起步的公司，秉承的经营方法就是什么赚钱做什么。主要经营日本电器，像索尼、松下、JVC；还有很多其他业务：搞服装厂、手表厂、饮料厂、印刷厂、K金首饰厂。

2. 多元化发展"综合商社"的战略模式

20世纪80年代的经济环境特点是计划经济与市场经济并行，盈利空间比较大，可选择机会比较多。这时候的万科是在王石的带领下做加法，走多元化之路。对于万科未来的发展方向，万科制定了一个多元化发展的具有信息、交易、投资、融资、制造等多种功能的日本式的"综合商社"的战略模式。

截至1991年A股上市，万科业务种类已包括：进出口、零售、房地产、投资、影视、广告、饮料、印刷、机加工、电气工程及其他等13大类，涉及投资30多家企业。

3. 跨区域发展

1991年万科向综合业务发展,到了1993年,共有五大类业务,55家联营公司和附属公司,遍布全国12个主要城市。旗下业务包括深圳怡宝食品饮料、万科工业扬声器制造、万科供电服务、深圳国际企业服务、万博精品制造等,初步快速地形成了跨地域经营的发展模式。

4. 进入房地产领域

20世纪80年代末90年代初期,万科可选择进入的新领域很多,例如:零售、机电、印刷,甚至还有电影、电视、娱乐,但万科最后选择了房地产开发。

根据万科的官方历史记述,万科做出这个选择的原因有二:①20世纪80年代中国房地产行业处于起步阶段,还未形成市场垄断,进入这个行业发展的机会成本并不大;②当时房地产业务为万科带来的利润高于其他业务,且还呈现出发展前景。

万科1991年跨地域规模经营房地产。首先进驻上海、北京、天津、深圳、沈阳等12个地域经济中心进行规模开发,并利用当地市场刚开放、竞争者尚未跟进的大好时机,在城市新开发区获得大块土地建设住宅小区,以规模经营降低了开发成本,获得了较好的收益。

至1993年,已经形成全国化布局(表1-1)。

万科1989年~1993年房地产项目一览   表1-1

年份	主要城市	新增项目名称	项目类型
1989年	深圳	天景花园、威尔登城	商住楼
1990年	深圳	荔景大厦	商住楼
1991年	深圳	万景大厦、万和大厦	商住楼
	上海	西郊花园	高级别墅
	厦门	富豪花园	高级别墅
1992年	上海	万科城市花园	中档住宅
		万科广场	商住楼
	青岛	银都花园	高级公寓、花园别墅
	天津	万科中心大厦	商住楼
	北海	万达苑	商住楼
	鞍山	万科东源大厦	商住楼
1993年	深圳	赤尾大厦、福景大厦	商住楼
		海神广场(后改成俊园)	写字楼
	成都	万兴苑	商住楼
	石家庄	银都花园	中高档住宅
	北京	万科城市花园	中档住宅
	天津	万科城市花园	中档住宅
	合肥	万科城市花园	中档住宅
	沈阳	万科城市花园	中档住宅
	北海	万科城市花园	中档住宅

案例　恒大集团——多元化最为彻底的房地产企业

说到多元化发展的房地产企业,不得不提一提恒大集团。恒大集团是一家以民生住宅产业为主,集商业、酒店、体育及文化产业为一体的特大型企业集团。

在2014年年中会议上,恒大首次提出多元化发展战略,并制定了力争当年、确保次年成为世界500强企业的目标。随后,恒大先是宣布进军现代农业、乳业、畜牧业,发布了粮油产品,后又收购了韩国整形机构和新西兰奶粉品牌,进军光伏产业,还携手杨受成布局文化传媒行业,加上之前的水和足球,恒大是房地产企业做多元化最为彻底的企业(图1-3)。

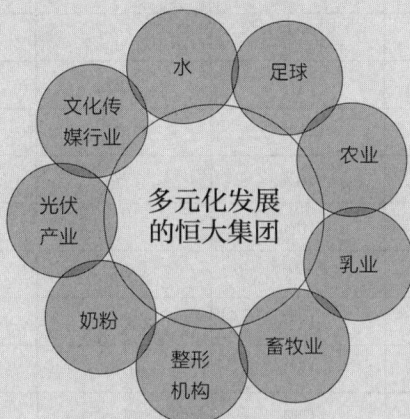

图1-3　多元化发展的恒大集团

二、快速成长期走上房地产专业化道路

成立之初的十年间,万科涉足多个行业,每个行业都有盈利保证,但每个行业的业务规模都不算大,当万科真正走向市场时,这样的局面让企业不可避免地遭遇主业不明的弊端:资金、人力等各种资源无法集中,每一个行业都没有稳固的根基,整体所担风险巨大。1992年是万科多元化发展的鼎盛之时,也就是在这时,万科由王石引领,学习诺基亚模式开始做减法,实行专业化发展战略。

也就是在1994~2001年的七年间,万科实行专业化发展战略,选准一个行业即房地产,开始全面布局企业管理和业务拓展的方方面面,正是基于此,万科成功培育了自己的核心竞争力。

万科做减法表现为以下几个具体的方面:

1. 退出与房地产无关的行业

万科的企业经营从1993年开始全线收缩,卖掉所有盈利但与房地产毫无关联的企业,由多元发展转向专注(表1-2)。

1994年起,万科转让在全国30多家企业持有的股份,收回投资,集中资金,并入地产发展。

2001年9月，万科卖出营业额占据广东省第一位的万家百货后，基本上成了100%的纯房地产开发公司。

<table>
<tr><td colspan="6" align="center">万科历年业务链一览</td><td>表1-2</td></tr>
</table>

年份	各类产品所占比例				
	房地产	商贸	工业	文化传播	投资组合
1984~1985年	—	√	—	—	—
1986~1987年	—	√	√	—	—
1988年	√	√	√	—	—
1989年	√	√	√	—	—
1990年	√	√	√	√	—
1991年	2%	46%	35%	6%	11%
1992年	44%	16%	17%	17%	21%
1993年	45%	10%	5%	3%	37%
1994年	69%	7%	6%	3%	15%
1995年	76%	12%	8%	1%	3%
1996年	53%	15%	10%		22%
1997年	68%	17%	6%	2%	13%
1998年	90%	10%	—	—	—
1999年	82%	9%	—	—	9%
2000年	79%	9%	—	—	12%
2001年	58%	6%	—	—	36%
2002~2014年	100%	—	—	—	—

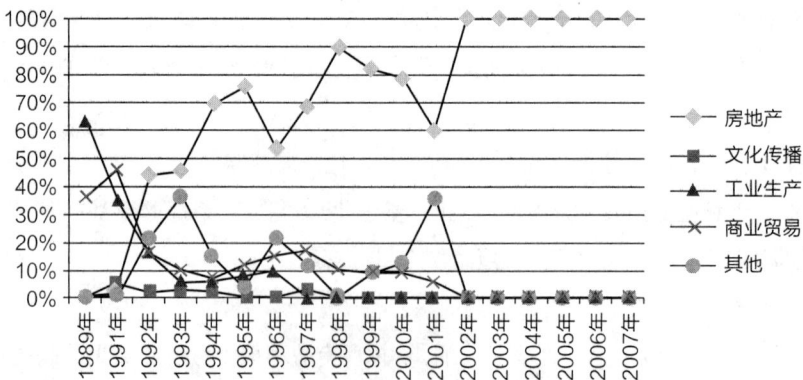

图1-4　万科1989~2007年业务利润结构演变历程

2. 集中优势打造主流产品线

1994年，万科开始对房地产业务进行专业化调整，根据当时的房地产市场细分，万科认为中偏高档的居民住宅具有较大市场潜力，于是万科把城市白领住宅作为主流产品线。

在这个时候，万科思考的是：万科能给业主提供什么？

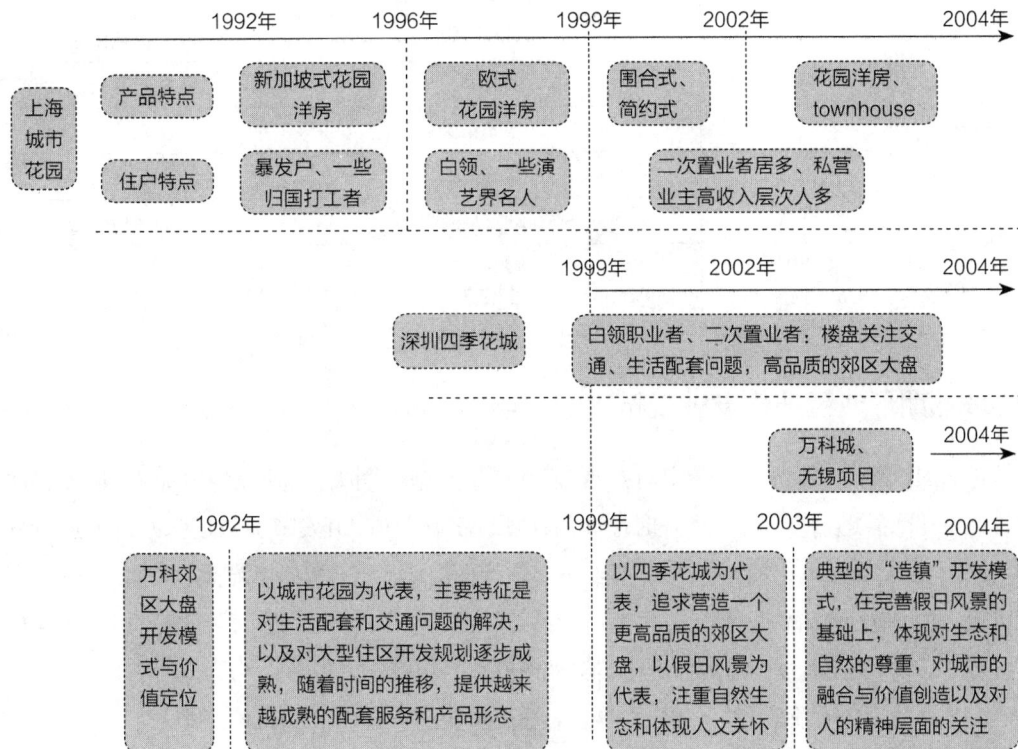

图1-5 万科房地产产品价值

3. 投资区域由分散转向集中

1997年，专业化战略使万科的投资扩张开始理性回归，地域上从12个城市收窄至1999年的5个城市，集中力量在上海、北京、天津、深圳、沈阳等经济发达、人口众多的地域经济中心进行规模开发（表1-3）。

万科1997年~2000年新增项目一览表　　　　　　　　　　　　　　　　表1-3

年份	主要城市	新增项目名称	项目类型
1997年	深圳	福景花园	中、高档住宅
		万科花园——俊园	超高档住宅
1998年	深圳	万科花园——彩园	超高档住宅
	上海	万科城市花园——金枫苑、紫薇苑	中、高档住宅
	北京	万科城市花园——百合园、丹桂园	别墅式公寓

年份	主要城市	新增项目名称	项目类型
1998年	天津	都市花园	中、高档住宅
	天津	万科新城	大众住宅
	沈阳	万科城市花园——紫金苑	中、高档住宅
1999年	深圳	金色家园	中、高档住宅
		温馨家园	中、高档
		四季花城	大众住宅
	上海	优诗美地	中、高档
	北京	北京星园	中、高档住宅
2000年	上海	华尔兹花园	中、高档
	沈阳	花园新城	大众住宅

三、成熟期形成精细化发展战略

进入21世纪,市场经济逐步走向成熟,房地产暴利基本消失,行业竞争愈加激烈。万科面临着以下几个问题:①新工业经济时代如何在项目获取渠道、开发节奏和运营方式上进行变革;②如何更好地了解市场和客户,根据细分客户特征提供产品;③如何调整产品生产方式,实现更快、更好地建造和大规模工业化生产产品等问题。总结起来,这个问题就是两个:万科如何做客户、万科如何通过产品的标准化实施地产开发的规模化。

在这样的形势面前,万科开始向世界著名地产企业帕尔迪(Pulte Homes)学习。

1. 找到世界级企业发展标杆

2003年12月,万科将新的学习标杆定位为美国Pulte Homes公司。理由是万科和它有很多相似之处:①中国和美国地域同样辽阔;②中国和美国市场同样高度细分;③美国房地产开发市场与中国香港特别行政区、新加坡和日本这样的半岛或海岛型经济主体相比,与中国内地的市场特点更为接近(图1-6)。

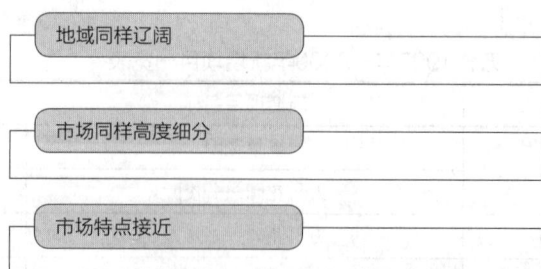

地域同样辽阔

市场同样高度细分

市场特点接近

图1-6　万科将美国Pulte Homes确定为学习标杆的原因

美国Pulte Homes公司是已有近60年发展历史的住宅开发企业，并经历了6个左右的美国完整的房地产市场周期。在行业高度集中和竞争激烈且波动较大的美国市场环境中，始终保持着较高份额，对万科的标杆意义显著。

美国Pulte Homes公司专注做住宅开发，跨区域发展，在美国27个州内都有开发项目，在44个城市有主营业务。而与之相比，当时的万科仅仅在中国的10个省区和19个城市内开展过业务。

万科主要从五个方面学习这家企业的战略和管理：一是跨地经营战略；二是企业持续经营能力；三是市场占有率；四是客户细分法则；五是客户关系维护（图1-7）。

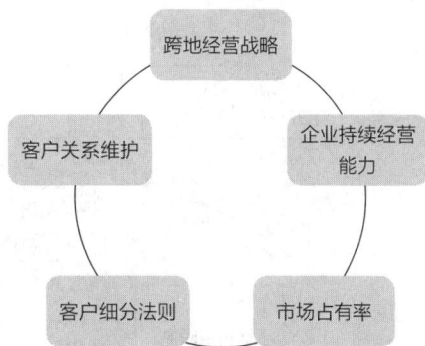

图1-7 万科向美国Pulte Homes学习5方面的战略和管理

确定一个更具全球视野的全新参照系，树立一个更切合企业所处市场环境及长远战略目标的榜样，有十分重要的引导作用。万科在王石领导下，决定走精细化道路，以全球化思维领导万科第二次革命。

管理知识

美国很好地解决房地产行业的三大矛盾

房地产行业中存在三对矛盾：一，土地资源性与市场化的矛盾；二，区域性与规模化的矛盾；三，个性化与工业化的矛盾（图1-8）。在美国成熟的市场经济体系中，这三种矛盾被很好地解决了：土地的流转完全实现了商品化，所以作为特殊资源的土地也能够"完全"市场化；通过全国性的分支机构运营和行业内的强强联合与兼并，克服了房地产开发建设的地域性制约，实现了跨地域的规模化发展；房地产开发建筑商在技术和建筑原材料方面力求实现工业化、标准化操作，但面对尽可能细化的目标客户市场，企业则完全依照个性化原则满足不同层面的需求。

随着三大矛盾的解决，企业的市场化发展塑造了企业的融资能力，使企业应对资本市场的能力大大提高；企业跨地域的规模化经营使企业必须加强内部的运营管理，建立跨地域管理的组织架构和统一的运营平台，在这一过程中，企业的运营管理水平也得到了提高，同时，通过兼并而进行的跨地域发展模式，也使企业快速地从一个小型的本地企业向大型的跨区域经营的企业迈进，完成从小企业向大企业转变的过程；工业化的发展可以说是企业精细化的过程，它将企业在经营方面的水平提到更高的层次。从而使房地产公司形成了新的能力三角（图1-9）。

从总体来说，美国的房地产行业是长期投资型的，整个行业非常专业，旨在追求股东权益的最大化；另外，美国是一个大陆性的全国市场，与中国房地产市场的资源类似。美国房地产行业的运作具有如图1-10所示的四个明显优势：

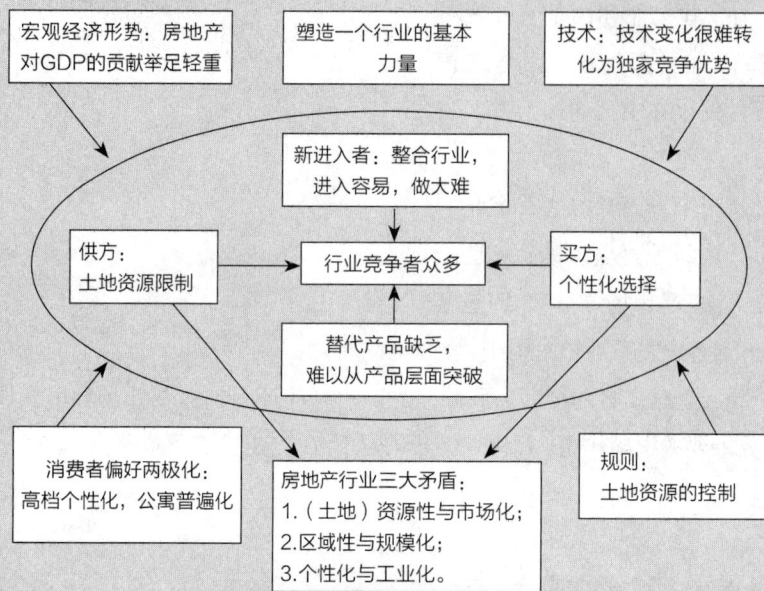

图 1-8　房地产行业三大矛盾

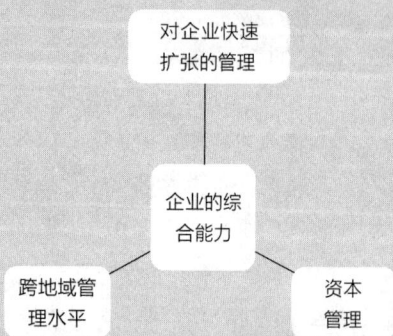

图1-9　大型房地产企业能力三角形

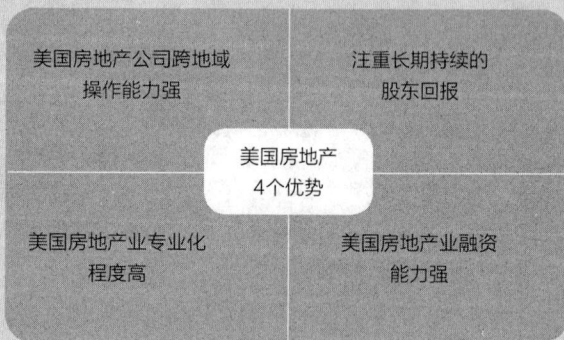

图1-10　美国房地产4个优势

优势一：美国房地产公司跨地域操作能力强

美国是幅员辽阔的大陆国家，各地区的自然条件不尽相同，文化背景和生活习惯差异明显，美国的大型房地产公司都在东西部沿海拓展业务，注重跨地域发展。中国是世界上面积第三大的国家，人口数量世界第一，东西南北各方差异都很大，包括万科在内的大型房地产公司都确定了异地扩张策略，学习香港的地产商显然已经不合时宜，跨地域复制能力的高低直接决定了企业能否做大、做强，万科虽然很早就进入很多城市，但是其异地复制能力与美国同行相比仍然有很大的差距。

优势二：注重长期持续的股东回报

美国排名前几位的房地产公司都是上市公司，有着很大的业绩压力，要时刻追求盈利，回报投资者，他们在净资产利润率、股东回报率等方面都远强于同一时期的万科。

优势三：美国房地产业专业化程度高

房地产开发的各个环节都是分开的，形成了一个完整的业务链。万科相当于美国的Home Builder，属于建筑服务行业，而不属于严格意义上的房地产行业（专指房地产投资行业）。中国房地产行业市场细分的程度和分工还不够深入，随着竞争的加剧和市场环境的变化，将会有部分企业或者企业的部分资源转向房地产投资业务。万科的专业化道路虽已经过了这几年的发展，但是由于受市场环境的影响，专业化程度依然有很大的提升空间。

优势四：美国房地产业融资能力强

在美国，房地产资金一般是银行资金占到15%，有70%来自于社会资金，融资渠道很多，对银行的依赖度不高。而在中国，一般有80%的资金与银行有关系，这里面既有投资商、开发商，又有建筑商，还有购房者的贷款，银行实际上是最大的开发商。这种严重依赖于银行的资金模式是很脆弱的，一旦市场发生异动、行情下跌，金融体系就很危险，后果很严重。万科即使是作为资金雄厚、财务状况良好的开发商在这个时候也实难独善其身，要提高抵抗风险的能力就要在融资上借鉴一下美国同行的经验。

大陆绝大多数房地产公司都是按照香港模式来运作的。对香港模式和美国模式孰好孰坏的争议方兴未艾，但是企业不能停留在争论阶段上，也不能完全照搬美国模式，万科必须率先开拓出一条适合自己的道路来。

2. 做市场细分和客户目标分类研究

万科在研究国外先进的房地产公司时发现：越是成熟的市场，目标市场分得越细，出现了诸多比如首次置业、二次置业、多次置业等更细致分类的市场。而这个市场细分是万科之前没有做过的。

万科因此成立了至今对万科来说都很重要的一个部门：建筑研究中心。这个建筑研究中心专门研究客户现在及未来的生活需求，其中更主要的是对未来十年中人们生活的研究。

这个过程，也是万科立足市场，调研市场，更准确地研究客户设计产品的过程。因为人们的需求是立体化的，从生存需求到情感需求再到精神需求，企业只有经过充分的市场调研，不断细分市场，才能挖掘出客户由浅层次到深层次的需求。借此得到的细分市场，才是企业创造超越客户需求的产品的重要基础。

万科要求企业重视研究消费者的心态，在各细分市场保持竞争优势，在竞争优势的基础上强化品牌形象与竞争力。万科正是因为在各细分市场上加强了品牌建设，持续了品牌竞争力，才保持住自己的核心竞争优势。

3. 打造万科物业品牌

万科确定了自己的世界级标杆和发展方向后，接下来开始专注集中资源做品牌。其中企业的物业管理和小区规划，是万科地产品牌的两个重要方面。

企业品牌的树立，一靠客户满意度，二靠公众认知度。

万科地产从开发初始，就立足于做精品，为客户提供满意的产品和服务。并借助物业公司来提升企业品牌和市场口碑。

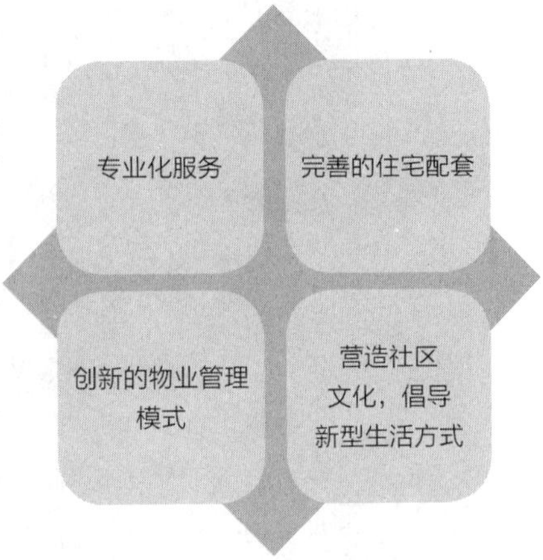

其内容主要包括如图1-11所示的四个方面：

专业化服务　完善的住宅配套　创新的物业管理模式　营造社区文化，倡导新型生活方式

图1-11　打造万科物业品牌的4个措施

（1）专业化服务

万科集团一开始就是把物业管理提高到房地产开发的一项售后服务保障措施的地位而管理和经营的。可以说，万科的物业管理就具有较高标准、较高起点、较有创新、较超前的新特质，走在了中国房地产企业开发售后服务的前列。

万科在1992年就成立了旗下第一家物业管理公司，之后跟着万科地产开发布局而在全国多个大中城市落地。目前其管理面积和员工规模以及服务城市的数量，已经是国内规模最大、兼具优质服务形象及客户口碑的物业服务企业。更主要的是，大部分的万科业主是因为万科的物业管理而选择了万科的房子。

万科的物业公司通过提供房屋保养维修、保安、清洁、消防等各项专业服务，为万科业主提供安全、洁净、舒适的小区环境，达到"管理无盲点、服务无挑剔、业主无怨言"。万科物业因有效维护而稳获升值。

（2）完善的住宅配套

住宅区配套完善与否是反映小区物业管理服务水平和居民生活质量的重要指标。万科物业的管理重点在三个方面：①完善住宅区的配套种类；②提高服务档次；③增加服务配套，例如餐饮、商业网点、康乐设施、邮电所、银行等。

（3）创新的物业管理模式

万科的共管式管理模式、酒店式管理模式、无人式管理模式、个性化管理模式等早期物业管理模式是打造万科物业品牌的利器，成为万科品牌的重要组成部分。

（4）营造社区文化，倡导新型生活方式

万科在提供优质产品和服务的同时，也倡导一种住宅文化，即高质素的生活空间、良好的

人际关系、温情的社区氛围。

除设置小区内的公共场所供居民交流之外，物业公司实际充当了业主与业主之间联系的纽带，如创办万客会，举办业主网球赛、运动会、联谊会、摄影展、少儿夏令营等社区活动，增强业主对于居住社区的归属感和认同感。

由于万科住宅产品满足了现代人对于生活品位的追求，因而得到客户和社会的认可，树立了良好的品牌形象，成为万科地产最有力的竞争优势。

4. 向资源整合型企业转型

早在2004年，万科就已将资源整合方式列入发展战略。万科认为，资源的社会化整合是未来行业发展的一种趋势。万科所要做的就是充分利用自身在专业能力、组织管理和资本市场上的优势，提升自身在行业资源整合中的枢纽地位。

这种资源整合方式其实是一种欧美开发企业发展的模式，它将住宅开发视为一种高度细分的专业化分工，从资金到开发、规划、设计、建设以及销售，各个环节均由高度专业化的公司分别完成。在美国模式中，所谓开发商，更类似于专业化房地产开发项目管理公司。万科正在朝着这个方向努力。

为实现打造资源整合型企业的目标，选择与行业内最优秀的公司合作，并且在同一环节坚持与多家优秀公司合作，以建立一个复杂的供应链，使得整个业务链更具抗风险性。同时万科在合作上坚持战略性合作，万科一般会通过参股合作公司来拥有对其的部分控制权，以保证合作关系及整个业务链的稳定性。

但需要明确的是资源整合是非常困难的事情，是一个需要长期努力的过程，因此万科需要不断探究更好的资源整合方式。

四、市场变革期寻求多方合作与转型战略

万科1993年宣布从多元化发展的"综合商社"转型为专注住宅开发的专业化发展之后，就一直心无旁骛的坚持住宅开发。王石甚至发狠话，"就算我死了，你们搞多元化，我还是会从骨灰盒里伸出一只手来干扰你。"这句话一度成为业界谈论万科的经典语录。

但是，市场的变化使王石不得不做出妥协。在房地产市场上，万科越来越难拿到只有住宅、不需建其他配套设施的地块。进军商业地产对于万科来说好像并非一厢情愿。但是，自从进军商业地产之后，万科对商业地产的投入与重视度逐年提高。在跌宕的市场中，万科实行了一系列的业务拓展战略（图1-12）。

1. 转型城市配套服务商

2013年1月，万科正式组建商用地产管理部，负责统筹万科商用地产的实施工作。2015年5月1日，在2015米兰世博会万科馆揭幕仪式上，万科发布了新一代企业标识（LOGO），对原有标识系统做了大幅更新。此次更换企业标识寓意着万科从一个住宅开发商的领袖，逐步向城市配套服务商转型。

转型城市配套服务商

拥抱互联网颠覆传统商业地产服务模式

"万万合作"联手开发商业地产

形成"八爪鱼"的万科新商业生态系统

积极拓展香港和海外市场

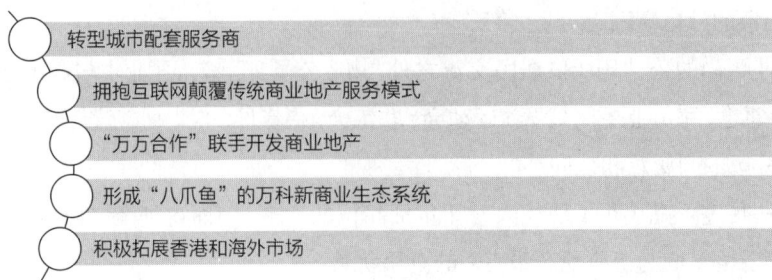

图1-12　万科业务拓展战略

Q 万科的管理

万科对新 logo 的阐释

万科集团总裁郁亮在米兰世博会万科换标仪式上表示，新标对前一代的图形做了精简，是为了更好地配合公司向城市配套服务商转型的需要。没有成功的企业，只有时代的企业。在"互联网+"时代，和城市共同发展是万科始终坚持的重要战略，未来的万科，不光要继续巩固传统住宅业务，还要不断完善社区服务平台，密切关注新的细分市场机会，紧跟城市演进的步伐，在消费地产和产业地产领域拓宽视野，培育和提升新业务能力，为企业成长持续注入动力。新标与国际主流设计接轨，体现了公司国际化、充分利用全球资源的发展方向（图1-13）。

vanke 万科
赞 美 生 命 共 筑 城 市

图1-13　万科新logo

万科品牌全新标志以更具包容性的字体标志形式，宣告品牌正式进入一个全新阶段。简洁现代的字体标志预示着万科品牌未来在城市配套服务领域更多发展的空间，简约的标志视觉语言，充分展现一个具备国际视野和亲和力的集团品牌形象。英文字体以无衬线的大小写混合书写方式，展现品牌精致与亲和魅力。中文字体在字形上突出简约之感，字体结构和间宽以舒适的尺度，保持字形外观的优雅舒缓。全新字体标志象征品牌正以更加现代的态度与形象，融入一个开放包容的社会经济环境。宣示万科重视服务精神的传递，重视企业亲和力的构建。

除了企业LOGO变身之外，万科的企业标语也从之前的"用建筑赞美生命"改为"赞美生命共筑城市"，这与万科"城市配套服务商"的转型定位不谋而合。新标对原有标识系统做了大幅更新，顺应向城市配套服务商的转型，凸显企业的国际化方向和贴近客户的理念。

万科以专注住宅开发著称了很多年,在今天之后的未来十年,住宅业务仍然会占万科业务的很大比重。随着城市住宅开发的远郊化,万科自然不局限于仅仅做住宅地产的开发,还会根据客户的需求打造城市配套的业务线条,从住宅业务延伸向社区配套和服务、消费体验地产、产业地产等(表1-4)。

万科产业链(2014年)   表1-4

产业链	万科品牌
商业地产	万科现在已开发18个购物中心,包括深圳龙岗万科广场、南海万科广场、佛山万科广场等
养老地产	万科早在2010年就在北京房山窦店试点了养老地产项目"万科幸福汇"。此外,万科集团还在北京的欢庆城和青岛的万科城试水养老地产项目。目前,万科至少有4个养老地产项目
产业地产	5月16日,万科宣布了在廊坊开发物流地产,在此之前,万科已在操作的产业地产项目包括青岛国家级广告产业园、前海企业公馆、深圳留仙洞总部基地综合体、郑州全球高新智慧产业园等
旅游地产	万科旅游地产包括海南万科浪琴湾、烟台万科芝罘岛、天洋万科北戴河等
写字楼	万科公布的写字楼产品线,从高端到低端包括万科中心系、金域国际系和万科天地系三类。万科进入写字楼市场,不仅限于北京,包括上海、深圳、杭州、佛山、成都在内的城市都开始了写字楼业态的发展和研究
自有品牌	万科推出的餐饮品牌"第五食堂"是针对社区业主的全新服务配套设施。万科自有品牌还有塞拉味西饼屋、玉鸟菜场、光大银行、V咖啡、V餐厅、社区托老机构"橡树汇"等

万科提出做城市配套服务商的概念,是企业服务理念更具"互联网思维"的一个表现,这意味着万科将用开放的、平台化的、以客户需求为导向的快速反应,促进城市发展,提高人们城市生活的舒适度和便捷性。

万科城市配套服务商的概念,具体说来有以下四个具体的业务形式:

形式1. 住宅开发主打社区配套和服务

中国传统住宅业务未来还有很大发展空间,预计未来十年,万科的住宅业务仍占大部分比重,深耕住宅开发是万科未来至少十年内的重要业务内容之一。

但如今万科的住宅开发不仅持续重视企业一向强调的质量保障、细致服务、客户理念,还增加了社区配套和服务的现代元素(图1-14)。

事实上,早在2012年,万科便开始发展社区服务,相继推出万物仓、第五食堂、幸福驿站等社区服务元素。

2014年,为满足互联网时代的业主生活需求,万科联合合作方推出"万科—韵达全国邮包合作"、"万科—天猫自提服务合作",联通数据库系统等服务,方便业主接收包裹。

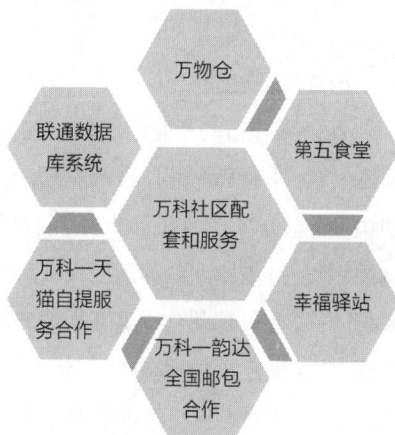

图1-14 万科社区配套和服务

> **◐ 万科的管理**
>
> ### 万科入股徽商银行
>
> 2014年10月,万科对外发布公告,正式确认拟以基石投资者身份参与徽商银行H股首次公开发行。入股徽商银行对于万科来说,更是转型中十分关键的一步。
>
> 参股商业银行,能更好地满足公司客户在金融服务方面的需求。相对于万科过千亿的年销售规模,此次参股徽商银行的投资规模不大,但可望发挥协同效应,帮助公司率先向客户提供国内领先的社区金融服务,提升公司在全面居住服务方面的竞争力。

形式2. 消费体验地产

万科的猜想是,未来大家可能不愿意买更多的房子,但是需求会不断变化,例如有养老的需求、消费的需求、度假的需求,这是跟客户的多元化需求相关的。所以万科将涉足的消费体验地产包括生活中心、旅游度假、度假物业、服务式公寓、新型商用中心、社区养老、社区商业甚至是社区教育。

> **◐ 万科的管理**
>
> ### 万科运营松花湖度假区
>
> 松花湖滑雪场历史悠久,始建于1958年,是中国第一条载人索道的诞生地,曾承办过第六届全国冬季运动会等重要赛事。松花湖度假区是万科集团首次进入的滑雪度假产业,万科松花湖度假区引进了世界先进的设计理念以及国际顶级的硬件设施,配合优越的自然优势,使雪场品质全面升级。未来松花湖度假区将成为一个集五星级标准酒店、山顶餐厅、风情商业街、青山客栈、青山公寓、运动学校、山体公园等设施于一体的度假胜地。

形式3. 产业地产

万科欲开拓的产业地产领域包括写字楼、会展中心、创业产业园、物流地产等。已经试水的项目包括:①青岛国家广告产业园,算是文创园区。万科对这个项目从项目定位、规划设计、功能架构、业态分布等多方面投入了大量精力和资源,聘请了享誉国际的荷兰最大设计公司KCAP担纲规划设计,借鉴纽约苏活区、巴塞罗那22开放式园区理念,将项目建设成为全开放式BLOCK商务街区;②万科郑州全球高新智慧产业园。这个项目是万科与河南本地龙头企业美景集团合资开发的,定位锁定国际高端产业,致力于打造"功能混合"的科技城,将引进德国及国内优质高新技术企业,在中原地区打造首个理念为"智力、智能、智造"的高端智慧型生态产业园区。

但目前为止,万科的产业地产布局还是零星的、机会型的,不成系统,逻辑也未必很清楚。

项目操作仍处于前期试错阶段,各地公司有一定权限各做各的,有点像早期商业地产的打法。万科最终究竟是像绿地这样产城互动大规模开发,还是开拓自己独有的运作模式,仍应在产业地产方面有更多的思考。

形式4. 商业地产

万科1997年开始涉足商业地产领域,2010年底成立深圳市万科商业管理有限公司,重回商业地产领域。2011年6月28日正式宣布进军商业地产。2013年1月9日,万科集团商用地产管理部在北京成立。

○ 万科的管理

万科进军物流地产

2014年5月16日,万科宣布联手廊坊控股,迈出物流地产领域第一步。而且万科进军物流地产的动作并不止在廊坊,其在全国都在寻找机会。

学习型企业万科这次把物流地产的对标对象定为普洛斯,万科在物流地产上的做法跟当初涉足商业类似,对各地经理人充分放权,容许试错。

一、物流地产的4个运营要求

要与资本
运营相结合

找准目标客户

准确选址和规划

搭建网络布点平台

图1-15 物流地产的4个运营要求

要求1. 要与资本运营相结合

资本与物流地产始终密不可分,在国际物流地产市场中,物流基础设施提供商多采用基金管理模式玩转物流地产。

首先,物流基础设施提供商会联合机构投资人募资成立基金公司,在基金公司中的持股比例平均在20%～30%。这样便可利用基金杠杆,扩大投资规模,降低投资风险。基金公司主要用于收购旗下成熟物业,而把旗下成熟物业置入基金公司的过程,相当于完成了一次销售,获取了开发利润。

其次，物流基础设施提供商通过与基金公司签订管理协议，仍然负责物流仓储物业的长期运营并收取一定的资产管理费用。同时，作为基金发起人和持股者还能享受到基金公司持有成熟物业的资产升值利润。

要求 2. 找准目标客户

物流地产开发具有特殊性，不同行业和不同类型的企业对物流基础设施的要求也有所不同。了解行业和客户，才能明确自身产品的定位和布局。运作物流地产的难点之一在于找客户。如果物流仓储物业的使用者（企业）不认可，进而造成较高空置率，无疑将对资产形成压力。

要求 3. 准确选址和规划

玩转物流地产的核心在于选址，也就是物流点规划能力。选在正确的位置上，如物流枢纽或是重要的仓储聚集地，这样的物流地产租赁需求才高。

要求 4. 搭建网络布点平台

运营物流地产关键的一点在于做出网络布点平台，而非简单做几个项目。物流客户的重复概率非常高，同一个仓储物业使用者在各地都可能是客户。在全国实现网络化布局，可以通过网络布点平台发展业务，维护住客户关系。

二、万科运营物流地产的 3 个优势

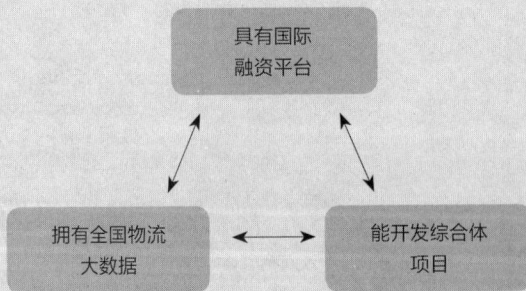

图1-16　万科运营物流地产的3个优势

优势 1. 具有国际融资平台

万科具有国际融资平台，国际资本还能给万科带来物流地产里的下游需求者。大型物流物业的使用者也是跟着国际资本走，万科大可以做中间的衔接环节。

优势 2. 拥有全国物流大数据

与外资物流地产商更多关注沿海以及大中城市不同，万科已经进入全国60多个城市，其身影甚至出现在三四线城市的下辖小镇。万科是一个很愿意花时间研究的企业，每进入一个城市都会搜集大量的城市资料，对城市的政府、经济、民生、商业以及未来，事无巨细地深入了解。

因此，万科比外资物流地产商更能读懂中国尤其是内地的城市，更能判断出这个城市是否有发展物流方面的需求和基础。

> **优势 3．能开发综合体项目**
>
> 与传统物流地产商只有物流一张牌不同，万科在做物流的同时，还可以搭配住宅、商业等综合体项目，这无疑对当地政府构成更大的吸引力。这次和廊坊的签约，便是一次印证。

2. 拥抱互联网颠覆传统商业地产服务模式

2014年6月5日，在万科首届商业合作方大会"万科30年，筑梦新起点"上，万科与百度正式确立了战略合作伙伴关系。百度将基于大数据分析及云计算技术，为万科的商业项目带来定位引擎、大数据、营销工具三类核心技术，给万科商业地产提供智能化升级的解决方案。

万科和百度的合作，绝不是停留在简单的"地产+互联网"。总的来说，万科想通过百度，获取商业客流位置信息，对消费者进行行为分析，最终给自身运营和商户提供增值服务。"百度迁徙"是万科商业和百度合作的核心技术。百度迁徙可在不连接wifi的条件下，对商场内的人流动线、走向进行"监控"。基于这种技术，万科将在商业地产的运营管理方面实现如图1-17所示的三个变革：

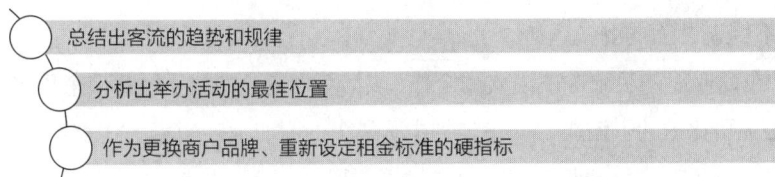

- 总结出客流的趋势和规律
- 分析出举办活动的最佳位置
- 作为更换商户品牌、重新设定租金标准的硬指标

图1-17　"百度迁徙"技术在万科商业地产运营的三个应用

（1）总结出客流的趋势和规律

在此技术基础上，万科将得到分时段的大致客流量，每个店面的大致客流量，每个时段每个店面的客流量。当这些数据积累到足够数量时，作为运营方的万科就可以知道，哪些店面受欢迎，哪些店面不受欢迎，哪个时间段哪个位置的人流大，哪个时间段哪个位置人流少，以及这些现象之间的关联关系、变量和常量关系，从而总结出趋势和规律。

（2）分析出举办活动的最佳位置

基于这些数据，综合分析之后，万科将把这些数据用于自身商业的运营、推广，比如在哪里做活动最能吸引人，能达到最好效果。同时，万科还会把这些数据分析成果，针对性地分类提供给商户，相当于为商户提供增值服务。

（3）作为更换商户品牌、重新设定租金标准的硬指标

万科将把这些数据作为更换商户品牌、重新设定租金标准的硬指标。换句话说，万科可以用数据消灭那些客流量小、效益低的商户。而那些客流量较高的区域，万科也可以有理有力地调高租金。

3."万万合作"联手开发商业地产

2015年5月,全球商业地产龙头万达和全球住宅地产龙头万科宣布建立战略合作关系。"万万"组合也被市场戏称为"万万没想到"。双方看似交集甚少,实际双方在轻资产转型、商业地产发展、社区服务运营、"互联网+"发展等多方面有共同需求。

万达和万科的"强强联手","轻资产"被猜测为最大合作点之一(图1-18)。2013年以来,万科已先后与凯雷、领汇、鹏华基金等企业签署合作协议。"万科的商业地产一开始就想做轻资产,而且因为总资产量大,要用轻资产让其持续健康发展。"原万科集团高级副总裁毛大庆曾多次如是表示。

线下经营相互导流

合力抢食社区商业

图1-18 "万万"的两个合作点

(1)线下经营相互导流

"万万"在商业地产领域这种模式的合作,或给双方商业的线下经营带来更多导流。

万达拥有无可比拟的引流能力——坐拥中国最多的商业地产。截至2014年底万达已开业的万达广场总数达到107座,已开业持有物业总建筑面积2156万平方米,拥有极为庞大的消费客户群体。而万科目前拥有最多的客户群体,已完成了近200万户的房产销售。

如果把二者的客户实现无缝连接,就是关注客户持续需求的最高应用。

(2)合力抢食社区商业

万科在商业物业的经营经验和资源,以及大数据的采集和分析能力上,仍待完善和发展。

而万达有丰富的线下场景、商家和会员,在自建O2O平台的基础上,对租赁流程、品牌建档、城市信息、POS交易记录、客流监控、顾客WiFi跟踪、大会员体系进行大数据收集和分析,并与腾讯、百度合作,提高顾客的线下消费体验,收购快钱,打通线上线下支付通道。万达在实体商业的运营上,以及商业O2O闭环的打造和操作上都有更多经验。

4. 形成"八爪鱼"的万科新商业生态系统

"八爪鱼"由万科家、万科驿、万科派、万科云、万科塾、万科广场、万科里和万科悦,八大触角组合而成(图1-19)。

万科家是万科的传统住宅业务,万科驿和万科派是公寓长租,万科云主要做办公楼,万科塾是教育营地,万科广场和万科里都是购物消费中心,万科悦则是养老业务。

八爪鱼的八个触角其实就是万科八大重点业务,基于整体战略转型的目标,万科对其产品线进行了经纬交错的整合,使这八个触角构成了一个完整的生态系统。八个触角有着一个统一的终极目标:增加客户的"黏性"!当8个触角实现了共享客户资源后,万科就有了一个高黏性的客户池。万科只要持续的在这个客户池里维护好客户的黏性,就能形成完整的良性循环的生态圈。

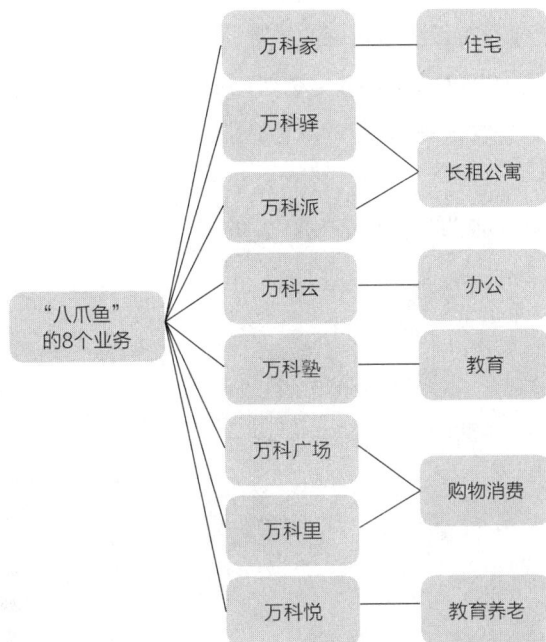

图1-19 万科"八爪鱼"的8个业务

5. 积极拓展香港和海外市场

除了内地,万科对香港始终抱有信心,未来会越来越多地参与到包括港铁项目在内的一些投标项目,且会考虑独立发展在香港的业务。万科还将继续走向海外,包括在海外与其他房企合作开发,争取和当地开发商合作。

万科的海外项目,也是先找到当地知名的地产商合作。2014年初,王石表示:"万科到海外市场发展,第一(目标)就是找合作伙伴,而不是找项目,这是万科海外战略的原则。"

第二节 万科住宅产品更新战略

万科住宅的产品战略在不断更新但始终不离其"打造理想人居环境"的价值观:最初打造商品房便是为了改善居住条件,谋求理想居住环境;后来率先提出住宅工业化,规范产品标准,为购房者打造标准宜居环境;同时坚持装修房模式改善人居体验;到今日提出融合进社区服务的"三好"住宅体系(图1-20)。

一、万科绿色住宅战略

中国经济快速发展,环境状况却逐渐恶化,企业降低行业生产能耗和资源消耗,提高资源利用效率显得尤为重要。加快绿色环保技术创新升级,不断完善和推广产业化生产标准,将是占社会总能耗1/3的建筑行业可持续健康发展的关键所在。

万科早在2008年就开始提出绿色战略与规划,并计划分三个步骤来逐步实现。万科的愿景是:成为中国房地产行业持续领跑、卓越的绿色企业。

步骤1. 住房精装修

"住房精装修"是万科实现"绿色建筑产业化"的第一步。

图1-20 万科不断探索更贴近社会需求的产品战略

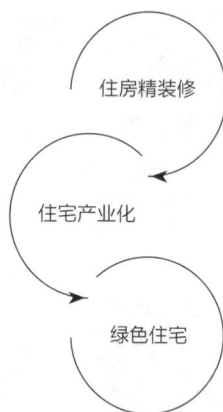

图1-21 万科低碳三部曲

> 🔗 **链接**
>
> 据统计,消费者自己装修100平方米的一套房子平均多产生建筑垃圾2吨;中国每年交付房子600万套,只装修一项就多产生建筑垃圾1000多万吨。万科的住宅产业化实施后,将提高钢模板等材料的重复利用率,能使建筑垃圾减少约83%,材料损耗约减少60%,可回收材料约增加66%,而建筑节能达50%以上。

万科地产执行精装修的进程如表1-5所示。

万科地产执行精装修的进程   表1-5

时间	进程
2001年	开始研究和部署在住宅建筑中加入精装修
2006年	首次在东海岸十七英里推出精装修概念房
2009年	把住宅精装修写入公司战略发展纲要
2009年后	深圳万科将不再出售毛坯房
2013年	万科交付的房屋,装修房占比超过90%;合计为市场提供了41万套超过400万平方米的精装住宅

步骤2. 住宅产业化

万科1999年开始了住宅产业化的探索。

2003年，万科提出"像造汽车一样造房子"，就是指在工厂生产修建住宅所需的部件模块，然后运到工地搭建。

这样做的价值在于三点：最小的成本、最快的速度和最稳定的质量。

（1）住宅产业化的颠覆性

万科住宅产业化在中国房地产行业开发模式三个层面的颠覆（图1-22）：

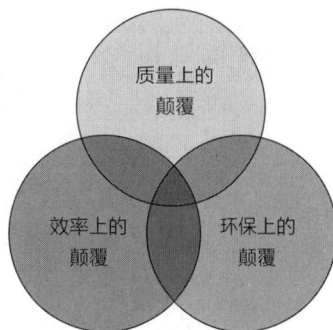

图1-22 住宅产业化3个方面的颠覆

第一，质量上颠覆。

住宅建设精度从厘米精确到毫米，彻底消除现有工艺难以解决的渗漏等问题，实现墙体无缝化。

第二，效率上的颠覆。

公司人均管理项目个数可提高20倍以上，提高资产周转率；与用传统工艺建造相比，采取工业化预制技术的建筑，其施工周期也会缩短。

第三，环保上的颠覆。

由于采用工业化生产，运用钢制模具，达到节水节材，实现节能减排的良好社会效益。"住宅产业化比例达到10%，就相当于减少10个西湖水的污水排放，减少葛洲坝一个月的发电量，减少森林砍伐相当于9000公顷森林。"

万科通过产业化变革，首先在行业内确定了房地产开发将成为一个可以用数字进行精益管理的标准流程，并且可延展、可复制、可持续。万科借此拥有了一个可进行全球资源整合的平台。

（2）不断实践住宅产业化

1999年，我国发布《关于推进住宅产业现代化，提高住宅质量的若干意见》。基于长远发展战略目标下的管理压力、成本削减以及效率和质量提升需求，加上国家宏观政策的引导，万科自1999年开始探索工业化生产模式。从2013年开始，万科住宅产业化的重点将转向工厂化。

Q 万科的管理

万科住宅产业化实施时间表　　　　　　　　　　　　　　　　表1-6

时间	事件
1999年	万科建筑研究中心成立
2001年	万科部品战略采购
2002年	万科建筑研究中心研究大楼落成

续表

时间	事件
2003年	万科标准化项目启动
2004年	万科工厂化中心成立；万科PC技术研究开展
2005年	万科1号实验楼落成
2006年	万科产业化基地项目立项
2007年	万科住宅工业化研究基地落成，并获批成为"国家住宅工业化基地"；北京榆构万科住宅产业化研发中心成立；万科2、3号实验楼落成；上海新里程20、21号楼、深圳第五园公寓两个工业化项目落成；万科集团被授予住宅产业联盟型"国家住宅产业化基地"
2008年	万科4号实验楼落成；万科制定中长期发展战略：工业化升级（标准化的设计生产）与绿色升级（前瞻性的行业新标准）的四大绿色定位：一，绿色气体减排的行业领先者；二，绿色住宅标准的推广者；三，绿色节能技术的广泛应用者；四，绿色社区生活的身体力行者
2009年	万科5号实验楼落成； 上海宝山四季花城、上海地杰CI、上海新里程北二期、北京假日风景三期B3、B4四个工业化项目落成
2014年	万科联合中城联盟的60余家房企以及多家设备厂商和研发机构，采用了全产业链协同研发，完成了针对室内PM2.5污染的解决方案，以回应社会对空气质量的关注

图1-23 东莞万科住宅产业研究基地

步骤3. 成为绿色住宅供应商

万科绿色建筑设计的理念是通过对总体规划和建筑单体设计，利用自然技术、本地绿色建筑材料等低成本、低投入方式平衡和保护周边生态系统，节约能源，鼓励在成本可控范围内进行一定程度的新技术、新材料应用探索，同时保证使用者的健康和舒适。

万科提出这个目标旨在最终实现中国绿色住宅供应商的角色定位。

（1）首个零碳排放住宅——"0 house"

零碳排放住宅代表着万科对绿色建筑的前沿探索。2008年1月，深圳万科城（四期）荣获"2007中国建筑节能年度代表工程"称号,成为中国绿色建筑的标杆之一,实验计算得出该小区每年可节电103万kw·h。

万科城(四期)中最特殊的是一幢2层小楼,这是万科的首个零碳排放住宅——"0 house"。从技术上看,这座由全世界数十家专业团队联合打造,建筑是一座完全基于南方气候环境下的节能、环保、零碳排放的智能化住宅。2009年,"0 house"已有业主入住,建成后的一年里,万科持续对它进行全方位的数据监控,包括材料、设备、空间、舒适度和使用便捷等多方面的情况,由此掌握了零碳排放住宅的重要数据,为万科更好的产品研究提供了实践可行的科学依据。

根据国家绿色建筑认证标准,2009~2014年期间,万科共完成绿色三星项目近70个,面积700多万平方米。

(2)"绿色"物业服务

万科所倡导的"绿色"物业服务也是其低碳战略的重要一环。万科实施的"绿色"物业服务包括:

第一,垃圾分类及处理。在万科的各个园区内,都实行将垃圾分类投放,并通过分类的清运和回收使之重新变成资源。有的小区甚至还有垃圾处理机,可以自动实现垃圾的分类处理。

第二,采用人体感应开关。为了节省能源,万科还将园区各楼宇内原有的"声控感应开关"改换为"人体感应开关"。

第三,节约用水。万科还注重减少住宅小区的水资源压力和水的二次污染,例如北京的万科园区内全部利用中水浇灌绿地。

(3)加入"碳减排先锋"

2014年11月13日,万科企业股份有限公司宣布正式加入WWF"碳减排先锋"项目(Climate Saver),成为全球房地产行业中首家"碳减排先锋"成员企业,并制定和公开了自身的碳减排目标,力争在2018年推动集团碳减排工作迈上新台阶。

> **知识链接:"碳减排先锋"项目**
>
> "碳减排先锋"项目始于1999年,是由WWF(世界自然基金会)发起的全球各行业领军企业参与应对气候变化的项目。该项目致力于推动企业自愿实施大幅超前的温室气体减排行动,推动可再生能源的使用,并积极推广可持续商业模式,进而对市场、行业及政策产生积极影响。
>
> 截至2014年11月14日,已有30家全球知名企业成为"碳减排先锋"成员,包括沃尔沃集团、惠普公司、强生公司、斯凯孚集团、可口可乐和英利公司等。

万科实现碳减排目标的四个措施(图1-24):

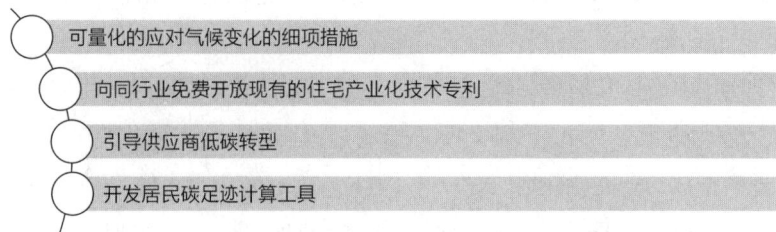

可量化的应对气候变化的细项措施

向同行业免费开放现有的住宅产业化技术专利

引导供应商低碳转型

开发居民碳足迹计算工具

图1-24　万科实现碳减排目标的4个措施

第一，可量化的应对气候变化的细项措施。

原万科集团高级副总裁毛大庆表示，为了加入碳减排先锋项目，万科承诺了可量化的应对气候变化的细项措施，在运营和供应链等方面都设立了超前的减排目标，并积极促进可再生能源的利用，同时希望能努力推动合作伙伴的转变。

第二，向同行业免费开放现有的住宅产业化技术专利。

万科还承诺将向同行业免费开放现有的住宅产业化技术专利。这些承诺对于推动中国城市住宅产业化升级和可再生能源利用意义重大，同时也将促进中国城市向绿色低碳转型。

第三，引导供应商低碳转型。

万科除了在推动住宅低碳化发展上做出超前承诺外，还致力于引导供应商低碳转型，帮助居民实践可持续生活方式。到2018年，万科将推动12家供应商采用GB/T23331（等同于ISO50001）能源管理体系，90%以上的集团采购供应商采用ISO9001质量管理体系认证和ISO14001环境管理体系认证。

第四，开发居民碳足迹计算工具。

万科还将开发居民碳足迹计算工具，推动普及低碳生活方式。

二、"三好体系"核心产品战略

2012年，万科正式提出新的核心产品战略——"三好"体系。2014年，万科又发布了"新三好"体系，意为"好房子、好服务、好社区"。

万科希望借此产品战略将自己的产品与其他同类产品进行区隔竞争，以实现自己产品的优势最大化。

1. "三好住宅"内涵解读

万科"三好住宅"包括"好房子"、"好服务"和"好社区"三个层次（图1-25）。

"好房子"，打造"质量、健康和性能"为核心的心灵归宿，为居住者提供安全和舒适的栖息场所。

"好服务"，关注从客户初次接触、购买过程、交付使用和长期入住的全流程，致力于为客户提供专业、集约、主动的服务，让处于不同生命周期的个体均得到主动的尊重和关怀，包括专业客户服务、全心物业服务和全系配套服务。

"好社区",探索邻里关系新模式,促进城市人居回归"睦邻而居"的传统,给予生命和谐与多彩的人文空间。

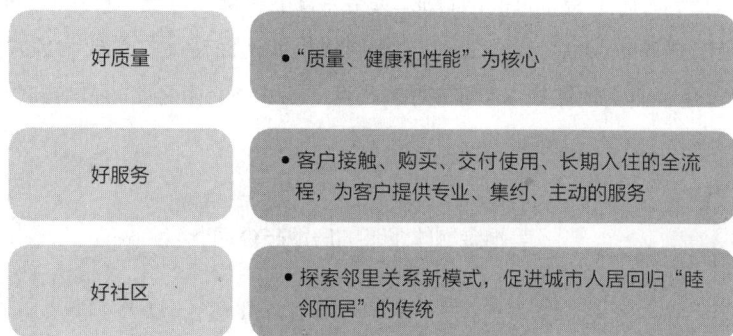

图1-25 "三好住宅"的内涵

Q 万科的管理

万科"三好"成就"四有"社区

提出建设"三好住宅"口号后的两年间（2012年~2014年），万科的自我要求和社区建设标准越来越明确，在2014年提出"四有"社区建设标准。

"四有建设标准"分别为有健康、有文化、有参与、有爱的社区。有健康的社区来自对万科"让建筑赞美生命"健康理念的坚持，有文化的社区驱使万科去承担更多推动社区文化建设和繁衍发展重任，有参与的社区实现了客户和业主安居与乐业的结合，有爱的社区让每个生活在里面的人都能被关爱环绕。

---

2. "三好"体系是可快速复制,全国推广的模式

相比较普通开发商根据市场所处的随机行为,万科"三好"体系要有计划得多,它是一套成熟的系统,能够适用于任何万科一线区域项目,迅速在全国推广落地,并且有助于避免风险,实现长期品牌和销售收益。

3. "三好"体系是突围价格战,塑造差异化品牌形象的战略

万科的"三好"体系将凭借独具竞争力的产品价值与服务价值,打造区隔自身与竞争对手的独特价值标签。跳出单纯的价格战,塑造差异化品牌形象,是在竞争激烈的市场环境下,万科的必然选择。

第三节　万科稳健有效的资本运营战略

房地产行业是一个高度整合资源的行业，资本运营本来就是房地产行业的核心能力之一。中国房地产行业轻松赚钱的黄金时代已结束，白银时代里如何保持高收益成为各大房地产企业的重头戏。资本运营是企业实现低成本扩张、跨越式发展的一条必由之路，在白银时代更是如此。

Q 管理知识

美国金融体系下的房地产公司

美国是世界上住房抵押贷款业务开展最早、最发达的国家。住房抵押贷款数量仅次于联邦政府债务，居第二位。美国拥有世界上最大的住房抵押贷款市场体系。该体系是市场主导型的，由规范运作、有机衔接的住房抵押贷款一级市场、二级市场和保险市场构成。这与中国情况相比显然有不同之处。

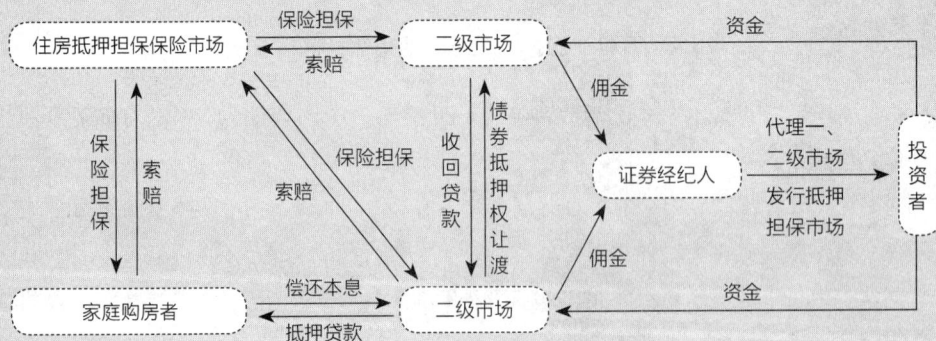

图1-26　美国房地产金融市场运作模式

与国内房地产金融市场最为不同的是美国房地产公司在整个金融体系中，可以自己提供地产金融服务。美国四大住宅企业早在20世纪90年代业务就纷纷进入了金融市场，并且金融市场上带来的收益也逐步成为公司的主要收益来源（表1-7）。

美国四大住宅企业均提供房地产金融服务　　　　　　　　　　　　　　表1-7

公司名称	Pulte Homes公司	Centex公司	Dr. Horton公司	Lennar公司
主营业务	居民住房； 11类细分客户； 几乎涵盖所有的居民住房市场	居民住房； 各种细分市场； 公共设施建设； 建筑材料； 建筑服务	居民住房； 首次置业； 二次置业	居民住房； 应有尽有的住房； 个性化设计的住房
其他业务	地产金融服务； 建筑材料生产； 物业服务	地产金融服务； 不动产投资	地产金融服务	地产金融服务

房地产公司能自己提供房地产金融服务最重要的一个前提就是按揭贷款的证券化，房地产公司自己提供金融服务的好处在于：

一，房地产公司给客户提供金融服务，服务于客户，有助于提升客户的购买率，降低购房者购房的门槛；

二，房地产公司自主向客户提供金融服务，可以避免"假按揭"之类事件的发生，同时房地产公司在将按揭贷款投入到证券市场的同时也将风险给转移了；

三，房地产公司直接为客户提供金融服务，不仅有助于加速企业资金周转，而且它本身就是一项可观的收入来源，并且操作较为简单。

2013年起，万科的资本运营战略包括两个：

第一，轻资产战略，包括"小股操盘"模式和持有型商业"资本化"后轻资产运营，以此获得租金和管理收益等稳定的现金流；

第二，搭建金融平台，理顺从开发到运营的资金链条，寻找到新的利润点和可能性。

Q 万科的管理

透过早期资本运作看万科发展结点　　　　　表1-8

时间	资本运作及意义
1988年12月	公开向社会发行股票，同年介入房地产开发领域
1991年1月	万科A股在深圳证券交易所挂牌交易
1991年6月	通过配售和定向发行兴谷2836万股，开始跨地域发展房地产业务
1993年3月	发行4500万股B股，主要投资于房地产开发，令这一核心业务更加突显
2000年年底	将15.08%的股份转让给华润总公司及华润集团，华润成为万科新的母公司

一、万科轻资产战略："小股操盘"

相比"黄金年代"，房企在"白银时代"面临最大的风险是未来土地增值获益少，收益水平下降，而"轻资产"能使得企业拥有更灵活的资产结构来应对危机。在"轻资产"策略上，万科亦快人一步，率先实践并总结出可复制的"万科式"小股操盘模式。

1. 万科小股操盘模式的酝酿过程

万科自2004年开始推动项目合作开发，合作方包括机构资金、土地方及各类企业，在市场上树立了良好的合作口碑，2013年万科新增项目中68%为合作开发项目。

2012年~2013年万科新增项目权益比例基本保持在80%左右，稳中略降；2014项目权益比例降至65%。

在国外，铁狮门和凯德置地都形成了比较成熟的小股操盘模式。这两位小股操盘"前辈"均通过精妙的结构设计，实现以较小资本金运营较大物业资产的"小股操盘"。但此两者的小股操盘模式各有其突出特色，铁狮门通过财务杠杆放大超额回报；凯德置地则通过持股基金股份享受分红收益。凯德置地在利用财务杠杆上比铁狮门更加审慎，铁狮门以1%~2%的资金撬动项目，而凯德置地多以20%左右的资本金运营操盘。凯德置地的资本金运营模式在市场大幅波动时表现得更加稳定。在杠杆利用上，万科更倾向于借鉴凯德置地的稳健模式。

◑ 管理知识

铁狮门和凯德置地的轻资产运营模式

一、铁狮门轻资产模式

1. 通过多层杠杆放大超额回报

在万科与铁狮门的美国合作项目中，铁狮门旗下基金持股占比为28.5%。而作为项目操盘者的铁狮门，同时利用多层杠杆，其实际持股占比仅有1.7%。以极少的资金量，配合运营与财务的多层杠杆，铁狮门在这个小股操盘的项目中赚取了"五道钱"：股权收益、项目管理费、项目超额利润分配、基金管理费、基金超额利润分配。铁狮门正是因为广泛采用这种方法，实现了轻资产运营，成为万科轻资产发展过程中的"美国偶像"（图1-27）。

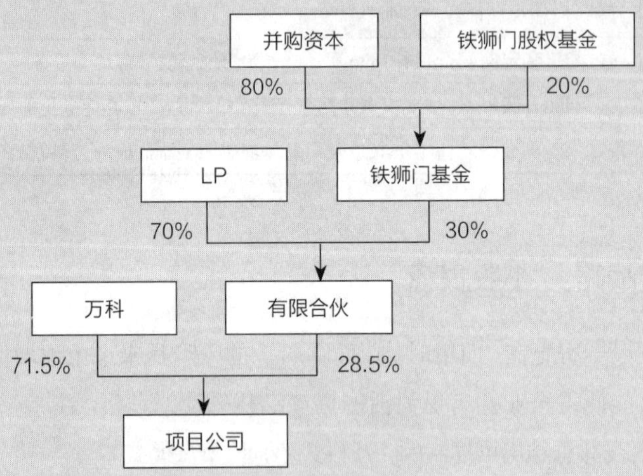

图1-27 铁狮门多层杠杆

2. 铁狮门轻资产模式操作流程

以其旗下上市基金、澳大利亚交易所上市REITsTishmanSpeyer Office Fund（TSOF）的管理合约为例，了解铁狮门轻资产运作模式的操作流程（图1-28）。

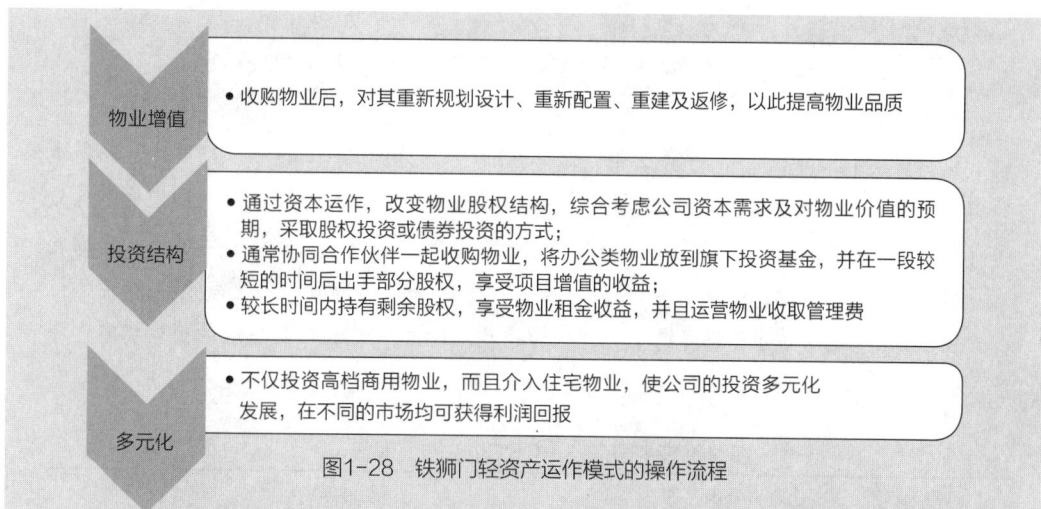

图1-28　铁狮门轻资产运作模式的操作流程

二、凯德置地轻资产模式

凯德置地轻资产的优点是集运营与投资为一体，运营机构同时作为投资管理人，打通投资建设、运营管理与投资退出整条产业链。

凯德的模式是，将投资开发或收购的项目，打包装入私募基金或者信托基金，自己持有该基金部分股权，另一部分股权则由诸如养老基金、保险基金等海外机构投资者持有。待项目运营稳定并实现资产增值后，以REITs的方式退出，从而进行循环投资。国内标杆房企中，万科商业地产轻资产运营模式被认为是凯德模式的典型代表。

1. 盈利模式：基础费用＋额外收入

在凯德模式中，以地产金融平台为动力的全产业链是其盈利模式的核心构架。通过投资管理＋房地产金融平台＋招商运营，成功实现以金融资本（私募基金与信托基金REITs）为主导，以商业地产开发收购、管理运营为载体，既实现稳定的租金收益和持有项目增值收益，又实现金融业务发展带来的"跳跃性高收益"（图1-29）。

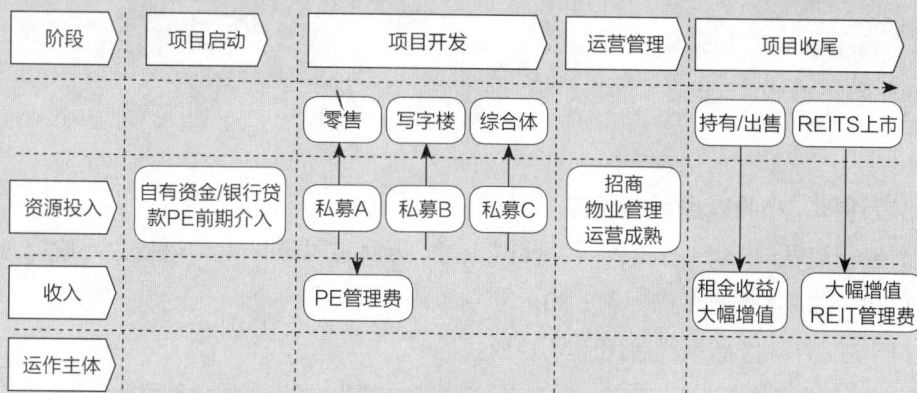

图1-29　凯德盈利模式的核心构架

具体而言，凯德模式下，收益来自于基础管理费和额外收入。

（1）基础管理费

对于CRCT，基本费用占持有物业价值的0.25%，如果按照8%的资本化率计算，基本费用占净收入比重约3.125%（0.25%/8%）；业绩提成费为净收入的4%；物业管理费一部分由总收入的2%构成，而CRCT的净收入／总收入历年来一直稳定在64%左右的水平，因此这一部分占净收入比重约3.125%（2%/64%），而另一部分为净收入的2%。综上所述，凯德置业从CRCT提取的管理费理论上合计应为净收入的12.25%，实际提取的管理费用占净收入的比重为14%~15%（表1-9）。

凯德零售中国信托（CRCT）的管理费　　　　表1-9

费用类别	费用名称	条件与金额
经营管理费	基本费用	CRCT持有物业价值的0.25%，按年支付
	基业提成费	CRCT净收入的4%，按年支付
	授权投资管理费	CRCT投向非房地产的授权投资金额的0.5%，按年支付
其他重大费用	物业管理费	每个物业总收入的2%，按年支付
		每个物业净收入的2%，按年支付
		每个物业净收入的0.5%，以代替租金佣金
	收购费	CRCT授权投资物业收购价格的1%~1.5%
	处置费	CRCT授权投资物业收购价格的0.5%

（2）额外收入

由于持有20%CRCT的份额，因此除了基础管理收费，凯德置地还可以享受基金分红。根据简单的估算，在2007年~2013年期间，凯德置地平均每年从CRCT获得的分红收入为0.1亿新元，外加年均提取的基础管理费收入0.12亿新元，相比其初始投入的1.5亿新元（CRCT运营物业总价值7.57亿新元×20%），年均投入资本回报率约为15%（0.22/1.5）。

2. 融资模式：PE+REITs

凯德置业融资的主要方式是以房地产PE和REITs为核心的金融平台。

2. "万科式"小股操盘基本模式

受铁狮门启发，融合凯德模式，结合自身优势，万科集团研制出了万科式"小股操盘"模式，并于2014年3月宣布正式引入（图1-30）。

（1）小股：万科持有小比例股份但不控股

所谓"小股"即项目经营管理方（操盘者）持有一定股份，甚至持股比例可低到10%左右，但不控股。

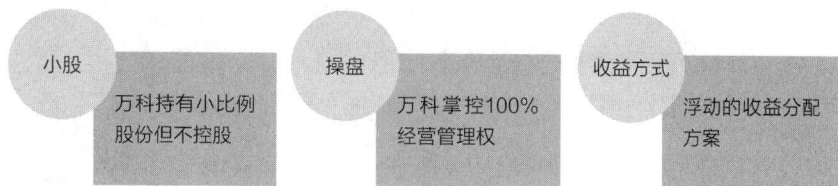

图1-30 "万科式"小股操盘基本模式

（2）操盘：万科掌控100%经营管理权

在万科的小股操盘模式中，合作对象可以是土地方、资金方，或者是两者都有。万科不追求控股，持股比例最低为10%左右，但需承担项目的经营管理。其他投资人不论是否控股，不可干预项目的具体经营管理。

（3）收益方式：浮动的收益分配方案

在收益分配上，万科通常会与合作方约定项目的预期收益标准，并设立浮动的分配方案，而非简单按照股权比例进行分配。

通常而言，万科将赚取股权收益、项目管理费、项目超额利润分配这三道利润（图1-31）：

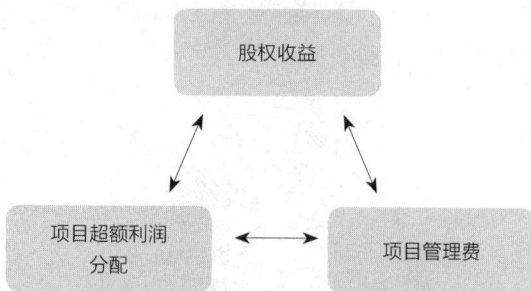

图1-31 "万科式"小股操盘的三道利润

首先，先按照销售收入收取一定比例的管理费；

其次，再按照股权比例进行收益分配；

最后，根据和其他投资合作方事先签订的协议，按照项目最终的收益情况，设立浮动的分配方案，收取项目的超额利润分配。

3. 小股操盘对操盘者的4个价值

小股操盘是一种比较通俗的说法，其比较正式的词叫金融化。万科2014年投资收益出现大幅度增长，背后其实都是一些类似金融化的操作所带来的。金融化发展是万科未来非常重要的发展方向（图1-32）。

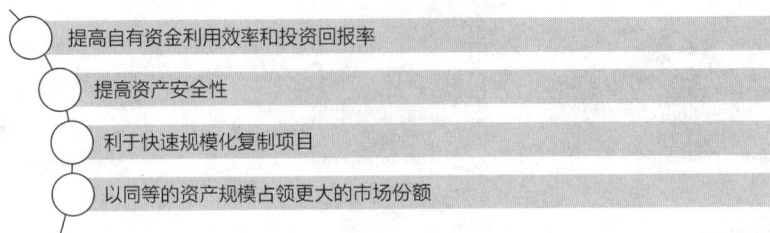

- 提高自有资金利用效率和投资回报率
- 提高资产安全性
- 利于快速规模化复制项目
- 以同等的资产规模占领更大的市场份额

图1-32　小股操盘对操盘者的4个价值

价值点1. 提高自有资金利用效率和投资回报率

作为小股操盘者,万科能以较少资金拿下项目操盘权,提高了资金利用效率。并且,通过输出品牌和管理,放大自有资金投资回报率(ROE)。

Q 管理知识

房地产开发商的 3 个收益来源

房地产开发商的收益主要来自三点:一是利润率,即产品的溢价率,一般随行就市;二是资金的周转率,作为万科这样千亿级别的巨头,在此进一步的空间不大;三是自有资金的投资回报率,通过品牌力和管理能力的释放,来获取超额分成,正是未来大房企发展的一个典型方向(图1-33)。

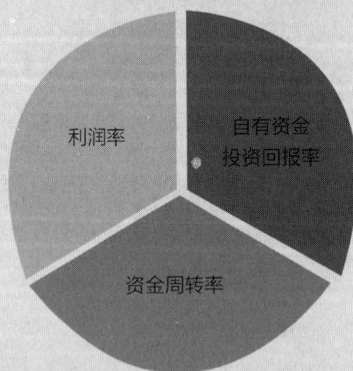

图1-33　房地产开发商的3个收益来源

价值点2. 提高资产安全性

实现轻资产化,通过经营杠杆替代财务杠杆,提高了财务安全性;通过不同环节收益使得收益更稳定。

从万科目前已经实践的小股操盘项目(如昆明云上城、杭州良渚未来城)来看,基本摆脱了过去单一项目收益的模式,实现了项目股权收益、管理费、手续费、融资渠道收费等多元的收入,本质上,这是公司管理、品牌、融资等综合实力的变现。

价值点3. 利于快速规模化复制项目

万科的在建、代建项目规模庞大,相比寻找优质土地方合作模式,立足于自有项目寻找开发商资金方合作的模式将更容易迅速复制。

价值点4. 以同等的资产规模占领更大的市场份额

小股操盘后,万科在单个项目中的权益比例虽然不高,但因为每个项目所需要的资金投入不多,所以公司操盘的项目总数会相应增加,在同等的资产规模下可以支持更大的经营规模,获得更大的市场份额。

4. "小股操盘"对操盘企业要求高

中国地产行业处于一轮大并购整合潮中,在低价并购之外,小股操盘是一种性价比非常高的整合合作模式。此模式不难看懂,但实践不易,不是所有计划做小股操盘的开发商都能如愿。其实践不易的原因有二:

其一,要以小股身份谈下操盘权,势必要有合作方所不具备的操盘优势;

其二,要将小股操盘作为公司策略推行,在实践中大量复制,对地产公司的项目管理能力、产品复制能力、管理人团队培训与掌控能力提出了极高的要求;如果没有工厂化的基础,开发商很难面对规模的膨胀而不出现项目的开发质量问题。

万科也强调,小股操盘可以实施的前提是:公司的专业能力、品牌溢价、合作口碑与信誉能够获得合作方的认可。就万科而言,其操盘优势在于:①产品的工厂化与快速复制能力强;②品牌和服务的优势;③采购优势(万科一年采购量至少相当于国内一个大区相关供应商总代一年的销量);④一定的融资能力。

5. 持有型商业"资本化"后轻资产运营

商业地产有两种运营模式:一是卖了再管,二是卖了不管。凯德商用的运营方式是很典型的卖了再管,只持有一部分股份,而将大部分股份出售,但是要从管理里面要效益、收费用、实现盈利,把这类商业项目的重资产转化为轻资产经营。

万科2014年8月与凯雷合作,成立商业地产合作平台,也是"轻资产战略"下的一个运作。该平台将收购万科的九个商业物业并长期持有,未来以资产证券化方式退出。同时,双方设立一家商业运营管理公司,负责资产平台公司持有的各境内商业物业招租和运营管理。

这种模式实际上实现了将持有型物业"资本化",然后轻资产运营,这在国外是比较常见的运营模式。

在这种合作模式中,万科能获得四类收益:①不动产升值;②平台小股的经营性收益;③物业经营管理收益;④成立基金平台,可以收取基金类别的管理性收费。

Q 管理知识

万科拦截"野蛮人"恶意收购的四大举措

2015年7月24日晚间,万科A发布公告,前海人寿再度举牌,精确地将持股比例由5%提升至10%,成为仅次于华润的第二大股东。短短24天,前海人寿已经在二级市场"砸"下了超过150亿增持万科。再增持5%,万科大股东就将易主。

万科管理层与前海人寿间的气氛并不轻松。双方均未表态,更没有任何达成战略合作的迹象,前海人寿是觊觎万科控制权的"野蛮人"的嫌疑再次增加。

万科管理层应对这一幕早有准备。除了员工持股计划外,万科管理层有四个动作或能对恶意收购产生震慑作用。

动作1. 收购一线城市市中心物业,减少手头现金

2015年初,瑞安便提出可能将出售企业天地。在前海人寿首次举牌后,万科与铁狮门、太盟投资共同收购瑞安旗下位于新天地的办公物业企业天地三期的消息首次传出,交易价格约在56亿元左右,其中万科占50%股权。

这笔收购与万科以往的商业地产策略大相径庭。万科追求商业地产轻资产化,仅作运营管理,办公楼无论位置均不持有,在上海的大虹桥和徐汇两个项目均卖给了基金公司。同时,万科品牌定位亲民、偏中低端,对高端办公的开发及运营经验均十分缺乏。

由此可见,万科的交易进程和细节或被野蛮人举牌推动和影响,理由包括:

第一,将现金流变为非流动资产,如果野蛮人进行股权质押可降低估值,减少可用于分红的资金,也避免野蛮人恶意收购后滥用上市公司现金;

第二,万科的基金合作资源丰富,投资性物业较土地更容易变现,野蛮人风波过后便可择机处理;

第三,上海市中心的物业总价高,有稀缺性,是保值的最佳标的物,上市公司不会受到损失。

动作2. 部门整体外包,分散上市公司利润

在前海人寿首次举牌后,有媒体爆料称万科上海三大主要部门之一的产品管理部门已被撤销,该部门所有员工都将成为万科外部事业合伙人,编制逐步转入新公司。新公司万科持股40%,外部合伙人持股60%。2015年3月时,则传出了"万科人力资源、行政管理、部分财务业务均被视为可外包业务"的消息。

产品设计是房地产开发不可缺的过程之一,部门虽然被分割独立,但业务仍然将由部门合伙人承担,万科则作为新公司的甲方支付相应的服务费用。除了降低成本、激励员工等原因外,这样的做法有两个好处:

第一,分散主业运营带来的利润。通过业务合作,万科能够将利润的一部分从上市公司分出到合伙人公司,减少了野蛮人能获得的收益,也保障了员工利益。

第二，破坏房地产开发流程完整性。在万科进行一系列架构调整后，权利将进一步集中于总部和区域高管，大量服务外包给外部合伙人。下属部门人员不变，但与万科的关系改变。一旦野蛮人接手公司，若不与外部合伙人继续合作，将难以维持日常运营，完成房地产开发流程。

动作3. 分拆物业等板块，获取其他上市平台

万科于2015年初表示，计划将物业管理、商业地产、物流地产、养老地产等业务分拆上市，其中物业管理部分的分拆已在进行中，并于2015上半年完成了合伙人改制，面向万科物业员工参与设立的持股主体增发10%股份。

这一手段较分散利润作用更进一步，直接能将业务装入其他上市平台，管理层则可争取在分拆的过程中寻找新的投资者，或是自己认购一定股份。业务越分散平台越多，野蛮人能获得的权力越小。一旦野蛮人夺得了万科A上市平台，管理层还能有多个上市平台进行融资和资本运作。

动作4. 转型轻资产，人才价值代替资本价值

轻资产化，代表着企业由投资开发向服务输出转型，目的是企业的核心价值向"人力"倾斜，从"资本为王"变为"人"才为王，野蛮人控股企业后获得的是流动性较大的"人"，而非现金和土地等资本。

反过来说，万科此前宣布的不再追求规模，亦是其特殊的股权架构决定的。民企如恒大、万达，不断投入大资本做大规模，产生的利润叠加，既是大股东又是管理者的许家印、王健林本人是最大受益者。而万科股东皆为财务投资者，运营战略、方向都由管理层决定，员工爬升顶端也不过是"赚着职业经理人的薪资，操着大股东的心"。对于管理层来说，资本未必能产生更多价值，倒是让门外的野蛮人垂涎三尺。转型轻资产，通过个人能力和服务产生利润，也是应对股权结构缺陷的无奈之举。

尽管已有防备，但该来的总会来。计划外的股灾使得投资者对后市的预期不稳，再加上万科前十大股东的持股比例合计还不到35%，二级市场上并不缺万科的抛盘者。前海人寿不断"扫货"期间，万科的股价几乎未起波澜。如果万科管理层和其他股东未作反应，以前海人寿的财力，继续增持乃至控股万科并不难。

二、万科拓展海外融资渠道：B转H

地产行业属于资本密集型行业，融资是房企必须要考虑的头等大事，融资方式往往决定了真实投资收益的高低。万科的B转H计划，是其增加融资渠道的一个重要举措，对万科具有极大意义。2014年6月，万科H股成功上市，意味着万科率先搭建起A+H双融资平台。

> **Q 管理知识**
>
> 什么是"A股"、"B股"和"H股"
>
> A股：正式名称是人民币普通股票，通过在上海或深圳证券交易所上市的大陆企业，并以人民币计价的股票。涨跌幅限制为10%。目前仍然实行"T+1"操作（即当天买的股票，必须第二天才能卖）。
>
> B股：正式名称是人民币特种股票，与A股区别仅是以外币计价，上海以美元计价，深圳以港币计价。
>
> H股：也称为国企股，是指国有企业在香港（Hong Kong）上市的股票（可以是国内任何城市的企业），以港币计价，无涨跌幅限制，实行"T+0"操作。

1. 万科B转H之路

早在2012年年底，万科就计划要B股转H股。2013年1月19日，万科公布了B转H股方案，但是直到2014年3月才获证监会批准。2014年6月25日，以万科企业为名的万科H股（代码 02202）在香港联交所挂牌交易。

2. B转H的两个意义

相比B股市场，H股市场在资源配置、市场影响力和成交状况方面有明显优势。万科H股上市的意义在于两点：一方面有助于其打入国际市场，另一方面能够帮助其降低融资成本（图1-34）。

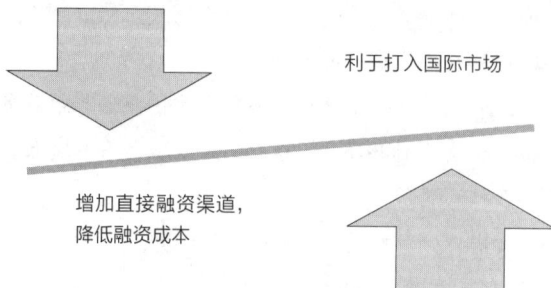

利于打入国际市场

增加直接融资渠道，
降低融资成本

图1-34 30万科转板H股的两个作用

意义1. 利于打入国际市场

一直以来，万科的思维模式和管理路径都更接近于西方公众公司，而以往万科每年也都会赴欧美进行推广。海外评级机构对"A+H"的评价高于"A+B"，评级机构的高评级带来的将是海外低成本和高认购率发债。但万科以前只有A股和B股，碍于股票品种，很多境外投资者并没有投资万科的渠道。

意义2. 增加直接融资渠道，降低融资成本

开发规模的扩张离不开资金支持。随着内地融资成本不断上升，海外融资成为国内房企越来越重要的融资渠道，此次"B转H"对于万科发展的战略价值不言而喻。万科在内地的融资成本为7%左右，而2013年在香港发债的成本只有2.755%，在H股成功挂牌后，万科从此真正拥有了国际融资的平台，融资成本将大幅降低。

⊙ **管理知识**

在香港借壳上市与转H股的区别

早在2012年，万科就借收购香港南联地产在香港上市。借助已有的香港上市平台获得低成本资金对于万科来说并不困难，但借壳上市，根据相关规定，两年的资产注入不能超过壳公司的净资本，这也使得万科的直接融资遭遇掣肘，难以顺利开展，而此次H股登陆则让万科获得了直接融资的许可证。

⊙ **管理知识**

房地产从简单融资走向金融化运作

一、房地产简单融资方式

地产项目一般投资过程相对较长，参与方众多，资金的进出管道丰富，因此也就存在多种金融操作的可能，每一类现金流的进出都可能设计成一类金融产品。比如"卖楼花"、工程队垫资、拖延应付货款等，实际上也是一种债权融资。上述资金操作得当就是无息借款。

地产项目简单融资操作路径通常如下：开发商先拿到一块地，接着开始筹钱，按照资金使用成本高低，先找最便宜银行资金，再找信托等金融机构融资。这种融资方式的弊端是，如果开发商从银行和金融机构融资碰壁后，项目面临资金链断裂之虞，可能铤而走险借高利贷。

二、房地产金融化运营方式

品牌地产商的金融化的做法是：资金进出的每个阶段充分量化，进行风险分解，再匹配合适的金融产品。非品牌地产商，需要将其劣势匹配合适的伙伴资源，比如，将合作方原来的甲乙方关系前置转化为资本合作关系。

在实际操作层面，地产行业的金融化转型已成潮流，比如保利推出信保基金、金地的"一体两翼"策略、复星系的金融地产模式、诺亚财富打造的TOP50地产基金等。目前，部分品牌开发商通过入股银行的方式搭建自己的金融运作平台，在拿地、并购、销售、资产盘活方面，金融创新手段层出不穷。

上市房企的金融运作不仅可以有效解决现金流短缺和自有资金高周转，还可以有效调剂报表，进行良性的市值管理，促进企业高效的扩张。

但金融化转型适合具有较强专业能力的品牌地产商。这是因为，金融是把双刃剑，作为杠杆融资工具，它可以加速企业发展，也可能加速企业毁灭。开发商能否驾驭金融工具的关键就在于其自身的能力。市场把控能力强、高执行力、具有多种融资渠道的开发商，进行金融操作就会游刃有余。仅仅掌握有限资源、专业能力欠缺的开发商，需要规范控制企业的资产负债率和资金成本，或者转身为纯粹的投资人，把资金交给更加专业的机构。

三、地产金融化运作 3 种实战模式

实战中，地产金融化运作大致有三种操作模式（表 1-10）：

<table>
<tr><td colspan="2" align="center">地产金融化运作3种实战模式</td><td>表1-10</td></tr>
<tr><td>金融化模式</td><td>适用范围</td><td>案例</td></tr>
<tr><td>资产管理能力输出模式</td><td>专业能力突出的品牌地产商</td><td>金地稳盛基金</td></tr>
<tr><td>拿地或并购基金模式</td><td>① 强势的全牌照金融机构；
② 具备战略竞争优势的一线地产商</td><td>—</td></tr>
<tr><td>私募基金，资本市场平台模式</td><td>① 具备完善的金融架构和较强的产品开发能力；
② 有不可替代的资产管理能力；
③ 拥有私募运作平台和公开资本市场退出通道</td><td>越秀地产；
凯德置地</td></tr>
</table>

模式 1. 资产管理能力输出模式

该模式适用于专业能力突出的品牌地产商，金地稳盛基金就是这种模式的成功实践者。

具体操作是：由品牌地产商联合金融机构共同发起基金，向符合品牌地产商产品线标准的项目方提供夹层融资，由品牌地产商旗下的资管机构承担资产管理角色，借助强大的后台支持提供项目投后管理支持及附加增值服务。一旦该项目出现超出预设的调整空间，该品牌地产商还可以介入纠偏。如果项目方难以兑付风险，品牌地产商按照约定的折让进行兜底收购。

这样做的好处是，一方面可以保证基金的安全兑付，另一方面品牌地产商还获得了低价获取土地资源的机会。

模式 2. 拿地或并购基金模式

该模式适用于强势的全牌照金融机构或具备战略竞争优势的一线地产商，实际上已经是主流地产商普遍的操作模式。

具体操作办法是：针对特定的投资范围和特殊的投资机会，由金融机构与地产商共同发起结构化的股权投资基金（一般情况地产商负责劣后级，金融机构为优先级，不排除中间级引进特定的机构作为基石投资人），按照低于市场的价格获得土地或者接盘中小开发商的项目，根据开发阶段不同，不断用低成本的开发贷款和销售回款替换优先级资金，分层渐次退出，从而保证股权部分可以获得理想的收益。

模式 3．私募基金，资本市场平台模式

该模式适用于金融化运作的地产商，它对房地产商的要求包括：①具备完备的金融架构和较强的产品开发能力；②有不可替代的资产管理能力；③拥有私募运作平台和公开资本市场退出通道。这种模式国内以越秀地产为代表，国际上以凯德置地为标杆。

凭借专业能力和资本通路，地产商有机会做长期系列化的金融产品安排。针对需要深度挖掘的资产包，地产商可以分阶段设计不同的金融结构，按照不同阶段的不同风险特征募集资金，进行资产管理。具体而言，前期以私募方式运作，后期逐渐过渡为机构投资人为主，甚至以资产证券化的方式实现公开市场的退出，同时该资产仍然处于管理之中，开发商仍可以继续获取管理费。

第二章

万科企业治理结构变革

在中国的企业管理领域，万科一直作为中国最成熟、最市场化的公司被人们谈论着。大家觉得万科最卓越的成绩，除了每年傲人的经营业绩外，还有它的公司治理结构和管理水平，或者说，这三者合起来形成了万科总体的成就和行业影响力。

如果要研究中国的企业管理，万科是一家无法绕开的企业。万科规范化治理结构确实在中国少有，如果我们去看万科的企业治理结构，至少有三个比较清晰的优点（图2-1）：

第一，分散的股权结构。

完善的企业所有制关系是企业的根本，而万科的股权结构很好地保证了企业的所有制关系。在所有制关系的建设上，万科采取分散股权抗衡大股东，再寻找大股东支持的运作模式。

第二，合乎实际的管控模式决定了运营效率。

"战略总部+专业区域+执行一线"三级架构一方面更加明确了各部门的职责所在，另一方面使各部门在项目的协同运作上实现无缝对接，让管理的流程更为清晰。

第三，职业经理人在企业内处于主导地位。

在股权分散的所有制模式下，经理层在公司的运营中拥有很大的发言权，股东也能给予经理层的管理工作以最大支持和最好的配合。这些是使企业始终运营在市场化、专业化正确轨道上的有力保证。

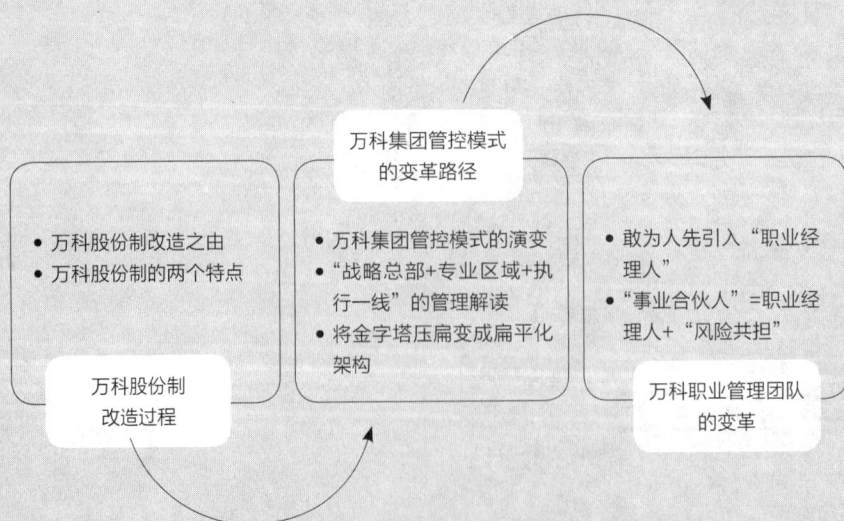

万科集团管控模式
的变革路径

- 万科股份制改造之由
- 万科股份制的两个特点

万科股份制
改造过程

- 万科集团管控模式的演变
- "战略总部+专业区域+执行一线"的管理解读
- 将金字塔压扁变成扁平化架构

- 敢为人先引入"职业经理人"
- "事业合伙人"=职业经理人+"风险共担"

万科职业管理团队
的变革

图2-1　万科企业治理结构的变革路径

Q 管理知识

企业治理结构要解决 3 个基本问题

如果将一个企业比喻为一个人，则职能分工是这样的：

董事会是企业的"大脑"，总经理是企业的"心脏"，总经理辖制的各部门是企业的"五脏六腑及肢体器官"，监事会是企业的"免疫力系统"，企业治理结构则是企业的"神经系统"（图2-2）。

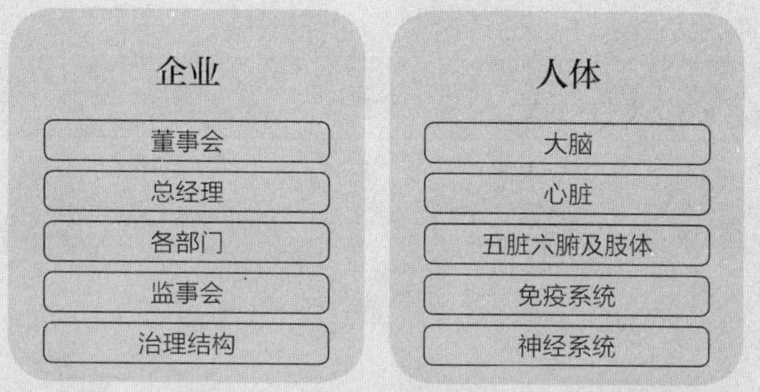

企业	人体
董事会	大脑
总经理	心脏
各部门	五脏六腑及肢体
监事会	免疫系统
治理结构	神经系统

图2-2　企业与人体职能分工的对应关系

好的企业治理结构一定能保证解决涉及企业成败的三个基本问题：

第一，保证投资者（股东）的投资回报，即协调股东与企业的利益关系；

第二，企业内各利益集团的关系协调，这包括对经理层与其他员工的激励，以及对高层管理者的制约；

第三，缓解各利益关系的冲突，增强企业自身的抗风险能力。

第一节　万科规范化的股权结构

万科是中国最早一批股份化改制和上市的公司之一，且是典型的大众持股公司，股权相当分散，股东、董事会和管理层的职责和权力界定比较清楚，是比较早走上规范化管理道路的中国企业。

Q 名言警句

在当今商场上，一个公司会因发展速度缓慢而失败；在未来商场上，一个公司会因没有带来变化的发展而失败。

——加里·哈默尔《竞争未来》

一、万科率先完成股份制改造

企业管理的变革往往是从企业股份制改造开始的。万科企业股份制改造，目的是让企业成为股权分散的"公众公司"，摆脱国有"婆婆"，而非直接"私有化"（图2-3）。这样的变革路径的作用在于两点：①降低了改革风险；②强化了经理人的话语权。因此，在中国企业阵营，正是万科这种非常有价值的改革常识，让万科的现代企业制度尝试更具借鉴性。

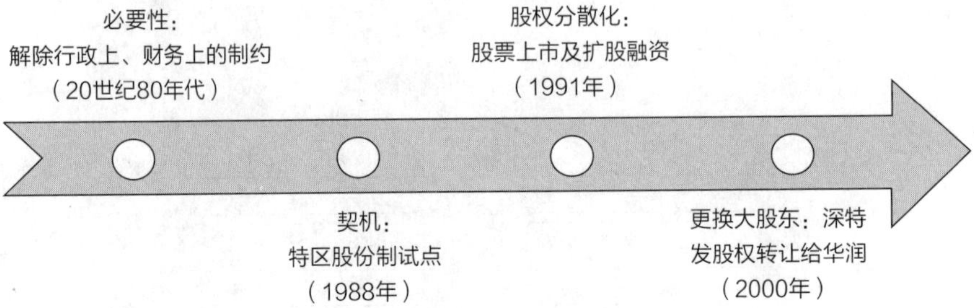

图2-3　万科股份制改造之由

1. 必要性：解除行政上、财务上的制约

20世纪80年代，计划经济时代，中国的企业制度特点是既不规范也不健全，政府领导经济，缺少市场意识。

万科的起点是1984年，最初的企业名为"现代科教仪器展销中心"，股份制改造前从属于国营集团，万科在企业发展方向、利润留成比例、人力和资金调配等方面都受其制约，一纸调令就可以一夜之间调离一个重要职位的企业领导人。这样的行政命令是万科企业管理的巨大阻力和隐患，也是最早的万科上层致力于企业改革的最大动因。

2. 契机：经济特区股份制试点

20世纪80年代中期，国家大力发展特区经济，政策上支持国有企业改革，并在国营集团公司系统推行股份制试点工作。万科抓住了摆脱行政控制，独立自主经营的契机。

1988年12月28日，万科股票上市公开发行，王石成为万科第一任董事长。这次上市之于万科的意义在于，首次建立规范的市场经济，通过上市建立真正、规范的现代企业管理体系，从而迎来20世纪90年代的大发展。

3. 股权分散化：股票上市及扩股融资

1991年1月万科A股在深交所上市交易。很快，万科通过配售和定向发行新股首次集资成功。借助这笔资金，万科成功开发了在上海的第一个项目——上海西郊花园，艰难挤进上海市场。这是万科第一轮全国化地域扩张开始的标志。

1993年5月万科B股正式挂牌交易。充足的资金保障了万科跨地域战略的实施，帮助万科明确了以扩大资金积累为主的阶段性发展目标；确定了五大业务结构：以房地产为主导，含证券

（股权投资）、贸易、工业、文化等四个行业。

1993年12月28日更名为"万科企业股份有限公司"。

此后万科多次扩股融资，万科最大的股东，也是万科的上级主管部门——深圳市特区发展公司（简称"深特发"）的股份比例一降再降。虽然其仍是万科大股东，但行政干预权被大大弱化，万科成功走上了市场化经营的道路。

4. 更换大股东：深特发股权转让给华润

2000年8月10日，深特发签署股权转让协议，将持有的深万科国有法人股51155599股全部转让给中国华润总公司。股权转让后，华润集团及其关联企业以15.08%的股权份额成为万科第一大股东。至此，万科才算完全脱离了"上级主管部门"，从此获得了新股东华润的资本支持。

万科与第一大股东的股权关系如图2-4所示：

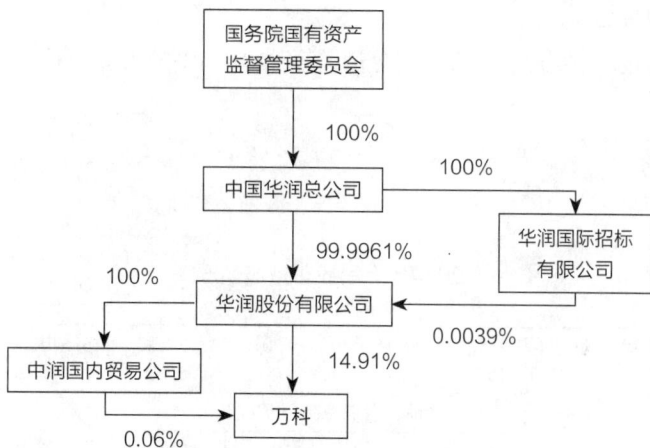

图2-4 万科与第一大股东的股权关系

企业资料

华润股份有限公司简介

华润股份有限公司是中国华润总公司于2003年6月发起设立的股份有限公司，法定代表人为宋林先生，注册资本约164.67亿元。中国华润总公司持有华润股份有限公司16466413526股国家股，占其股本总额的99.9961%；主要资产为香港华润（集团）有限公司100%的股权及其他内地资产，主营业务包括对金融、保险、能源、交通、电力、通讯、仓储运输、食品饮料生产企业的投资；对商业零售企业（含连锁超市）、民用建筑工程施工的投资与管理；石油化工、轻纺织品、建筑材料产品的生产；电子及机电产品的加工、生产、销售；物业管理；民用建筑工程的外装修及室内装修；技术交流。

中国华润总公司注册资本约116.94亿元，主要资产为华润股份有限公司的股权，直属国务院国有资产监督管理委员会管理，法定代表人亦为宋林先生。

二、万科股份制的两个特点

不言而喻，万科是国内企业股份制改造的领头羊。万科所建立的股份制不仅符合自身特点、市场要求，还表达出一个脱胎于国有企业的企业对建立现代化企业的追求高度。万科的股份制表现为图2-5所示的两个特点。

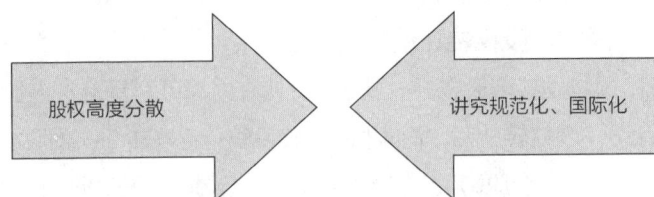

图2-5 万科股份制的两个特点

特点1. 股权高度分散

股份制改造后的万科，股权一直高度分散，直到2014年，最大股东持股数也只有15%左右（表2-1）。

○ 万科的管理

2014年万科股东持股情况　　　　表2-1

单位：股

年末股东总数	496922户（其中A股496907户，H股15户）		2015年3月24日股东总数	586407户（其中A股586390户，H股17户）	
前10名股东持股情况					
股东名称	股东性质	持股比例	持股总数	报告期内增减变动情况	持有有限售条件股份数量	质押或冻结的股份数量
华润股份有限公司	国有法人	14.91%	1645494720	26399954	0	0
HKSCC NOMINEES LIMITED①	外资股东	11.91%	1314939877	1314939877	0	0
国信证券-工商银行-国信金鹏分级1号集合资产管理计划②	其他	3.30%	364036073	364036073	0	0
安邦人寿保险股份有限公司-稳健型投资组合	其他	2.13%	234552728	234552728	0	0
GIC PRIVATE LIMITED	其他	1.32%	145335765	122674759	0	0
刘元生	其他	1.21%	133791208	0	0	0
UBS AG	其他	1.08%	119726725	57535070	0	0
全国社保基金一零三组合	其他	0.72%	79999794	6000315	0	0
中国建设银行-博时主题行业股票证券投资基金	其他	0.65%	72000000	2000245	0	0
南方东英资产管理有限公司-南方富时中国A50ETF	其他	0.65%	71787060	-9200611	0	0
战略投资者或一般法人因配售新股成为前10名股东的情况	无					

续表

前10名无限售条件股东持股情况		
股东名称	持有无限售条件股份数量	股份种类
华润股份有限公司	1645494720	人民币普通股（A股）
HKSCC NOMINEES LIMITED[①]	1314939877	境外上市外资股（H股）
国信证券–工商银行–国信金鹏分级1号集合资产管理计划[②]	364036073	人民币普通股（A股）
安邦人寿保险股份有限公司–稳健型投资组合	234552728	人民币普通股（A股）
GIC PRIVATE LIMITED	145335765	人民币普通股（A股）
刘元生	133791208	人民币普通股（A股）
UBS AG	119726725	人民币普通股（A股）
全国社保基金一零三组合	79999794	人民币普通股（A股）
中国建设银行—博时主题行业股票证券投资基金	72000000	人民币普通股（A股）
南方东英资产管理有限公司–南方富时中国A50ETF	71787060	人民币普通股（A股）
上述股东关联关系或一致行动的说明	"全国社保基金一零三组合"和"中国建设银行—博时主题行业股票证券投资基金"同属博时基金管理有限公司管理。除此之外，上述股东之间未知是否存在关联关系或属于《上市公司收购管理办法》规定的一致行动人。	
参与融资融券业务股东情况说明	无	
参与约定购回交易的股东	无	

注：① HKSCC NOMINEES LIMITED所持股份为其代理的在HKSCC NOMINEES LIMITED交易平台上交易的公司H股股东账户的股份总和；
② 代表公司事业合伙人的深圳盈安财务顾问企业（有限合伙）认购了国信证券–工商银行–国信金鹏分级1号集合资产管理计划。

（1）股权分散的优点

股权分散的优点是，在经营过程中，管理层成为平衡各股东的重要因素，尤其是弥补中小股东的天然弱势，均衡中小股东的利益博弈，在事实上加强了中小股民对万科的信任，这让万科在拥有持续盈利、持续增长和持续分红派息的过程中，实现了均好性（图2-6）。

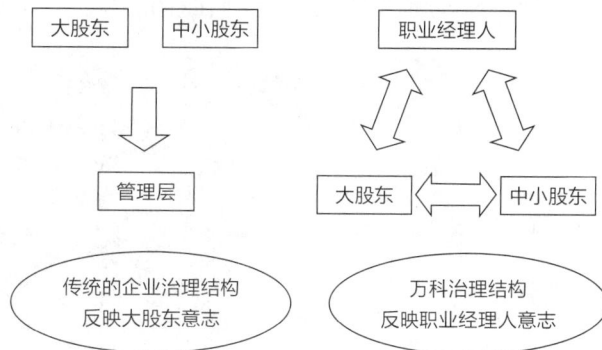

图2-6 传统治理结构与万科"三头博弈"治理结构对比

49

（2）股权分散的缺点

股权分散的缺点是万科管理层控股权小，给企业埋下易被恶意收购的风险。

> **万科的管理**
>
> ### 君万之争体现管理层缺乏控股权的弊端
>
> 在万科的企业发展中，著名的"君万之争"是万科历史上的标志性事件，承前启后的里程碑。事件的本质是大股东联合向万科夺取控制权。虽然在事件的最后，王石等元老保住了控制权，但这场冲击对万科的股权变革而言，却给了万科一个深刻认识：万科更加重视股东、重视股东关系，更加坚决变革的决心。

特点2. 走规范化、国际化道路

万科实施股份制改造，学习国际化企业运作模式，率先走规范化道路，在当时的市场背景下存在一定风险。但这条路的价值在于奠定了万科迈向现代企业的根基。规范化之道逼迫以王石为核心管理者的领导者们开始企业的"阳光化"运作，赚取行业内的合理利润，最终为万科赢得了客户和未来市场的信任。

1998年万科股票发行10周年，《万科周刊》回顾道：股份制改革是一个打开鸟笼子的过程。没有10年前彻底的股份制改造，万科永远飞不起来。

第二节　万科与时俱进的管控模式

任何一种企业管控模式的诞生无不是因为企业在实际发展过程中出现了新的管理要求。

房地产企业规模的扩大，让企业面临着多个区域、多种产品类型同时运作的局面。面对开发环境和消费者需求的不同，每个开发项目也会有其独特的决策要求。给区域公司、城市公司或项目公司合理分权成为房地产企业长久发展的关键所在（图2-7）。

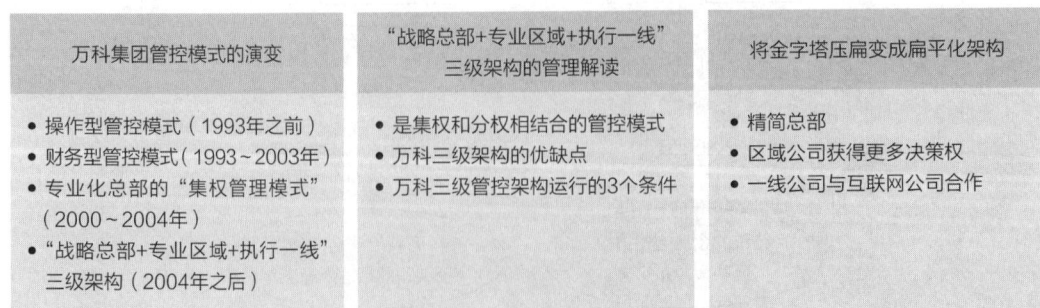

万科集团管控模式的演变	"战略总部+专业区域+执行一线"三级架构的管理解读	将金字塔压扁变成扁平化架构
• 操作型管控模式（1993年之前） • 财务型管控模式（1993~2003年） • 专业化总部的"集权管理模式"（2000~2004年） • "战略总部+专业区域+执行一线"三级架构（2004年之后）	• 是集权和分权相结合的管控模式 • 万科三级架构的优缺点 • 万科三级管控架构运行的3个条件	• 精简总部 • 区域公司获得更多决策权 • 一线公司与互联网公司合作

图2-7　万科集团管控模式的变革路径

◎ 管理知识

房地产企业三种集团管控模式

集团管控模式指的是集团对下属企业基于集分权程度不同而形成的管理策略。对于专业性房地产企业而言，集团管控的核心往往主要是解决总部与区域/城市公司之间的集分权问题。

1．三种集团管控模式

目前，房地产企业有三种典型的集团管控模式：财务控制型、战略控制型、运营控制型。然而，在实际的操作中，一般都是混合型（按职能、区域、产业混合）（图2-8）。

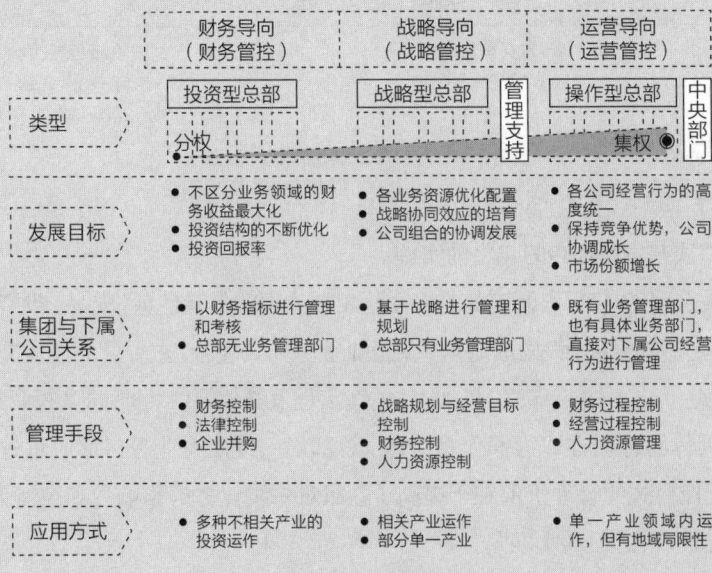

图2-8 房地产企业3种集团管控模式

2．三种典型管控模式下的典型组织结构设计

三种典型管控模式下的典型组织结构设计如表2-2所示：

三种典型管控模式下的典型组织结构设计 表2-2

三种管控模式	集团典型部门	子公司典型部门
财务型管控模式	战略、投融资、内部银行、研究机构（技术、管理、行业）；经营决策权及资源在子公司	—
战略型管控模式	融资、投资、战略及企管、财务、品牌、HR、技术等；关键资源和重大决策权在集团总部	战略及投资、设计、工程、成本、采购、策划及营销、品牌客服、HR、物业等
运营型管控模式	财务及融资部门、投资及战略部门、技术部门、工程部门、成本职能、采购职能、市场策划、品牌营销、客服部门、企业管理及项目管理部门、物业管理、HR及行政等；权力、资源和能力集中在集团总部，各公司共享	财务及成本、设计、工程、销售、行政等

一、万科集团管控模式的演变历程

万科在发展的过程中,一直没有停止过对管控模式的调整和改革,最为明显的是从2004年开始,由之前总部集权的管控方式改革为对一线公司授权,总部对一线公司进行专业指导和管理的管控方式,并逐渐增加了区域本部作为总部的派出机构对一线公司进行指导,形成"总部—区域本部——线公司"三级管理架构(图2-9)。

图2-9 万科集团管控模式的演变

模式1. 操作型管控模式

这个管控模式基本是在1993年之前实施。

当时的背景是,1991年万科制定的是多元化发展为主的具有信息、交易、投资、融资、制造等多种功能的日本式"综合商社"的战略模式,企业业务非常庞杂,主要业务涉及进出口、零售、房地产、投资、影视、广告、饮料、印刷、机加工、电气工程及其他等13大类,涉及投资30多家企业。

万科对之具体的管理方式为操作型管理,总部对一线所有业务口都通过建立对口部门实施管制。这种管控模式的管理价值在于提高了总部对一线业务的影响力和控制力,在迅速扩张的同时保持各专业口的"万科水准"。

随着项目和所涉城市的增多,这类操作型管控模式的管理弊端凸显,项目收益和成本控制不断出现失误,企业出现了收益不理想、开发节奏缓慢等问题。这拉动了万科企业管理模式的变革。

模式2. 财务型管控模式

财务型管控模式在1993~2000年期间一直被万科使用。

财务型管理模式下,集团只设立简单的管理组织结构,很少设立专业部门(如工程部、设计规划部、采购部等);各项目公司基本独立运作。这意味着两点:①集团充分放权给项目公司,只对资金管理、总体成本和项目利润有严格要求;②项目公司开始有充分的经营和管理自主权(图2-10)。

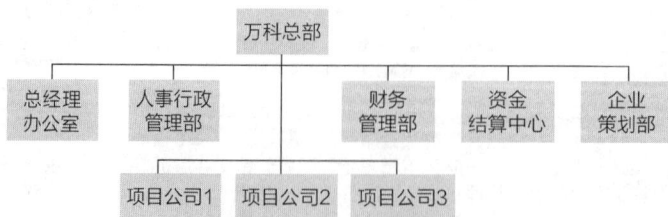

图2-10 财务型管控模式

相较于1993年之前万科实行的"操作型管控模式","财务型管控模式"从管理学的角度看,实际上是增加了一个管理层次,但本质仍属于扁平化的组织结构。

> ### ⊙ 管理看点
>
> #### 企业"扁平化"组织结构的优缺点
>
> 企业组织结构依据组织结构的管理层次和管理幅度,可分为"扁平化"组织结构和"等级式"(金字塔式/官僚式/科层制)管理构架。
>
> **扁平化组织结构的优点**
>
> 它精炼了管理层次,较好地避免了等级式管理的"层次重叠、冗员多、组织机构运转效率低下"等弊端,加快了信息流的速率,提高决策效率。
>
> **扁平化组织结构的缺点**
>
> "面对面"的管理,使大量的数据和管理信息的交流只能在决策者和所面对的管理部门之间进行,部门与部门之间信息资源的交流及相互调用亦只能通过决策者进行。决策者在扁平化管理平台上的主要"功能"只起到一个"数据库"(存储和交换信息资源)的作用,无法集中有限的精力去研究企业的市场对策和企业发展的战略问题。
>
> 企业内部各种管理信息流(资金流、物资流、计划流……)是一个迅速汇集的过程,让作为人的决策者而非电脑系统的决策者做到把握时效,有序整合相关的数据,合理配置企业资源,提高决策效率,这是非常难的。

模式3. 专业化总部的"集权管理模式"

专业化总部的"集权管理模式"被使用于2000~2004年间。

2000年开始万科采用平台化管理的"集权管理模式",强调的是专业化总部(图2-11)。

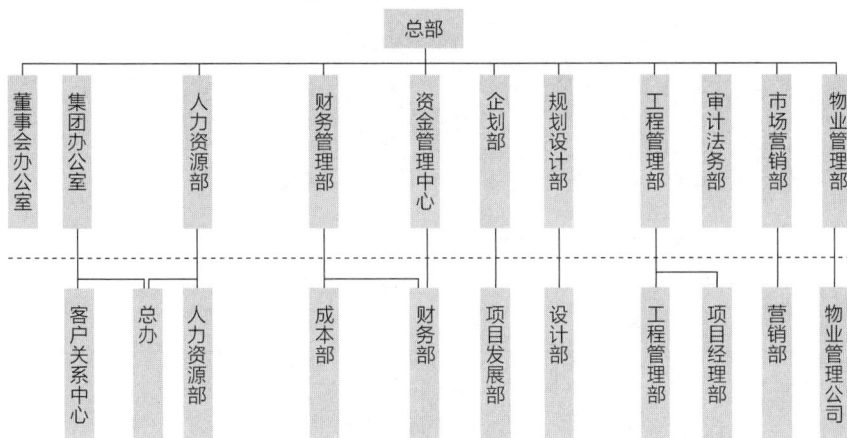

图2-11 万科专业化总部(2000年)

专业化总部运作的成功让万科得以建立其专业化和标准化;但专业能力的加强却恰恰在某种程度上为进行矩阵式管理带来了麻烦,表现为机构"臃肿",管理成本居高难降,大大限制了企业灵活应变的能力。

万科因此进行了进一步的管理模式变革。

模式4. "战略总部+专业区域+执行一线"三级架构

进入21世纪,万科很多区域公司已经成为当地规模最大的房地产开发企业,管理也越来越成熟,但决策权集中在集团总部。这种情况已经成为区域公司在当地拿地、营销等管理工作的牵制因素。要做能在当地扎根的房产企业,就必然要对集团的管理架构作一定调整,强化区域公司的独立决策权。

为此,在2004年,万科对组织结构、发展模式进行了一次被王石称为"颠覆",被郁亮称为"广泛而深刻"的变革,建立了"战略总部+专业区域+执行一线"三级架构。

经过3年时间的调整优化,在2007年时该模式基本成熟并被万科沿用至今。

(1)基于战略目标划分3大区域

2006年,万科在三级架构的基础上对全国的业务划分出3大管理区域:长三角管理本部、珠三角管理本部、环渤海管理本部(图2-12)。如此划分的目的有三个:

第一,主要是因为项目逐渐增多,更适合于区域管理;

第二,对中国经济最为活跃的三大经济圈进行全面而有效地覆盖;

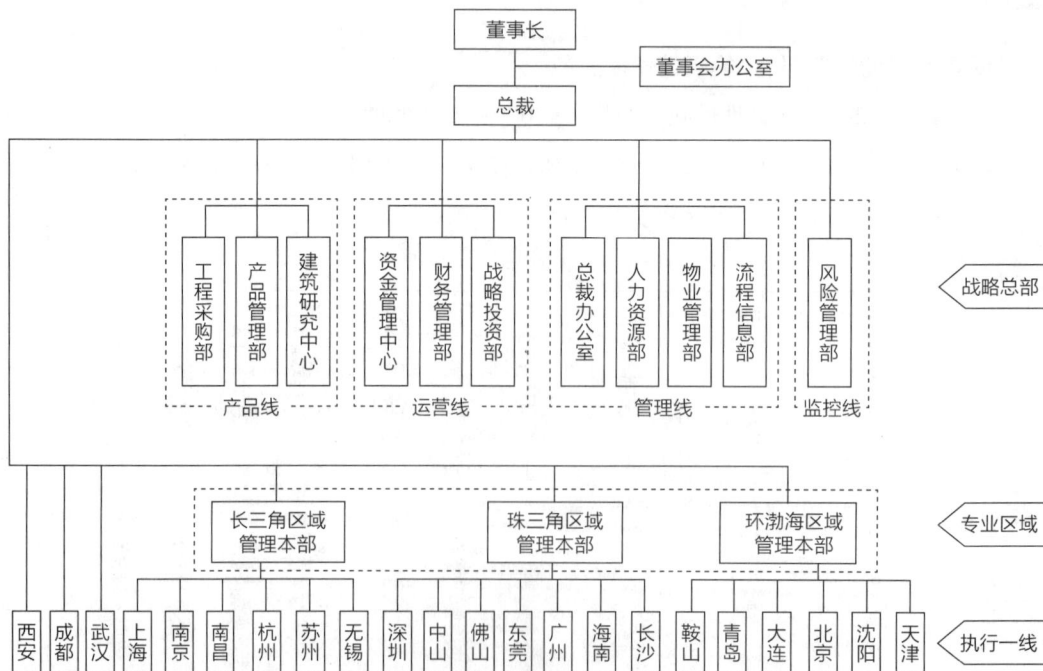

图2-12 "战略总部+专业区域+执行一线"三级架构

第三，万科追求住宅工厂化，工厂化必须要考虑合作伙伴和原材料运输半径的问题，区域化运作更为现实。

Q 管理看点

基于战略需要下的集团管控核心微调

2006年之前的万科一直采用稳健的发展战略，集团管控的核心目的是控制风险、培养核心能力，保证产品品质，并营造良好的品牌和声誉。在这一目的下，集团总部的功能定位主要是：①立足于业务协同（包括品牌的建立与强化、集中采购、集中研发等）；②管理输出（借鉴国外合作伙伴的管理经验并在国内开展巡回讲解）；③人力资源的培养及重点区域的业务拓展。

万科在2006年后启动了新一轮的快速扩张，进入全线布局的高速发展期，管理方向发生了两个转变：①由控制风险、培植基础转向快速响应市场的速度；②区域经营要实现专业化。这个管理理念下的集团功能定位侧重于三点：一是总部的财务杠杆作用；二是开展集中收购；三是帮助各区域公司积极拓展业务。

因此，万科随之诞生了设立三大区域中心以配合集团的"3+X"布局。"3+X"布局的确立，意味着万科在管理上将部分权力下放区域公司，即把具体运营管理下放到了区域公司。万科由原先的运营管控模式成功转向了战略管控模式（图2-13）。

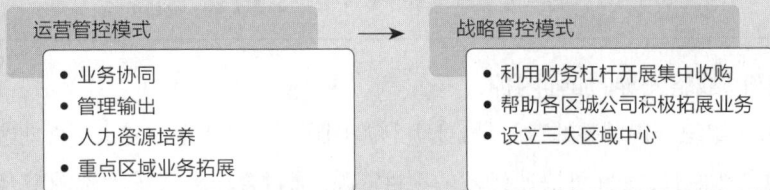

图2-13　万科基于战略需要对集团管控的核心进行微调

（2）划分4条业务管理线使管理流程更清晰

2006年，万科在管控模式中划分出4条业务管理线：管理、内控、产品和运营（图2-14、表2-3）。

增加了4条业务管理线后的万科企业管控模式发生了三个变化：①总部对区域中心转变为战略与技术支持；②专业管理重心下移到区域中心；③区域中心要形成自身的专业决策和专业能力。

这一结构的改变和调整价值在于，一方面更加明确了各部门的职责所在，另一方面使各部门在项目的协同运作上实现无缝对接，实现企业运营高效化。

也就是说，万科"战略总部+专业区域+执行一线"三层管控模式由此成熟。

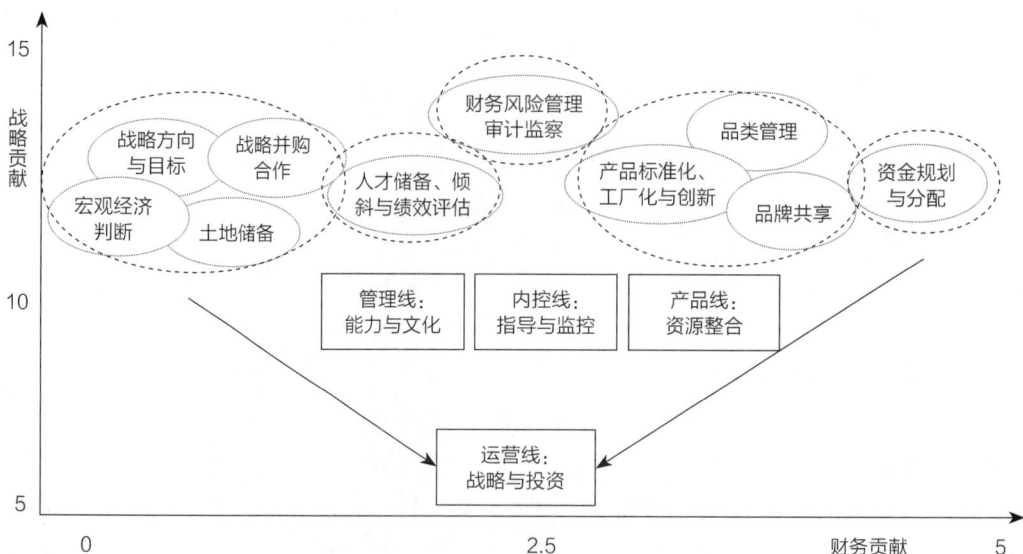

图2-14 万科4大业务线管理体系

万科四条业务管理线的工作职能 表2-3

业务线类型	产品线	运营线	管理线	内控线
工作职能	产品客户分析、规划设计、工程管理营销	融资、财务、运营管理、企业发展战略规划	人力资源管理、物业管理、客户服务、投资者关系、媒体关系	内部审计、风险防范及党务工作

（3）总部以战略先导，加强内控

万科2007年组织结构调整的背景是：①万科集团在重点城市全面建立了面向客户细分和"城市地图"的拿地模式，关注可快速经营的项目资源，通过合作方式扩大资源整合规模；②产品及产品结构基本成熟；③在管理上，集团强调开发销售、快速复制和高周转率。

在这样的背景下，万科需要提高一线公司多项目操作的专业能力，提升现有城市的市场份额。相应地，万科对总部组织结构进行调整：①新成立了监事会办公室、流程与信息管理部、品牌管理部、财务管理部和风险管理部；②对个别部门进行了更名（实际上意味着职能的调整），如原集团办公室更名为总裁办公室；工程管理部更名为工程与采购管理部；企划部更名为战略与投资管理部；物业管理部更名为物业服务管理部（图2-15）。

（4）万科一线公司项目管理模式

万科一线公司的项目管理模式采用"大公司小项目"模式（图2-16）。

在这种项目管理模式中，项目总经理的职能如下：

第一，组织公司各部门编制和更新"项目开发控制计划"，并提交公司审批；组织分析项目开发风险并制定应对措施；

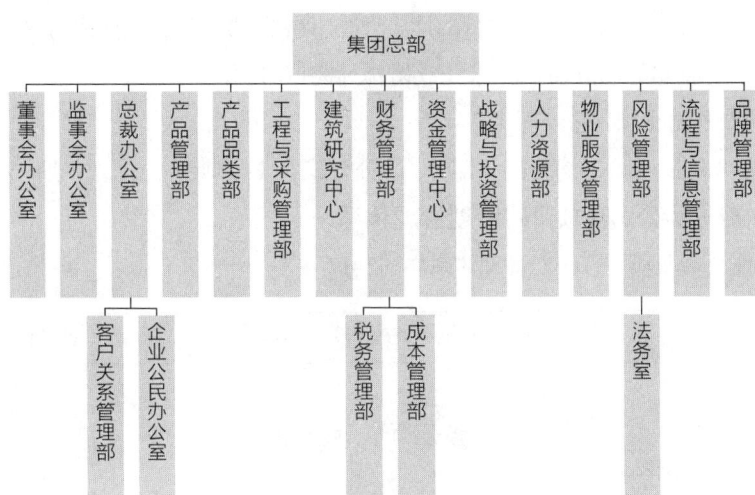

图2-15 万科总部组织构架图

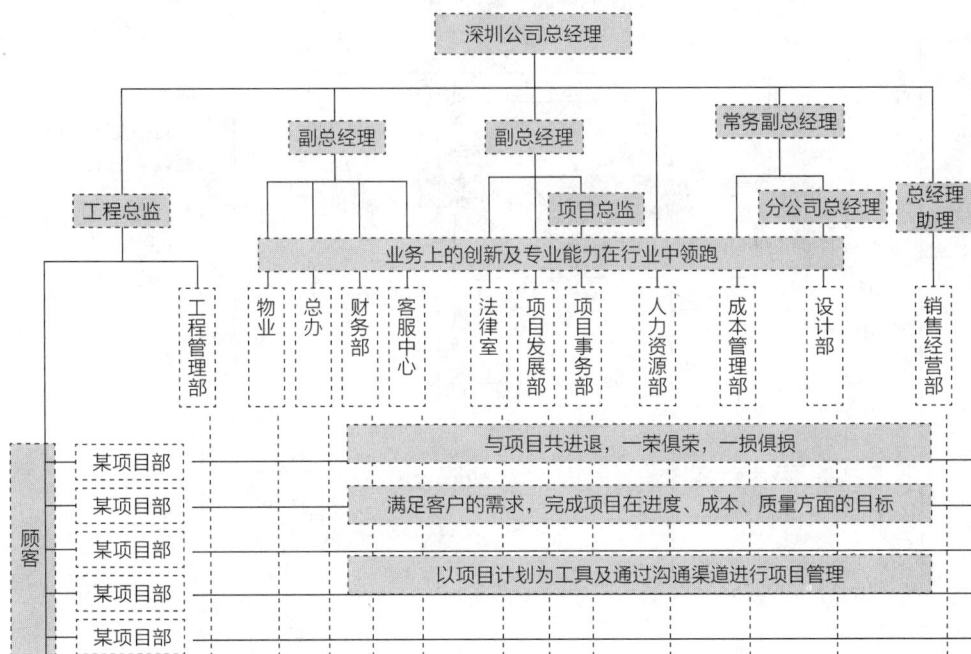

图2-16 "大公司小项目"管理模式

第二,配合分阶段计划负责人制定和细化该阶段"项目开发作业计划"、"销售开盘专项计划"、"产品交付专项计划";

第三,审议各阶段"项目开发作业计划"、"销售开盘专项计划"、"产品交付专项计划",确定重点考核任务工作项,并负责提交公司审批;

第四,组织项目建造阶段"项目开发作业计划"、"销售开盘专项计划"的细化工作;

第五，项目开发各阶段作业计划执行的日常监控、评估及反馈；计划反馈；比较基准；

第六，填写实际开始及完成时间；未完成请预计完成时间；

第七，项目工作群由项目总经理集中反馈；

第八，计划评价——按工期分部门评分；评分公式：（1+工期差/总计划工期）×100。

（5）万科对一线公司及项目的计划管理体系

万科对一线公司及项目的计划管理体系如图2-17：

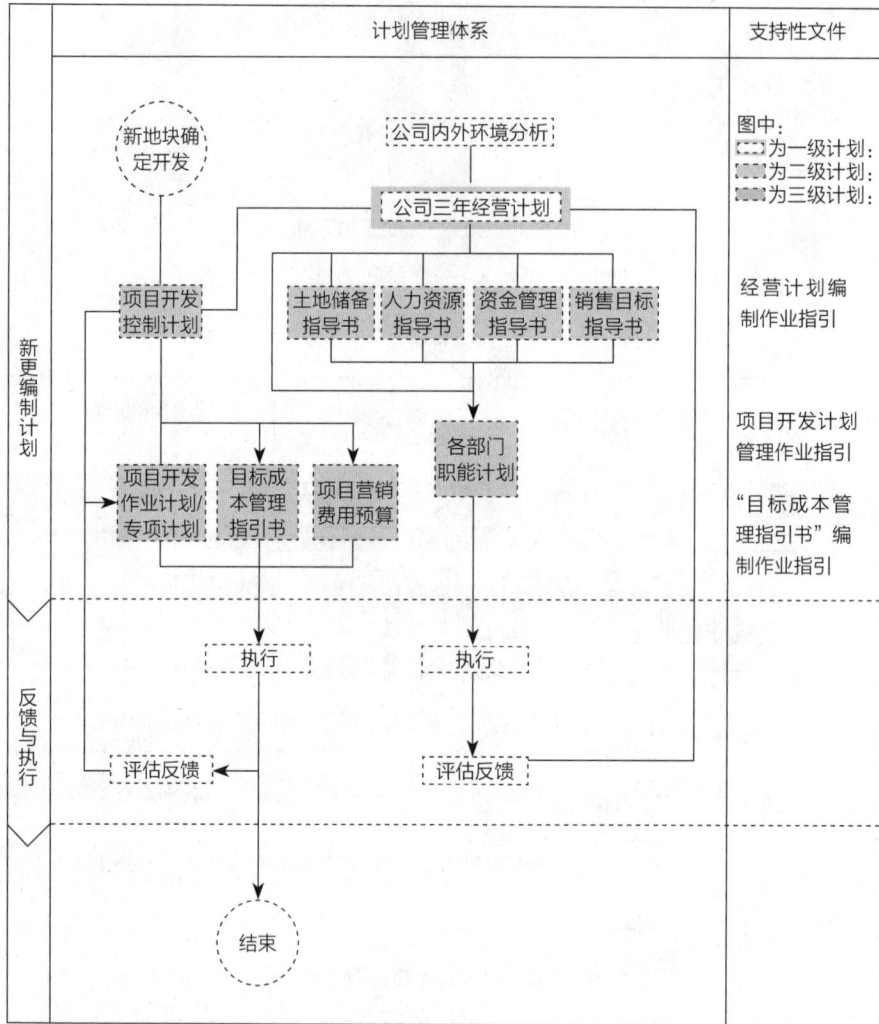

图2-17　万科对一线公司及项目的计划管理体系

二、"战略总部+专业区域+执行一线"模式解读

万科"战略总部+专业区域+执行一线"三级架构可以从内部管理模式、优缺点及运行条件三个角度去解读。

解读1. 是集权和分权相结合的管控模式

就企业内部管理模式而言,中国地产界有着"中央集权"和"地方分封"两派。

对前者来说,总部集团型公司是"决策机构",权力极大,而区域和项目公司是"执行机构",即项目主要由"中央"确定,"地方"只负责落实,万达公司是这类管理模式的典型。有的"集权派"公司为加强总部对地方项目的管控,甚至不设区域公司,而只以城市为单位成立分公司。

"地方分封派"则一般都规模相对较小,集团公司在财务、项目选择上都给予分公司较大的自主权。

对管理模式利弊通盘考虑的结果,万科采用集权和分权相结合的管控模式:第一,总部在投资决策、财务管理、人事等方面实行集权管理,对其他方面主要提供指导和技术支持;第二,区域总部的作用,是代表集团总部为这个区域的所有一线公司进行指导和管理;第三,给予一线公司运营上较大的自主权,这点也是考虑到地产行业项目运作的特点而制定的。

总部、区域中心和项目部在项目运营各阶段的职能区别 表2-4

运营阶段	集团总部	区域中心	项目部
决策阶段: ① 行业/市场研究; ② 投资决策; ③ 资金支持	① 全国行业和市场研究; ② 投资决策	① 本区域的行业和市场研究; ② 土地资源寻找和获取; ③ 组织可行性研究; ④ 项目总体预算管理	
设计阶段: ① 提出设计需求; ② 设计过程管理	① 审批项目规划和设计方案; ② 研发和产品标准化; ③ 项目设计制度和计划管理; ④ 支持专业能力薄弱的一线公司	① 项目策划的组织与决策; ② 方案设计及之前规划设计管理; ③ 目标成本设定与控制; ④ 重大设计变更审批	① 参与策划、定位/设计; ② 提供项目初勘、详勘资料; ③ 参与施工图审查
施工阶段: ① 施工组织; ② 进度/质安; ③ 招投标/成本/采购	① 集团层面的战略采购和联合采购; ② 一线公司的采购方案审核; ③ 项目工程制度和计划管理制度	① 施工总承包商及监理承包商的采购及合同签署; ② 实施战略采购、招标采购; ③ 工程、成本环节的监督; ④ 对项目技术支持	① 施工组织; ② 授权范围内部分材料的直接采购; ③ 进度、质量和安全管理; ④ 项目成本控制
销售阶段: ① 市场营销; ② 销售; ③ 物业管理	① 制定营销与物业制度; ② 项目销售信息收集	① 营销方案决策(广告、价格、销售进度等); ② 实施营销方案组织销售,完成销售任务; ③ 客户服务	
管理流程: ① 计划与财务管理; ② 人力资源管理; ③ 绩效考核的执行	① 制定集团战略规划; ② 一线公司中层以上人员人事任免; ③ 集团内财务管理	① 制定三年营销计划; ② 公司内部人员招聘、薪资核算; ③ 预算内财务收支管理	① 制定详细项目进度计划; ② 项目部人员管理

解读2. 万科三级架构的优缺点

"战略总部+专业区域+执行一线"三级架构有五个优点:

其一,通过增加管理层级大大减少了管理幅度,能够加强集团总部的管理效率,集团领导有时间做更高效的决策;

其二，区域公司对所在区域能够有更加深入的认识，在对下属城市公司进行管理时能够更加有针对性，更加符合该区域的房地产行业特点；

其三，区域公司享有大多数运营决策权，有利于培养高级房地产决策人才；

其四，区域中心作为利润中心，既便于建立衡量事业部及其经理工作效率的标准，进行严格的考核，也使得企业高层领导易于评价各区域对公司总利润贡献大小，用以指导企业发展的战略决策；

其五，区域公司发挥经营管理的积极性和创造性，之间可以有比较、有竞争，由此增强企业活力，促进企业发展。

"战略总部+专业区域+执行一线"三级架构的缺点：

第一，因管理层级的增加，各区域公司都需要设置一套齐备的职能机构；

第二，因为增设职能机构而增加了企业用人数量，因此，人力资源等直接成本费用被抬高。

解读3. 三级管控架构运行的3个条件

万科这种管控体系能够真正运作起来，需要依靠自身30年来企业文化和管理探索的深厚积淀。具体来说，保证主要来自三个方面（图2-18）。

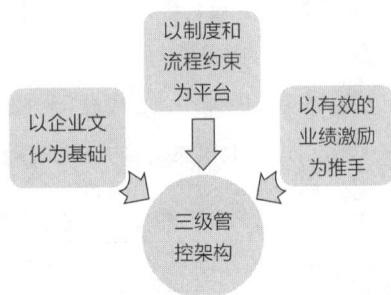

图2-18　万科三级管控架构3个运行条件

条件1. 以企业文化为基础

万科对文化、道德底线、价值观的管控非常出色也非常到位。这个管控已经深入到从总经理到一线员工的每一个万科人身上。正是通过对员工企业文化的不断灌输，保证了整个队伍的价值认同和战略共识。总部和一线公司能在很多基本问题上快速达成共识，在工作协作上很容易沟通和相互谅解。而企业内形成战略共识才能保证一线公司的利益和集团利益冲突时，执行集团利益最大化的决策，减少冲突。这也是万科多年来管理最成功的地方，就是形成了有自己特色的强大企业文化。

条件2. 以制度和流程约束为平台

万科建立起一套严密的管理制度和流程，从质量、资金和人事等方方面面进行管理。关键的环节，有严格的制度流程，通过IT手段来控制审批。并逐渐以"标准化"为管理理念。

标准化一方面降低了总部统一管理的难度、上下沟通的成本，另一方面使得员工凭借工作能力而不是人际关系的能力进行竞争。万科被称为中国地产行业的"黄埔军校"，很大程度上也是规范管理的结晶。

条件3. 以有效的业绩激励为推手

企业文化的融合，制度流程的约束，保证了集团总部和一线公司上下一致，减少实施管控后的摩擦，但是企业的发展最终需要各个部门和一线公司去市场上打拼，因此通过业绩激励，也是保证管控效果的必要保障。

三、将金字塔压扁变成扁平化架构

万科建立"战略总部＋专业区域＋执行一线"三级架构之后，仍不断改进管控结构，更强调"将金字塔压扁变成扁平化的架构"，这里的"扁平化"不是简单地削减管理层次，而是将其总部的作用战略化，将权力层层下放（图2-19）。

图2-19　万科管理结构扁平化的3个表现

2010年版的万科管理平台，核心特征是：削减总部职能，放权给区域公司，实现区域总部实体化，让它们变成"承担经营管理责任的事业部"，这个平台可以为3000亿元（销售额）之前的万科提供架构支撑。

表现1. 精简总部

2010年万科销售额跨千亿元时，郁亮把总部的员工减掉了40%，只剩下两百人。郁亮对此给出的解释是，万科将金字塔压扁变成扁平化的架构，有助于把更多力量集中于区域和一线。

2014年，万科又以目前领导者的极强执行力，完成了一次高层权力结构的重组：万科执行副总裁从9人减为3人，仅留王文金、张旭和陈玮三人为执行副总裁，包括莫军、丁长峰、周俊庭、周卫军在内的众多万科老臣都远离了公司日常运作的权力核心。

2015年下半年的第一天，郁亮签署了《关于集团总部部门调整的决定》。对集团总部组织架构更进一步大调整。具体调整如下：

第一，总裁办公室更名为集团办公室，客户关系、媒体关系和品牌管理职能并入集团办公室；

第二，财务与内控管理部更名为财务与内控中心；

第三，审计监察部更名为监察审计部；

第四，工程管理部与建筑研究中心合并，更名为建筑研究与工程采购中心；

第五，流程与信息管理部更名为流程与信息系统部；

第六，税务管理部更名为税务部；

第七，商业地产管理部更名为商业发展部；

第八，战略投资营销运营管理部更名为事业发展部；

第九，资金管理部更名为资金中心。

改造完成后，集团总部只负责高级人才聘用、产品研发、资金运作、品牌宣传等职能，区域公司则负责产品精细化、成本控制、项目销售以及利润等。

表现2. 区域公司获得更多决策权

2012年9月份，万科总裁郁亮在公开场合表示："这个月开始，我们强化了区域的作用，总部的很多决策下放到下一级层面去，而不是总部做决策。这方面我们都做了安排和准备。"

这意味着成熟的区域公司将享有包括人员安排、投资以及专业化施工等多方面的权力，几乎裂变为"次总部"的形态。而集团则只做"战略总部"，比如创新研发、品类分析等前瞻性研究以及融资等重大财务安排。

这是万科管理体制变革非常重要的第三次改革尝试，也是近年来万科不断下放权力的延续性动作。意味着万科不仅针对目前不确定性的外部环境做出了管理应对，也是中国这家巨型房地产企业对已经逐渐暴露出的"大企业病"所进行的主动治疗，变革管理的目标指向是巩固行业竞争优势。

2015年4月，万科拿出了一份《万科集团内部创业管理办法》，鼓励员工在万科生态圈内创业，协助万科构建、丰富生态系统，为客户创造价值。这将使得万科的员工分流，组织架构变得更轻，节省大量的管理资源。

表现3. 一线公司积极与互联网公司合作

万科在主动拥抱互联网，2014年，万科一线公司开始行动起来，北京公司与百度、广州公司与腾讯、杭州公司与淘宝、上海公司与平安好房等都成了合作伙伴。万科地方公司的尝试，正是万科组织扁平化、去科层制的"瘦脸"表达。

Q 管理知识

房地产企业通用管控模式

1. 房地产组织设计基本原则

房地产组织设计有四个基本原则（图2-20）。

2. 根据项目分布情况确定组织管理及项目管理的模式

根据五种项目分布情况，房地产企业可选择以下对应的组织管理及项目管理模式（表2-5）。

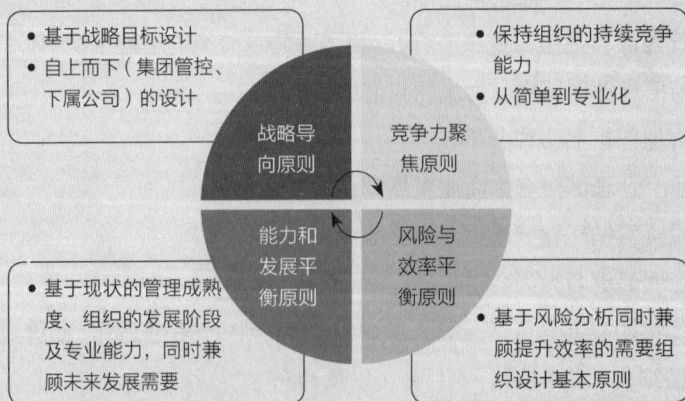

- 基于战略目标设计
- 自上而下（集团管控、下属公司）的设计

战略导向原则

- 保持组织的持续竞争能力
- 从简单到专业化

竞争力聚焦原则

能力和发展平衡原则

风险与效率平衡原则

- 基于现状的管理成熟度、组织的发展阶段及专业能力，同时兼顾未来发展需要

- 基于风险分析同时兼顾提升效率的需要组织设计基本原则

图2-20 房地产组织设计基本原则

项目分布与组织管理、项目管理的关系 表2-5

项目分布情况	组织管理模式	项目管理模式	代表企业
本地少项目类	项目公司	完全控制，以职能式组织模式为主	中鸿天（红石），中航地产
本地多项目类	城市公司	放权较多的项目制；多采用控制较多的弱矩阵管理制或职能制管理	华润置地，深圳星河地产
异地少项目类	城市公司/项目公司	同区域设城市公司，下设项目部；多采用矩阵制或职能制，不同区域采用项目制	上海城发投资，深圳城发投资
跨区域多项目类	区域公司	区域公司下属城市公司采用矩阵制或职能制	万科，金地集团
多业务房地产板块类	事业部项目公司	项目管理模式按照区域及项目多少确定；多采用项目制管理	万通实业集团，中远房地产，鹏基集团，长城集团

3. 管控模式随着开发量及下属公司的能力提升而变化

企业管控模式并非一成不变，而是需要随着开发量及下属公司的能力提升有所调整，其调整方向如下：

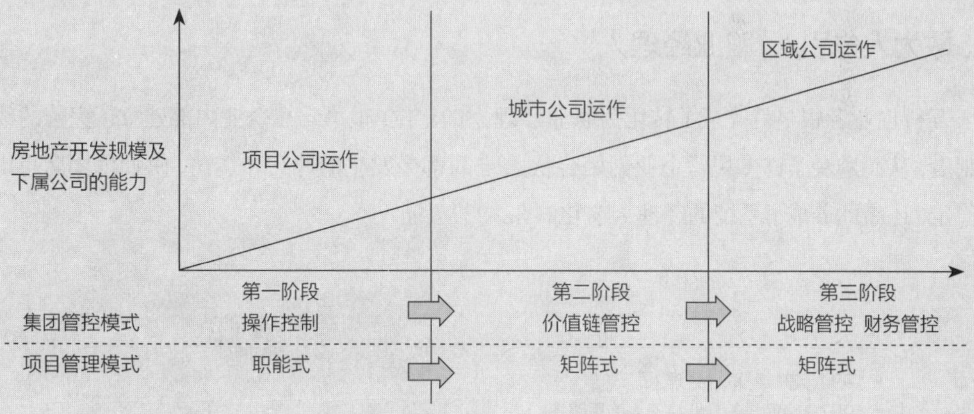

图2-21 管控模式随着开发量及下属公司的能力提升而变化

第三节 万科管理团队体制创新

在市场经济条件下，企业的竞争压力或决策风险必然由企业员工，特别是企业的各级管理者承担。因为企业管理者不仅对企业经营管理成效和股东利益负责，也对企业的全体员工负责。

可贵的是，一直在房地产企业阵营中作为领跑者的万科，30年间从未停止过自己管理层体制变革的摸索和尝试。

1994年，万科第一代领导班底的代表者王石提出"职业经理人"，这批职业经理人带领万科保持了连续稳步成长；

2014年，在房地产"白银时代"里，第二代领导班底代表者郁亮提出"事业合伙人"制度，将"职业经理人"与公司股权捆绑在一起，目的是建立起更适合当下现实的管理制度（图2-22）。

> **万科敢为人先引入"职业经理人"**
>
> - 万科"职业经理人"制度的确立过程
> - 职业经理人制度的巩固：股权激励制度
>
> **"事业合伙人"＝职业经理人＋"风险共担"**
>
> - 万科"合伙"的4个原因；
> - 双重制衡：股票+项目跟投；
> - 万科"事业合伙人"的4个目标；
> - 万科"事业合伙人"的3个特点；
> - 万科"合伙人"的升级探索；
> - 各界对万科"合伙人"的7个猜想

图2-22 万科管理层制度的变革

一、敢为人先引入"职业经理人"

万科创业者很早就完成了转化为职业经理人的定位，很早就在企业内部建立了完善的经理人制度，从而避免了许多民营企业创始合伙人之间都会发生的冲突和震荡，使管理团队得以长期稳定，还借此养成了系统的经理人文化（图2-23）。

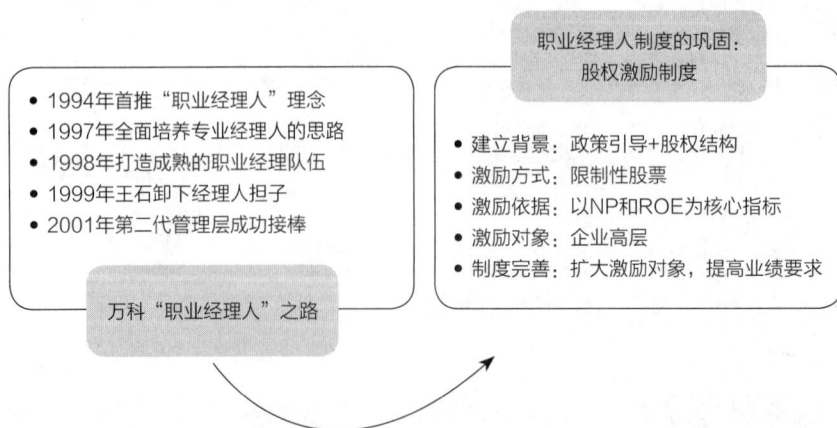

职业经理人制度的巩固：
股权激励制度

- 1994年首推"职业经理人"理念
- 1997年全面培养专业经理人的思路
- 1998年打造成熟的职业经理队伍
- 1999年王石卸下经理人担子
- 2001年第二代管理层成功接棒

- 建立背景：政策引导+股权结构
- 激励方式：限制性股票
- 激励依据：以NP和ROE为核心指标
- 激励对象：企业高层
- 制度完善：扩大激励对象，提高业绩要求

万科"职业经理人"之路

图2-23 万科敢为人先引入"职业经理人"

万科的这番管理思想,保证了理性的创业者和优秀的职业经理团队在万科能够集中精力,把企业管理和战略做细做深做透,不仅实现了各地区积聚优势,还建成了跨地区管理的高效体系。

> **阅读延伸**
>
> ### 追溯"职业经理人"源头
>
> 职业经理人起源于美国。1841年,因为两列客车相撞,美国人意识到铁路企业的业主没有能力管理好这种现代企业,应该选择有管理才能的人来担任企业的管理者,世界上第一批职业经理人——专业货运计划人员应运而生。
>
> 这个管理制度的本质是将所有权和经营权的分离,使企业更依赖制度建设,规范、透明的制度大大促进了企业的发展。
>
> 职业经理人制度在改革开放后流入中国,首先发展壮大起来的民营企业内部开始使用。而我国当时的国有企业多使用任命制,不利于职业经理人制度的建立。

1. 万科"职业经理人"制度的确立过程

万科由国有企业脱胎而生,深知国企内部管理的弊端,因此在不断脱离国企体制的过程中,逐渐抬升职业经理人的地位,形成了职业经理人掌握企业命运的制度和文化(图2-24)。

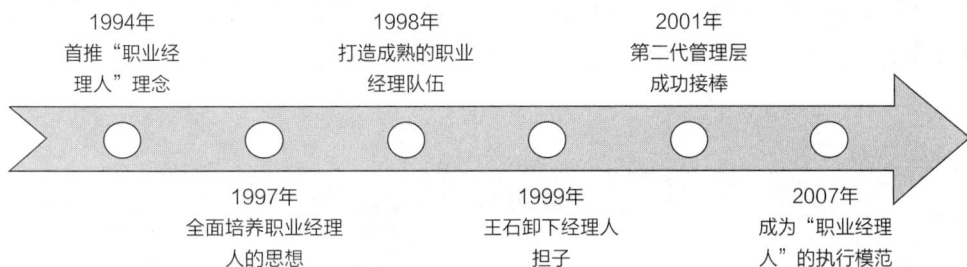

图2-24 万科"职业经理人"之路

(1)首推"职业经理人"理念

所谓"职业",就是人以此谋生,精于此业。职业经理人自然就是要以管理为生,精于管理。从初级管理层到决策管理层的全部管理人员组成公司的职业经理队伍,职业经理承担了公司的主要管理任务。

1994年,万科在国内企业中首次提出"职业经理人"概念时,即在房地产行业掀起轩然大波。后来,随着万科的一步步壮大,"职业经理人"越来越得到房地产企业的重视,还逐步输入到了其他众多行业之中。可以说,率先吃螃蟹的万科给中国的企业在管理上给出了范本。

（2）全面培养职业经理人的思想

1997年，在王石的领导下，万科确立了全面培养职业经理人的思想，逐步完善分权与授权机制，建立了投资、决策的专业委员会运作模式，实现了万科公司治理体制的顺利成型和扩张之路的有序拓展。

今天我们再提起企业家王石，从万科这个企业的角度，王石对万科的一大贡献，就是引入了职业经理人制度，并认认真真，数十年如一日不厌其烦地建造了终于可以自动行驶的"万科牌汽车"。

企业管理在于细节，在于耐心，在于持久。在这几点上，万科做到了，所以，万科的成功引发了中国房地产企业在企业管理上的深刻思考。

（3）打造成熟的职业经理队伍

1998年后，万科借助"职业经理年"、"团队精神年"、"职业精神年"的宣扬，倡导成熟的团队管理理念，已经打造出了一支成熟而稳定的职业经理队伍，为职业经理的专业素质转化为生产力提供了广阔的空间。

1999年，王石班底成型：郁亮、丁福源、丁长峰、莫军、解冻、张纪文、肖莉、徐洪舸、周卫军、刘爱明。他们被王石称为"梦幻组合"。正是这支"梦一代"团队，完成了万科多元化到专业化的转型，并在中国房地产黄金时代，将万科打造成中国首个千亿房企以及全世界最大的住宅开发商。

万科发展到今天不是靠强权领导而是由团队力量推进，这个团队的能量来源于互相之间给予的支持和信任。企业内部工作不会因某一个成员的因素而受到严重影响；即使领导人暂时缺席，一个团队仍然能够规范地处理自身事务并承担责任。万科的专业化和团队合作互为支持，用专业化创造竞争优势，用内部协作达到企业优势长久。

○ 管理看点

万科职业经理人的打造过程

1. 万科职业经理的核心素质：从工作观念、管理技能、专业技能方面体现；

2. 职业经理与新兴企业：新兴企业在经历创业阶段、解决产权、主业等基础性问题之后，进入成长期，强化职业经理阶层、有效运用训练有素的职业经理队伍将直接推动日益专业化的企业改善竞争力，适应竞争环境，实现持续增长；

3. 专业化精神是职业经理的本色：万科强调专业化精神，倡导开放心态，促使职业经理持续进取、保持创新的活力，同时通过合理授权等一系列措施，为职业经理的专业素质转化为生产力创造宽广空间；

4. 人力资源开发首要的是对职业经理的开发与培训：培训与高级研修是万科培养和开发职业经理的管理手段之一，实现职业经理在万科的可持续应用和发展；

5. 工作效率实现职业经理的竞争优势：对于职业经理而言，工作效率优异者必将淘汰低效率者。及时有效的信息沟通（数字化、表格化、电脑化）将使工作效率、工作方法的改进事半功倍；

6. 企业文化塑造职业经理的激情和持续进取心态：万科致力于探索中国现代企业成长模式的理想主义，激发职业经理的创业激情；以人为本的公司文化增强万科对职业经理的凝聚力；万科倡导健康丰盛的人生，促动职业经理观念的革新和灵活。

（4）职业经理人制度使企业管理结构稳定

1999年初，王石辞去万科总经理，专司董事长一职，万科的董事会和经理层之间的委托——代理关系因此更加明晰，战略决策和具体执行也彻底分离。在职业经理人制度的保证下，董事长能把更多精力集中在行业发展、产业发展、企业发展战略等宏观研究上。

从历史的角度看，当代中国的企业大多数都是初创企业，既然是初创企业，它的性格和文化自然深深地打上了创始人的烙印。具体到万科这个企业，其创始人王石所具备的某种清教徒式的自制，成了万科职业化体系的第一推动力。王石退出了万科的经营核心，但万科并没有因此而衰败，充分说明万科作为一个企业，其搭建的现代化的职业经理人团队已经能完全掌控万科的未来。

（5）管理代际交替稳定

2001年，郁亮出任万科总经理，这被业界视为万科第一代职业经理人向第二代的成功过渡。

郁亮班底的主要成员有：陈玮（执行副总裁）、解冻（监事会主席）、丁福源（党委书记）、丁长峰（高级副总裁）、毛大庆（高级副总裁）、莫军（高级副总裁）、谭华杰（董事会秘书）、王文金（执行副总裁）、张海（高级副总裁）、张纪文（高级副总裁）、周俊庭（高级副总裁）。

Q 万科的管理

"职业经理人"制度的考验

2000年，万科中高层人力调整中出现了业内广为人知的"二林事件"，即在万科总部的北京上海两地总经理对调时遭到两位总经理一致抵触。总部人事部门认为如果坚持对调，会造成两人中一个离职。处于用人之际的王石的选择标准是：宁可总经理流失，不能制度流于形式。

后来调令结果出来后，两个人同时提出辞职。

这大概是万科职业经理人制度实施过程中面临的第一次具体而真实的考验。王石曾经对此发出过反省：如果知道两位老总同时辞职，还会安排对调吗？答案是：会。因为经理之间的调动是万科培养职业经理的一种制度安排，是万科让管理人才积累各种环境经验的策略之一。企业如果让自己制定的制度等同虚设那也就失去了制定制度的价值。所以，万科在这个问题上是制度不向人妥协。

(6)"职业经理人"的执行模范

2007年,管理学界评选出了"正在影响中国管理的十大职业经理人"。万科的创始人王石位居十大职业经理人之首,紧随其后的还有:马蔚华、杨元庆、潘刚、周伟焜、方洪波、胡祖六、李开复、唐骏、法兰克·纽曼等。

这一结果公布后,《经理人》对王石作了如是评价:"战略规划+职业经理制+CEO明星化"。自此,媒体也把"中国职业经理第一人"的美誉适时地跟万科的王石画上了等号。

随后,万科培养职业经理的制度手册,便争相成为国内其他公司的模板。

> **Q 管理知识**
>
> ### 经理人均衡了大小股东的利益博弈
>
> 在传统公司治理结构理论中,最典型的博弈模型是大股东VS中小股东,管理层不参与博弈过程,只负责忠实地执行博弈结果。在这样的过程中,大股东通常处于优势地位。但在万科"职业经理人"制度下,企业所有权与管理权分离,职业经理实际上控制着公司的日常运作。尤其在股权分散的情况下,经理层拥有很大的发言权。
>
> 如此一来,典型的博弈模型变为三头博弈:大股东、中小股东和职业经理。经理层的角色,就是要公平地对待全体股东,尤其是弥补中小股东的天然弱势。可以说,经理层是在接受制度均衡的同时,均衡着大股东和中小股东之间的利益博弈。

2. 职业经理人制度的巩固:股权激励制度

股权激励制度是一种通过经营者获得公司的股权形式给予企业经营者一定经济权利,使他们能够以股东的身份参与企业决策、分享利润、承担风险,从而勤勉尽责地为公司的长期发展服务的制度。

股权激励目的在于建立股东和职业经理人团队之间的利益共享和约束机制,这一目标并不会因为市场环境的变化而改变。

当行业面临更多挑战时推出期权激励计划,一方面增强了股东对公司的信心,另一方面也为管理团队设定了明确的奋斗目标,有助于管理团队在应对市场挑战时更好地发挥积极性,为股东创造更大价值(图2-25)。

建立背景	激励方式	激励依据	激励对象	制度完善
政策引导+股权结构	限制性股票	以NP和ROE为核心指标	企业高层	扩大激励对象,提高业绩要求

图2-25 万科股权激励制度设计

ℚ 管理知识

美国企业的股权激励制度

　　作为实施股权激励最为发达的国家，美国早在1950年就对股权激励中的限制性股票期权方式进行了立法，1981年美国国会正式引入激励性股票期权概念，将激励性股票期权与非法定股票期权进行严格区分，分别适用不同的税收政策。20世纪90年代以来，高科技企业作为现代经济增长的重要支柱，广泛采用了股权激励方式。1997年美国通信技术、能源、医疗保健、技术、金融等行业实施股权激励的公司，占行业内公司的比例约80%，而公用事业、交通运输等技术含量低的行业中，实施股权激励的公司比例则比较低，均在70%以下。而且股权激励在高管薪酬中的比例也非常重要，以技术含量较低的公用事业公司为例，平均基本工资为46万美元，奖金为24万美元，股票期权则价值150万美元，股票期权价值是工资与奖金总和的2倍以上；在通讯服务业中，高管的平均工资为56.5万美元，奖金为93万美元，而股票期权价值则高达1020万美元，是工资的20倍，奖金的10倍。

（1）建立背景：政策引导+股权结构

　　在万科的发展过程中，由于大环境的改变，企业治理出现新的问题，再加上内部股权结构的特殊性，促使万科对高层管理者实施股权激励制度，以期更好地激发人才的潜能。

宏观环境　响应国家的政策引导

　　2005年12月31日，中国证监会颁布的《上市公司股权激励管理办法（试行）》，为公司治理的核心议题股权激励的破题，提供了明确的政策引导和实务操作规范，为我国上市公司正式引入了成熟规范的股权激励制度。同时新的《证券法》和《公司法》也相应做出调整，允许上市公司回购本公司的股票奖励给员工且无需注销，这样就解决了激励股票的来源问题；允许公司董事、监事和高管在任职期内有限度地转让其股份，从而解决了激励收益变现的问题。

　　已股改完成或者正在股改的上市公司纷纷推出股权激励方案，万科在股改完成后也加入这一行列。

微观环境　具有独特的股权结构

　　万科的股票中多数属于流通股，其比例非常高，在进行股权分置改革前，万科流通股的比例就已经接近90%，而在股改之后这一比例也始终保持在一个相对比较高的程度，这就要求管理层必须高度重视与中小投资者以及大股东之间的关系，得到他们的支持。

（2）激励方式：限制性股票

　　2006年5月30日，万科首期（2006年~2008年）限制性股权激励计划经公司股东大会审议通过后开始实施，按照3个不同年度，分3个独立计划运作。为了避免短期行为，使企业高管为了长远的发展目标去努力工作，万科采用限制性股票激励方式，以T-1年度的净利润增加额为基数，按照30%的比例预提当年激励基金。预提的基金并不立即放在个人名下，而是由董事会授权的信托机构独立运作，在这笔激励基金预提后的40个属于可交易窗口期的交易日内，从二级市场上购入万科A股作为授予基础，在条件成熟时过户给激励对象。

评判的时候按照方案中约定的行权条件或业绩、股价等指标来衡量高管人员是否完成了约定，是否已达到可行权条件，从而确定股权激励方案能否有效实施。当激励对象按时完成约定的目标或计划，其就对限制性股票进行处置以获得增值收益。反之，在这个约定期限内，高管人员没有完成目标或是提前离职，则限制性股票就将失去作用而被企业收回。

（3）激励依据：以NP与ROE为核心指标

万科股权激励计划中，详细规定了启动激励基金的条件：年净利润增长率（NP）为15%；全面摊薄的年净资产收益率（ROE）超过12%；公司如果采用向社会公众增发或向原有股东配售，当年每股收益（EPS）增长率则需要超过10%（表2-6）。

股权激励衡量指标	表2-6
指标	增长额度
年净利润增长率（NP）	>15%
年净资产收益率（ROE）	>12%
每股收益增长率（EPS）	>10%

每年达到业绩条件后，以当年净利润净增加额为基数，当净利润增长率在15%至30%之间时，以此百分比从净利润净增加额中提取基数，作为当年年度激励基金。当净利润增长率超过30%时，以30%从净利润净增加额中提取基数，作为当年年度激励基金。计提的激励基金不超过当年净利润的10%。净利润依据孰低原则，在扣除非经常性损益前的净利润、扣除非经常性损益后的净利润中，取较低者。

（4）激励对象：企业高管

万科完成股份制改造以来，股价上涨已超过一百倍。然而，万科的高管却未能享受到企业高倍增长带来的经济利益，因为他们不持有企业的股票。

股权激励制度正是为解决这一矛盾而诞生的，激励对象以企业的高层为主，包括在公司受薪的董事会和监事会成员、高级管理人员、中层管理人员，以及由总经理提名的业务骨干和卓越贡献人员。这些高管和员工在股权激励计划有效期内必须要一直与公司保持聘用关系。

股权激励的价值在于：①将股东与高管的利益结合在一起，使高管也成为企业的股东，为企业利益最大化而努力工作；②最大程度的缓解委托代理问题。

2006年，万科全年主营业务利润和净利润分别高达50.7亿元和21.5亿元，分别同比增长了67%和60%，股东的利益大幅度增长的同时企业高管人员的利益也得到了较大幅度的提升，充分诠释了股权激励的作用。

按照万科的股权激励计划，董事长和总经理的分配额度分别为当年股票激励计划拟分配信托财产的10%和7%，其他高管人员也会相应得到企业一定数额的股份作为奖励。面对如此卓越的企业业绩水平，即使再苛刻的股东也挑不出毛病，企业高管人员也在2006年的股权激励计划中受益匪浅，个人利益方面得到了明显的提升。

> **万科的管理**
>
> ### 首次股权激励计划未能成功
>
> 2006年万科完成了激励计划中设置的业绩指标及相应的股权指标，激励制度得以实现。
>
> 2007年受全球金融风暴的影响，虽然其业绩指标表现得还差强人意，但全球股市动荡导致万科2007年的股价低于2006年同口径的股价，因此，在业绩指标完成的情况下，其股价指标并没有实现。
>
> 2008年又受累于国家对房地产业的调控，万科的业绩考核指标未能达到预定目标，股权激励再次未能实现。
>
> 2009年底，万科正式发布公告称，为期三年的股权激励计划遗憾落幕。

（5）制度完善：扩大激励对象，提高业绩要求

2010年，万科启动新一轮股权激励计划，拟向851名激励对象授予总量1.1亿份的股票期权，占股本总额的1.0004%。该计划尽量多地覆盖到万科员工，激励对象人数占万科在册员工总数的3.94%。另外，该计划也对业绩提出了更高的要求，要求万科2011年、2012年与2013年全面摊薄的年净资产收益率依次不低于14%、14.5%和15%，净利润增长率依次不低于20%、45%和75%，相当于超过每年20%的复合增长率。

二、"事业合伙人"完善企业自治

2015年6月，万科开了一次集团会议，因为要防止一架飞机掉下来的风险，万科的管理层分坐两架飞机从深圳飞到天津。万科坦言，能够承受公司有一半管理层突然消失的风险。假如万科有一半的管理层突然消失，这个公司最多两周就能恢复过来。但即便如此，万科仍然承受不了所有管理层都消失的风险。

万科采用事业合伙人机制就是要解决企业自治的问题。万科认为，基业长青的企业就应该像一个海星，每个细胞都具备分裂的能力，即使把它砍得粉碎，只留下一个角，它仍然能长成一个完整的个体。

事业合伙人机制从管理本质和企业理念延续上来看，是万科职业经理人制度的升级；与股东共同承担投资风险，是事业合伙人与职业经理人最大的区别所在。当同时存在共创、共享和共担机制的时候，管理团队的利益将与股东高度一致（图2-26）。

图2-26 "事业合伙人"=职业经理人+"风险共担"

○ **管理知识**

合伙人制度

合伙人制度是指由两个或者两个以上合伙人拥有公司并分享公司利润，合伙人即为公司主人或者股东的组织形式。合伙人制度的主要特点有三个：①合伙人共享企业经营所得，并对经营亏损共同承担无限责任；②可由所有合伙人共同参与经营，也可由部分合伙人参与经营，其他合伙人仅出资并自负盈亏；③合伙人的组织规模可大可小。

合伙人制度存在两种形式，一种是职业合伙人，属于合伙创业的个人，与企业是合伙关系，企业提供全新的创业平台、资源及股份。合伙人与客户是协作关系，合伙人的事业就是协作客户事业成功，创造价值、分享利益。职业合伙人以收益、个人发展和回馈社会为目标，通过建立商圈，创新，专业服务，与共创企业、客户协力合作，共创和共享财富。

另一种是有限合伙人，这种形式的合作人制度以不执行合伙企业事务为代价，获得对合伙企业债务承担的有限责任的权利。因此，有限合伙人的权利是受到一定限制的。

1. 万科"合伙"的4个原因

2014年3月15日万科春季例会上，郁亮正式提出"事业合伙人"制度（图2-27）。

2014年5月28日，万科周刊发表《166年后的事业合伙人宣言》，并且发布公告称，代表公司1320名事业合伙人的深圳盈安财务顾问企业通过证券公司的集合资产管理计划，于5月28日通过深圳证券交易所证券交易系统购入公司A股股份3583.9231万股，占公司总股本的0.33%。

原因1. 经理人缺少风险共担

职业经理人来自于企业的"委托——代理"链，来自所

图2-27　万科"合伙"的4个原因

有权和经营权分离。1932年Berle和Means提出委托代理关系基础原理的时候，职业经理人是解决企业原所有人经营能力不足的问题，并且成为一种稳定的企业内在契约。

在委托代理关系中，由于信息不对称，股东和经理人之间的契约并不完全，需要依赖经理人的"道德自律"。代理人（职业经理人）只不过是"打工的"，所以存在着"危机时期的离心现象"，存在着"道德风险"。职业经理人制度的一个重要弊端：即职业经理人可以创业、干事、共富贵，但不能共患难，一旦遭遇巨大的行业风险，职业经理人难以依靠。

Q 万科的管理

郁亮四处奔走取"合伙"经

郁亮认为，黑石、KKR之所以能够成为全球顶尖的机构，靠的正是合伙人机制。黑石目前拥有房地产投资、PE、对冲基金、财务顾问等几大块业务，是全世界最大的不动产投资机构，直接管理着2500亿美金的资产。黑石在组建房地产团队时面试了很多优秀的人才，当问及是谁推荐的时候，不少人都说是一位芝加哥的老师，于是黑石就把这位老师请来做了合伙人。普洛斯做亚洲业务时找了KKR的大合伙人和前公司的主席作为合伙人，现在普洛斯在亚洲的物流地产业务和万科一样大。

可见，合伙人制度是比职业经理人制度更好的制度，每一位参与者不仅为公司、为股东、为投资者创造价值，也为自己创造回报。

原因2. 股权高度分散，难以抵挡"野蛮人"

万科第一大股东为华润股份有限公司，后者在2014年持股仅约14.94%，而包括王石、郁亮等高管在内的管理层持股总数，也不及1%。这种股权分布情况的问题是，管理层持股极少，在董事会席位亦不多，与公司并无生死共存亡的关系，无法与"野蛮人"拼死到底；一旦公司控制权旁落，职业经理人和公司前景堪忧。因此万科此次"事业合伙人"中有一项"股票跟投"制度，旨在提高经理人的控股权。

如今，股权问题再次成了万科要面对的问题。但不同在于，当年的股改必须面对权力带来的危险，变革者稍有不慎，即可能身陷囹圄；现今的"股权保卫战"则是应对市场的风险，即便是恶意收购，收购方也是出于利益考量，并且必须按照市场规则办事。这样的变化，或许是万科对中国"现代企业之路"的诠释。

原因3. 人才流失严重

2010年~2015年间，万科出走高管多达11位，未来万科13位集团管理层人员中，仅剩三分之一为王石时代"老臣"；离任的执行副总裁和中层管理人员更不在少数，这引发了关于万科"中年危机"的大讨论。

万科拟通过合伙人制度，来重新界定公司与员工的关系，防止优秀人才的过度流失。

Q 万科的管理

万科离任的高管们

刘爱明、肖莉、毛大庆等老臣先后离开万科，"梦一代"逐渐解体（表2-7）。

			万科离任的高管们		表2-7
编号	姓名	入职万科时间	在万科职位	离职万科时间	离职后转投
1	毛大庆	2009年	2009年至2015年1月：万科集团高级副总裁、北京万科总经理；2015年1月1日：万科北京区域首席执行官，北京公司董事长	2015年3月	自主创业
2	肖莉	1994年	1995年：董事会秘书；2004年：万科集团董事；2007年10月：万科执行副总裁	2014年11月	房多多
3	杜晶	2002年	2003年：广州万科总经理；2007年：万科企业股份有限公司副总裁	2013年7月	同创地产
4	陶翀富	2002年	2005年：大连万科总经理；2007年：调回万科广州公司	2012年4月	同创地产
5	邢鹏	2002年	2008年：万科重庆公司总经理	2012年1月	自主创业
6	袁伯银	2007年	2007年：万科集团副总裁	2011年8月	红星美凯龙家居集团
7	刘爱明	2002年	集团执行副总裁	2011年6月	重庆协信控股集团
8	徐洪舸	1994年	万科深圳总经理	2011年1月	创立深圳市里城投资发展有限公司
9	肖楠	2000年	天津万科、深圳万科常务副总经理、万科产品总监、副总裁等	2011年1月	自主创业
10	陈东锋	2007年	万科集团副总裁	2010年10月	用友软件股份有限公司
11	许国鸿	2007年	分管物业方面事务	2010年10月	
12	吴有富	2001年	北京万科总经理	2005年7月	沿海集团
13	车伟清		董事长兼总经理	2001年2月	
14	姚牧民	1988年	集团总经理	2001年2月	中信地产、珠江地产、合生创展集团、佳兆业集团等大型地产公司

原因4. 经理人的目标与公司不一致

经理人制度下，股东和经理人追求的目标不一定一致，股东希望其持有的股权价值最大化，经理人则希望自身效用最大化，很多在传统开发模式打拼过来的"大将"，更是有一套自己的投资风格，这往往使得公司层面的指令到了此类职业经理人手中却变味了。

从2010年开始，万科股价经历一轮大幅下跌，股东分红在2001年至2013年也处于较低水平——与另一地产商保利对比，后者2010财年每10股分红2.13元，而万科仅1元。与股东低分红形成对比的还有万科高管的高薪——2013年,国内地产公司十大收入最高的高管中,就有8位来自万科。经理人收入与股东收益步调的不一致,可能导致大股东不满。

此次万科推行事业合伙人制度,并非在做简单的激励创新。万科通过捆绑股权和捆绑项目的双举措,从而让职业经理人的发展脚步真正吻合万科的节奏。捆绑股权,能够将职业经理人的收入、晋升和房企业务紧密关联;而额外受让跟投制度的推出,能促使职业经理人真正关注项目运作,改变自作主张的投资风格。

2. 双重制衡:股票+项目跟投

万科"事业合伙人"制度的具体实施制度有两个:股票跟投和项目跟投。

所谓"跟投"是跟投人对所做项目和所在公司,用自己的真金白银投下去,给出一个"愿意捆绑在一起"的承诺。利益有了捆绑,在新机制驱动下,就有可能打破原来的职业经理人科层化、责权化和专业化的窠臼;合伙人享受工作收益(薪资)、项目收益(项目跟投分红)和股权收益(股票分红)(图2-28)。

(1)股票跟投——员工变身股东

2014年5月,万科推出事业合伙人持股计划,首批事业合伙人将其在经济利润奖金(下称"EP奖金")集体奖金账户中的全部权益,委托给深圳盈安财务顾问企业(有限合伙)("盈安合伙")的普通合伙人进行投资管理(图2-29)。

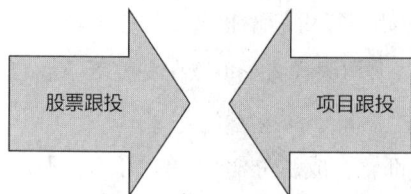

图2-28 精妙的双重制衡:股票+项目跟投

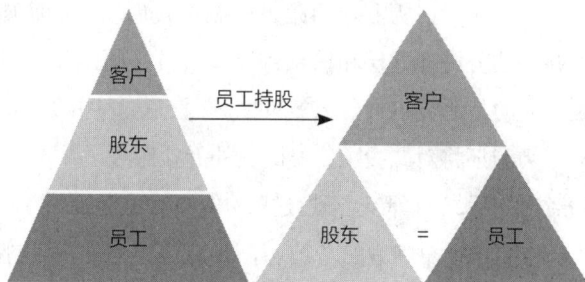

图2-29 股票跟投让员工和股东画上了等号

过去万科是职业经理人制度,职业经理人和股东是打工关系,依靠职业精神对股东负责。但从小米等一些企业的经验来看,合伙人制度可能是一种更好的利益共享机制,对股东负责就是对自己负责。截至2015年1月底,万科事业合伙人在公司的总持股比例已经达到4.48%,成为万科第二大股东。

Q 管理看点

万科的 EP 奖金

EP奖金是万科2010年推出的薪酬体系当中的一部分,适用范围包括公司高级、中层以及骨干员工。当时万科对原有的业绩考核体系进行调整,减少销售奖、年度利润奖计提比例，引入基于EP(经济利润)作为考核指标的经济利润奖金制度，形成固定薪酬、销售奖、年度利润奖和EP奖金相结合的薪酬结构体系。这个奖金是个长期奖金，退休了以后才能拿。

EP奖金采取正负双向调节机制，按固定比例提取或扣减EP奖金，即如果当年公司EP为正数，则在指定的奖金账户中按规定比例增加相应额度的奖金；如果当年公司EP为负数，则按规定比例从奖金账户中扣减相应额度的奖金。万科2013年年报显示，2012年度EP奖金43704.0万元，实际支付给奖励对象的EP奖金32207.7万元。

万科经济利润奖金制度运行3年多，基本实现了推出的初衷。然而，与业绩增长形成鲜明对比的，是房地产板块股价的持续低迷。万科管理层意识到，仅仅只提高回报率无法满足股东要求。

万科这么做的目的在于股东希望公司能够更加重视股价，希望公司推出市值管理机制，把管理团队利益和股价更紧密结合在一起。

事实上，早在2006年万科就率先推出过限制性股票激励计划，并设置了极为严格的股价考核标准。2010年，万科再次推出期权激励计划。但这两次激励计划的实施结果都不尽如人意。

（2）项目跟投——将多个部门整合为"壹"

2014年4月，万科项目跟投机制正式启动。所谓项目跟投，是指万科今后所有新项目，项目所在一线公司管理层和该项目管理人员必须跟随公司一起投资，公司董事、监事、高级管理人员以外的其他员工可自愿参与投资。根据这一方案，员工初始跟投份额不超过项目资金峰值的5%。万科还将对跟投项目安排额外受让跟投。项目所在一线公司跟投人员可以在支付市场基准贷款利率后，选择受让不超过项目资金峰值5%的份额。

项目跟投意味着从拿地、设计、工程、销售等不同部门都整合成一个个不同的项目组，不再是通过部门流水线的方式，而是通过一个个项目的方式，整合为"壹"。广州万科将这种方式称之为"壹团队"，项目牵头人从某个部门出，然后协调不同部门的人来完成这个项目。当然，不同部门的人同时也会有其他项目，也加入其他壹团队，只有壹团队的牵头人是唯一的，从前到后从头到尾，不加入其他项目组的。

3. 万科"事业合伙人"的4个目标

在上海万科中心一进门的墙上，白底红字，写着"我们要掌握自己的命运；我们要形成背靠背的信任；我们要做大我们的事业；我们来分享我们的成就"。像是宣言，更像是一种信念，这就是2014年迈入而立之年的万科送给自己的一个礼物——事业合伙人制度（图2-30）。

图2-30 万科"事业合伙人"的4个目标

目标1. 掌握自己的命运

万科通过建立项目合伙人,对于个人而言,相当于是在企业内部实现创业;而对于公司甚至房地产行业实现战略转型,则具备深刻意义。

万科的项目合伙人计划开启"实业+资本"的绑定模式,其本质是在不牵涉集团股权结构重大调整情况下,在项目层面及在区域层面以合伙人或者类合伙人的身份使得重要人才、利益相关方人才能够在获得更大收益情况下为企业谋求更大利润。

目标2. 形成背靠背的信任

过去企业传统的做法是如果对一个人负责一件事情不放心的话,就会设两个人,让他们彼此竞争,然后为了防止出现你死我活的斗争,就会设第三个人来制衡,这样的结果是公司管理更稳定了,但公司可能变得滞缓复杂了。

现在万科希望建立这样一种机制,让员工之间有一种背靠背的信任,可以彼此充分协作来完成工作,不需要专门执行监督的主管,也不会出现彼此埋怨和推卸责任的情况。

在成为项目层面的合伙人后,员工的工作热情和创造性会得到进一步激发,这有助于提高项目的运营效率,减少项目过程中的风险,建立背靠背的信任,同时也有助于提高公司为股东创造价值的能力。此外,这种让管理层级扁平化的变革能够让每一位管理者都能直接听到最底层的声音,让每一位基层员工都感受到集体的目标和荣誉。

> **Q 管理人物语录**
>
> ### 学习小米"背靠背"的信任
>
> 郁亮认为,阿里、腾讯、小米这样的互联网企业,看似管理混乱,但效率很高,尤其是小米的"背靠背"信任,以及不同部门的相互投资渗透,他专门提到,"一个做电源的部门也投资了小米电视盒子的项目",所以电源部门就会非常关心这个电视项目,主动为这个项目做配合性的工作。
>
> "而在传统企业里面,就像走流程一样,讲究的是边界清晰、权责分明、责任到位",一个部门不会关心另外一个部门的事情,专业主义的迷信高于跨界主义的好奇。"郁亮说:"为什么部门员工近在咫尺,有事情不当面说而要发邮件?邮件白纸黑字清清楚楚,因此将来出了事情责任承担也一目了然。职业经理人制度导致专业主义盛行,但是这样一堆邮件有助于问题的解决吗?其实是不能解决问题的。"

目标3. 把企业的事业做大

事业是不断创造出来的,如何让这些想做事的人脱颖而出,在企业舞台上做得更大呢?这就需要企业搭建更大的舞台。事业合伙人的机制有力地吸引并保有更多优秀的人才。万科现在的架构是最适合做平台式架构的公司,万科的文化能够容纳众多优秀人才来施展他们的才华,把事业做大是一个可以实现的目标。

目标4. 分享成就

做大事业的目的之一当然是要分享，郁亮希望万科在第四个十年之后，可以培养出200个亿万富翁。他认为如果万科员工拥有10%的份额，那么当万科市值达到2000亿元的时候，他们就能得到200亿元的回报。

4. 万科"事业合伙人"的3个特点

一个企业的管理层变革必须符合企业自身的现实，万科所打造的"事业合伙人"制度正是从自身情况出发，制定的有万科特色的制度（图2-31）。

特点1. 万科"合伙"是项目层面的

从公司性质看，阿里巴巴是一家民营企业，马云作为创始人和实际控制人，有意愿也有能力对公司进行改革，他设计的合伙人制度成功割裂了股权与控制权之间的联系，使阿里巴巴最大程度

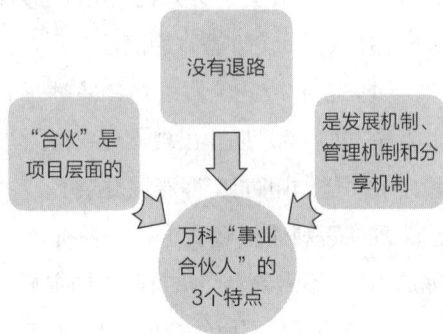

图2-31 万科"事业合伙人"的3个特点

上摆脱了资本的控制，从而加强了创始人及其经营团队的控制力。

而万科的现实情况使得经营层无法采用马云团队那样的激进方案，按照当前中国《公司法》规定，万科的股份有限责任公司变更为合伙制企业存在困难，除非公司退市。最终万科采用了传统的股东治理路线，即通过增持公司股份加强经营层控制力。

可以这么说：阿里的"合伙人"制度是公司层面，而万科的"合伙人"制度是项目层面的。在项目层面，万科正在推行的小股操盘、管理输出与合伙制可以结合。

特点2. 合伙人计划没有退路

从2014年5月28日起，宣布成立事业合伙人制度不久，由万科员工组成的盈安财务顾问企业（有限合伙）便迅猛出手，多次从二级市场买入公司股票，买入股价在8.3元至9.36元不等。除了首批1320名事业合伙人经济利润奖金集体奖金外，盈安合伙购买万科股票的资金还有一部分引入融资杠杆，因此有业内质疑，以2014年5月份的万科股价，盈安合伙的这笔投资目前盈利并不丰厚。如果万科股价不能大幅提升，合伙人计划的投资甚至存在亏损风险。

一个公司要实现和持股人共担风险、共享利益，一定是从股市买股票。万科想通过合伙人制度告诉市场，1320名万科合伙人和股东坐在一条船上。"我们博的是万科未来的成长，所以我们不会去安排后路……"

特点3. 事业合伙人是发展机制、管理机制和分享机制

事业合伙人不仅仅是一个简单的制度，更是一种发展机制、一种管理机制、一种分享机制。说发展机制，是因为它面向未来，并不解决万科眼前的问题，而是解决万科未来十年的问题，我们通过事业合伙人机制，能够在未来十年里把万科的舞台越做越大；说管理机制，是因为

它将彻底改变我们的管理方式，而不仅仅是奖励制度；说是分享机制，是因为我们希望通过事业合伙人机制，更好解决投资者和员工之间的利益分享。

5. 万科"合伙人"的升级探索

万科在2014年首批的由高管、中层及骨干构成的万科合伙人只是合伙人制度的1.0版本，未来万科还将推出合伙人制度2.0、3.0，甚至4.0版本，将万科的普通员工、合作方、总包单位直至社会公众普通投资者都纳入到合伙人范围。

万科提出未来"事业合伙人2.0或者3.0版本"的设想，能否将项目跟投扩大化，比如把施工单位也成为事业合伙人，这样可以从根源上杜绝偷工减料问题，保证工程质量；将产业链上下游也变成合作伙伴，建立新型房地产生态系统；如果买地时资金方面引入合伙人制度，能大大减少成本。

上文有提到，万科1.0版本合伙人制度的"项目跟投"制度，跟投对象是内部员工，且跟投份额有限制。在4.0版本中，普通投资者也可以跟投万科项目，且不设门槛，这一版本预计两年左右即可推出。

◎ 管理知识

碧桂园"同心共享"计划——"合伙人"升级版

碧桂园是2007年在香港上市，2013年销售超1000亿、纳税超100亿的合法合规的企业。作为拥有超7万名员工的企业，碧桂园大多数带装修产品平均售价仅为每平方米6000多元，是十强房企中最低的。碧桂园努力为全世界建造最高性价比的房子。

2014年9月份开始，碧桂园集团推出了新版的"同心共享"计划：项目经过内部审批定案后，集团投资占比85%以上，员工可跟投不高于15%的股权比例，共同组成项目合资公司。从2014年10月起，获得的新项目均采取此跟投机制。

1. 跟投机制

新版合伙人制规定：除了集团董事、副总裁、中心负责人及区域总裁、项目经理需要对项目强制跟投外，其他员工在不超过投资上限的前提下也可自愿参与项目跟投，其中区域总裁、项目经理等仅需投资自己区域的项目，占比不高于10%，集团员工可投资所有项目，但占比不高于5%。

2. 回报机制

在回报机制上，当项目获得正现金流后，利润就可分配，所得利润可用于投资下一个项目，也可交给集团公司有偿使用；项目有盈利时，可进行分红；但如果项目出现亏损，参与者不可退出。值得注意的是，在项目投资期间，参与者则进出自由。

3. 机制意义

"在该制度设计下，核心管理班子成了项目公司股东，可以强化买地、设计、成本控制、销售及间接费用控制的全过程管理力度，符合现代企业管理机制，分工合作，职责清楚，衔接流畅，有利于稳定员工队伍。"碧桂园人士表示，实行该制度之后，集团总部的管理将进一步简化，会腾出更多的时间关注战略、产业升级、流程再造、信息化建设等内容，"架构趋于扁平化，管理效率会得到提高"。

4．与万科跟投制度的区别

比较可以发现，碧桂园版的"同心共享"计划与万科的跟投制度还是存在相当大的差别，在参与项目、信息公示、参投人员、跟投方式及限额、回购机制、分红及本金返还条件及退出机制方面均存在差异。

比如在跟投人员方面，万科的董事、监事、高级管理人员均不能参与项目跟投，而碧桂园是全员可以参与；在跟投金额上，万科没有统一的标准，各城市公司均存在差异性，而碧桂园实行高管定额跟投，普通员工跟投则规定不高于20万元；另外在分红方面万科累计经营净现金流回正后即可分批次进行分红，而碧桂园只要项目公司实现盈利才能分红。

6. 各界对万科"合伙人"的7个猜想

在万科踌躇满志要借由"事业合伙人"制度开启万科辉煌发展史上第四个十年时，各种势力倒未必有绞杀这势头的想法，然而猜想和质疑声却从未停歇（图2-32）。

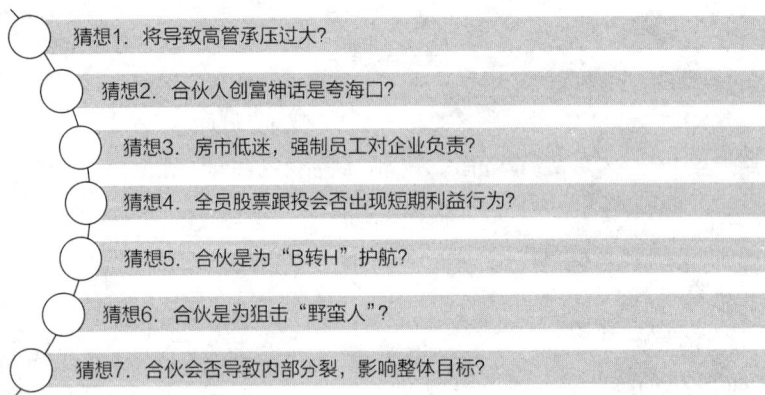

图2-32　七问万科"合伙人"制

猜想1. 将导致高管承压过大

"如果项目跟投失败，管理者个人承担风险的能力有多大？如果每个管理者都承担跟投所带来的巨大压力，会不会影响公司管理的整体水平？会不会对管理团队的稳定形成反向作用？"万科一区域公司总经理连珠炮似地提出了一系列担忧。

"假若制度如此设计，员工自然会倾尽全力把项目搞好，因为一旦项目巨亏，由此可能承担无限连带责任，最可能吃亏的就是自己，这带给我们非常大的压力。"某高管如是说。

猜想2. 合伙人创富神话是夸海口

万科的领导者曾经在一些场合公开表示，希望万科第四个10年之后，可以培养出200个亿万富翁。但根据券商研究, 2014年A股房地产板块的估值水平创下近5年新低, 包括万科在内的多家房企股价逼近净资产。因此有人怀疑, 万科"事业合伙人"的"创富神话"只是夸海口。

猜想3. 房市低迷, 强制员工对企业负责

有房地产商认为, 如今国内房市低迷, 合伙人制度不过是强制员工将自身利益与企业利益捆绑, 让员工为业绩买单。

猜想4. 全员股票跟投将导致短期利益行为

对于万科推行全员股票跟投的动作, 部分投资者产生疑虑: 合伙人制度在激励员工的同时, 如何保证不出现一些短期利益行为?

对此, 万科在发布的公告中透露, 事业合伙人均已签署《授权委托与承诺书》, 将其在经济利润奖金集体奖金账户中的全部权益, 委托给盈安合伙的一般合伙人进行投资管理, 包括引入融资杠杆进行投资; 同时承诺在集体奖金所担负的返还公司的或有义务解除前, 以及融资本息偿付完成前, 该部分集体奖金及衍生财产统一封闭管理, 不兑付到具体个人。因此短期利益行为难存在。

猜想5. 合伙是为"B转H"护航

截至2014年6月3日的4个交易日内, 盈安合伙已斥资约12亿元买入万科1.34%的股份, 超过万科原第二大股东自然人刘元生1.21%的持股比例, 仅次于华润集团, 成为新的第二大股东。

对于此次盈安合伙增持, 业界普遍认为短期目的是为了提振万科A股价, 为"B转H"顺利完成保驾护航。

猜想6. 合伙是为狙击"野蛮人"

有人认为, 此次万科并非是想改造成合伙人企业, 而是通过事业合伙人的名义集合内部员工资金增持股权, 以保证公司控股权不会旁落他人手里。

筑建对抗恶意收购者的资金壁垒

有研究报告表示, 盈安合伙此次购买公司股票的资金中, 约三分之一来自于集体奖金账户, 其余来自融资杠杆。据测算, 公司当前可动用的集体奖金规模约15亿~20亿, 在不考虑未来每年新增集体奖金以及股价变动的情况下, 按不同杠杆层次敏感性测算, 对应可增持公司股份最高超过10%, 对抗恶意收购者的壁垒已然显现。

合伙人团结一致阻吓恶意收购者

由于公司的主要职业经理人均参与到事业合伙人计划, 如果"野蛮人"恶意收购, 等于对抗整个职业经理人团队, 从而对恶意收购者能起到阻吓的作用。

老股东"入伙"能"护盘"

由于万科的主要股东最近十多年的持股都非常稳定, 万科"B转H"成功后, 相当部分的股权仍然流到华润集团、惠理基金这些老股东的手里, "野蛮人"要从公开市场收集10%以上的股权难度大, 也容易引起万科高管层的警觉。加上华润集团也有可能出手"护盘", 在推出事业合

伙人制度后,万科被恶意收购的可能性大大降低。

猜想7. 合伙将导致内部分裂,影响整体目标

项目跟投制下,总部与地方在财务指标上的角力会更明显,总部要求保证指标平衡,均好性增长,但地方公司则可能会选择单一目标,二者可能会产生冲突。

其次,跟投制会产生内部部门之间的比较,而内部出现杂音是公司前进的大敌。即便这些人不会抱怨出声,但也会埋下隐患。例如,有媒体人指出,跟投项目清单出来后,深圳公司的项目就被跟投得更快,而像宁波(楼盘)、南京(楼盘)这样的公司项目,却相对乏力,充满悲观情绪。内部自身也会有跟投和不跟投两种,跟投者容易形成小圈子,不跟投的动力又怎么体现?

最后,合伙会否产生收益率的比较?突然间,大家不再是围绕着公司整体愿景努力了,而是要比拼哪个项目赚钱最多。当一个企业内部计较赚钱多寡时,诸侯割据的情形也就会出现,员工也会对自己的团队投不信任票。万科的项目跟投追求的是利润率,而非规模。万科转而强调利润率也无可厚非,但公司在没有更高层面的校正路线时,这一方向一旦跑偏,就会给万科带来长久的灾难性问题。

第三章

万科制度管理标准化信息化

企业管理工具是实现企业管理思想和策略的方法与手段，合适的管理工具能对组织稳定运行、规范性和高效率起到明显的推动作用。

企业管理工具大致分为五类：战略管理工具、生产管理工具、绩效管理工具、薪酬管理工具、信息化管理工具等。

细数万科多年来的管理工具，最具代表性的四个是：流程管理、平衡计分卡、信息化管理系统和"1363"管控体系。这些工具在万科的实践中，不断得到完善和创新（图3-1）。

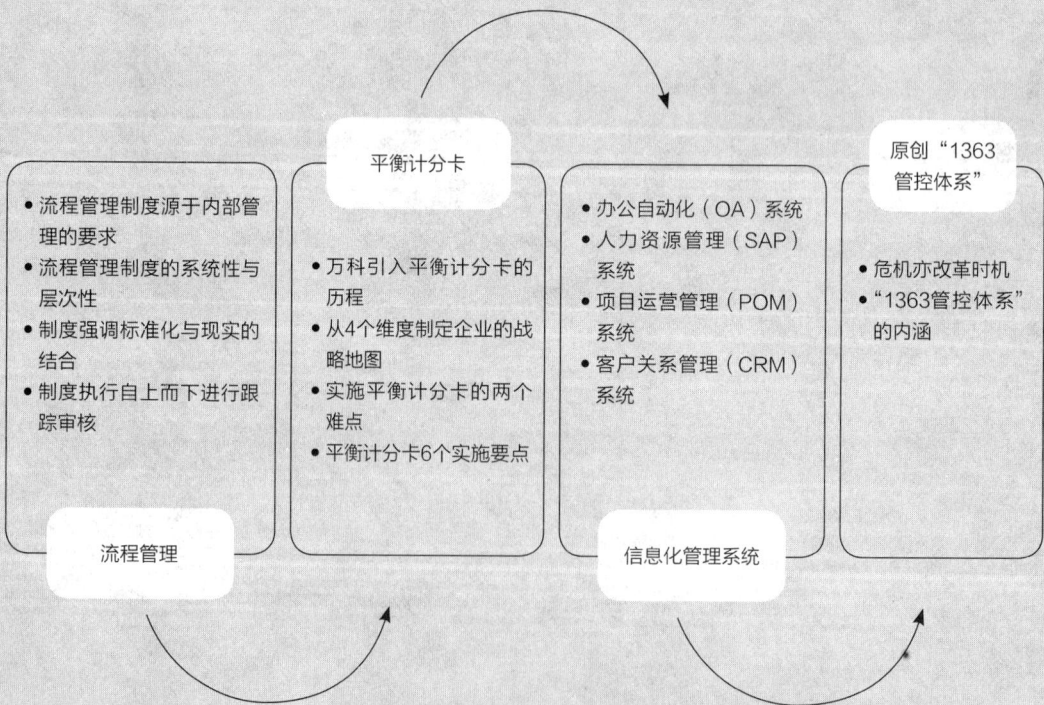

平衡计分卡

原创"1363管控体系"

- 流程管理制度源于内部管理的要求
- 流程管理制度的系统性与层次性
- 制度强调标准化与现实的结合
- 制度执行自上而下进行跟踪审核

- 万科引入平衡计分卡的历程
- 从4个维度制定企业的战略地图
- 实施平衡计分卡的两个难点
- 平衡计分卡6个实施要点

- 办公自动化（OA）系统
- 人力资源管理（SAP）系统
- 项目运营管理（POM）系统
- 客户关系管理（CRM）系统

- 危机亦改革时机
- "1363管控体系"的内涵

流程管理

信息化管理系统

图3-1 万科的管理工具

第一节　打造标准化的流程管理制度

规范的流程管理制度有两个作用：①使员工工作起来得心应手，不会无所适从；②统一了工作标准，使企业内部很少出现繁琐的请示汇报，提高工作效率，降低内部交易成本。上市之后的万科，管理上更加强调制度化、标准化、流程化（图3-2）。

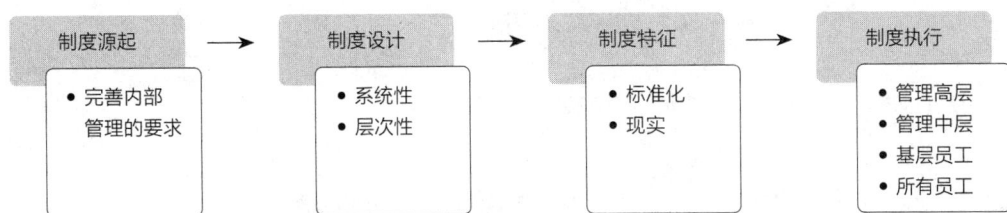

制度源起	制度设计	制度特征	制度执行
• 完善内部管理的要求	• 系统性 • 层次性	• 标准化 • 现实	• 管理高层 • 管理中层 • 基层员工 • 所有员工

图3-2　万科的流程管理

一、流程管理制度源于内部管理的要求

2002年为提高工程质量和完善内部工程管理体系，万科在工程系统借助ISO9001体系推进内部管理和业务流程的规范化。万科在启动ISO9001体系时，很多企业已通过了该体系，包括房地产及建筑行业内的企业。但大部分企业仅通过认证，却没达到预期的效果，这些企业的ISO9001仅仅是获得的一张证书而已。

就是说，企业的规范化管理，更需要企业通过一些具体的内部流程优化制度。这些制度的作用一是理顺流程提高内部运行效率，二是改善部门间的配合和沟通。衡量房地产企业各业务单元的相关性及各部门的接口关系，万科在所有部门推进基于流程管理的ISO体系，制定出具有万科特点的计划管理、信息管理及流程与质量管理等一系列规范。

二、流程管理制度的系统性与层次性

万科的流程强调系统性，围绕公司目标，既实现了PDCA管理循环，满足ISO9001的要求，又体现了相关的层次及相互关联关系，在内部关系上反映了相关的接口关系（图3-3）。

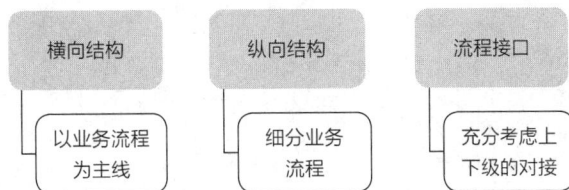

横向结构	纵向结构	流程接口
以业务流程为主线	细分业务流程	充分考虑上下级的对接

图3-3　流程管理制度的系统性与层次性

1. 横向结构: 以业务流程为主线

从横向的角度讲, 万科的管理流程以业务流程为主线, 按照房地产价值链而不是按部门职能展开进行设计, 围绕主业务流程配合管理支持流程, 从项目论证、项目策划、规划设计、采购管理、工程施工、营销管理、客户关系管理七大流程环节展开设计, 涵盖了完整的房地产开发过程(图3-4)。

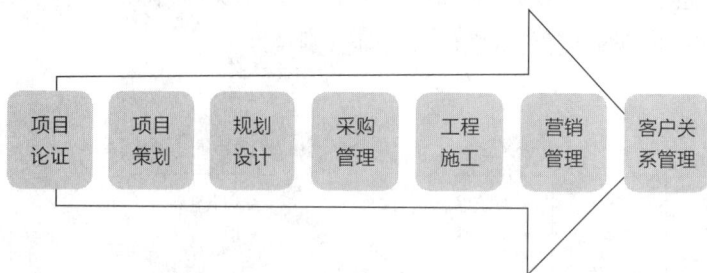

图3-4 管理制度7大流程环节

配合的管理支持流程包括: 计划管理、人力资源管理、信息管理、审核监控管理, 部分公司增加了预算管理的内容, 在横向结构上采用PDCA管理循环构建, 覆盖策划、实施、检查、改进等的主业务流程。

Q 管理知识

PDCA 管理循环

1. 起源

PDCA管理循环, 由日本的高管们在1950年日本科学家和工程师联盟研讨班上学到的戴明环改造而成, 它是全面质量管理所应遵循的科学程序。从企业管理工具的角度来说, PDCA管理循环属于战略管理工具。

2. 内涵

PDCA, 就是质量计划的制订和组织实现的过程, 这个过程就是按照PDCA循环, 不停顿地周而复始地运转的 (图3-5)。

P (计划 PLAN): 明确问题并对可能的原因及解决方案进行假设;

D (实施 DO): 实施行动计划;

C (检查 CHECK): 评估结果;

A (处理 ACT): 如果对结果不满意就返回到计划阶段, 或者如果结果满意就对解决方案进行标准化。

3. 特点

PDCA循环, 可以使我们的思想方法和工作步骤更加条理化、系统化、图像化和科学化。它具有如下特点: 大环套小环, 小环保大环, 互相促进, 推动大循环。

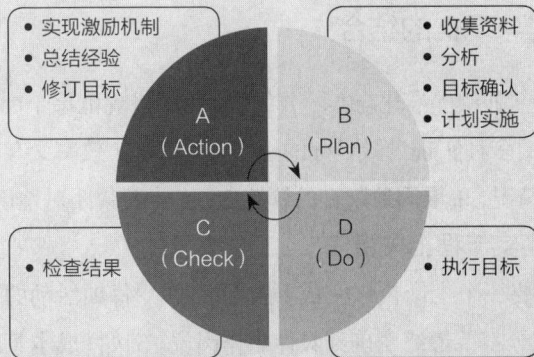

图3-5 PDCA管理循环

4．实施

PDCA循环作为全面质量管理体系运转的基本方法，其实施需要搜集大量数据资料，并综合运用各种管理技术和方法。

2. 纵向结构：细分业务流程

从纵向角度讲，万科的业务流程在横向一级流程基础上又纵向划分成二级到三级流程以及四级的表格，而管理规范和标准也作为流程管理的内容加以明确。万科总部的管理文件同样按照程序（制度）、指引、表格等层次划分，各分公司在集团基础上建立自身运作的程序、指引和表格（图3-6）。

3. 流程接口充分考虑上下级对接

万科的流程接口主要体现在三个方面：①流程与流程之间的接口；②流程内部活动之间的接口；③完成活动时岗位之间的接口。

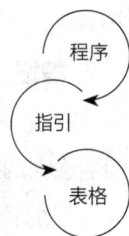

图3-6 管理文件
纵向设计

流程接口的作用在于：

第一，在流程中充分考虑总部与地区公司、公司各部门之间的对接；

第二，通过对流程活动与对应岗位流转关系的描述清晰地表述岗位之间的接口关系；

第三，通过流程之间的相互关联构成流程网络形成流程管理体系来实现组织目标。

Q 万科的管理

用新员工的标准来检验流程文件的指导性

万科的流程文件具有指导性，指导员工如何完成相关的工作，包括活动的步骤和方法、输入输出的要求。在协助万科建立流程文件时，有一个基本原则：用一个新员工的标准来衡量文件的指导性是否充分。当新员工不仅能够看懂流程文件的内容，而且能够按照流程文件中的步骤完成相关工作而基本不需要上级提供更多口头指引时，就说明流程文件具有指导性了。

三、制度强调标准化与现实的结合

万科的流程管理制度强调标准化与实际相结合，既严格规范每个岗位职责，又结合岗位工作的实际情况，通过发掘多种实现绩效目标的途径，提高工作效率又有效地控制风险。例如，根据各地区公司的实际情况，采取因地制宜的管控方式，体现集团对地区公司的集权与放权。

1. 岗位描述确保落实流程相关责任

企业的流程运作需要一个个岗位来完成。企业管理中，每项活动的责任者和执行者，决策活动如评审、审核、批准等都要最终明确到具体工作岗位。例如，成本管理流程中，万科要求将成本控制分解到每个月，每个部门，每个岗位。这种分解的本质就是把工作最终落实到具体的岗位中，是一种责任范围的界定。

万科的这个管理理念告诉我们，在企业的日常运营中，每个项目工作的方法企业都要尽可能制作出具体详细的标准和要求，对影响到流程绩效目标的关键点必须在管理制度上做到：①有明确具体的操作方法，②能详细说明工作如何进行。

另外，还需要注意的是，在岗位要求说明时，语言表述要明确，避免使用不确定字眼，如使用"必要时、可能时、允许的情况下、相关部门"等字眼，避免使用没有任何操作性和指导意义的形容词。

2. 多路径选择实现效率与风险的平衡

有些管理流程需根据不同条件设置不同路径，以实现效率与风险的平衡。这通常都会涉及为符合公司的授权体系及不同内外部环境下流程的不同路径。

万科的管理流程特点是，多路径流程贯穿于房地产开发的全过程中，例如采购及招投标流程中不同的费用审批权限，不同的材料种类都可能采用不同的流程；不同类型的客户投诉以及投诉的严重程度的处理流程都会采用不同的路径。往往风险越低的流程监控点越少，路径越短，这样既保证了流程的运行效率又能够有效控制风险。

3. 结合实际使流程达到最优化

流程设计首先要基于流程需要去达成的企业目标，然后再建立一个"标准"的流程结构，然后在此基础上提出相关岗位的能力要求，并配备满足这个岗位能力要求的员工来完成。

比如，万科在设计管理流程中就规定，设计过程中对概念设计、方案设计、施工图设计等都需要经过集团总部评审和决策。

另外，关于工作要求的执行，不同的员工即使按照同样的流程完成了工作，其最终的绩效达成会出现各种差异，因此，企业的设计流程还需要考虑员工的现状能力，这样与实际结合的流程管理，才能达到流程的最优化。最明显的是，随着万科的深圳和上海区域公司设计能力的不断提升，集团总部取消了对这两个区域流程的评审决策环节，而由两个区域公司自行决策，集团总部只对设计结果备案即可。

四、制度执行自上而下进行跟踪审核

随着万科规模不断扩张,项目不断增加,管理难度也不断加大,事前设计系统规范流程管理体系的价值在于避免管理不一致性导致的管理效率下降,确保了区域公司及各公司之间的有序运作,提高了内部整体的运作效率。万科的管理,重点是使用了标准化的运作管理保障了企业管理的一致性和可延续性,避免了依靠管理者经验式管理而可能造成的管理风险。

万科的制度执行自上而下的跟踪过程,如图3-7所示。

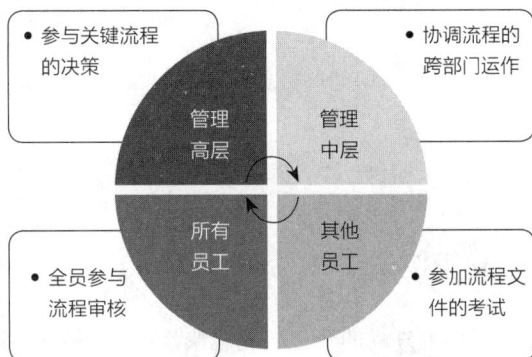

图3-7 自上而下落实流程管理制度

1. 管理高层参与关键流程的决策

在万科,总经理办公室作为流程管理的主导部门,要参与关键流程的决策,对流程的执行过程进行跟踪,并组织进行流程审核,从而保证自身的权威性和内部更好地配合和协调,对流程项目的顺利开展也起到了促进作用。

2. 管理中层协调流程的跨部门运作

管理中层参与将直接决定流程未来优化和改进的有效性,万科的管理中层在流程管理中承担了跨部门流程的相互协调和决策责任,具体负责的工作是:①流程文件的编写;②流程文件的讨论和优化;③流程文件的内部培训等工作,特别是了解流程运作及流程接口上的问题。

3. 基层员工参加流程文件考试

万科在内部网络系统中建立了流程文件题库,要求所有员工都必须通过流程文件的考试。新员工在转正时必须要通过考试,考试合格是万科员工转正的一项必要条件,这样促使新员工一开始进入公司就建立流程文件的工作意识,使新老员工在思想和意识上保持较好的统一。

4. 全员参与流程审核

建立流程后,万科提出全员都是审核者的管理理念。深圳万科超过80%的员工接受过流程审核员的培训(基于ISO),包括副总经理、总工程师、总监等管理高层。

让尽可能多的员工参与到流程审核中,一方面让他们熟悉跨部门的流程运作过程,另一方

面也更深度地了解流程文件的要求（图3-8）。

万科通过至少每年一次的跟踪审核，检查流程的执行效果及流程本身的适用性来发现流程本身及流程执行的问题，提出更切合实际的改善措施，确保流程的持续适应和持续改进。

对员工　　　　　　　　　　　对企业

图3-8　全员参与流程审核的作用

五、管理变革推行"1363管控体系"

计划虽然制作周密，却赶不上外界的变化如此之快，一味以不变的计划作为工作的基础，稳之有余，却会失去机会。

万科原创的"1363管控体系"的功能与管理大师明茨伯格所说的"雕琢战略"非常类似：通过持续适应变化，有效地执行计划和目标，并重塑计划和目标。即把一个战略目标雕琢到"风险最低，执行效率最高，成功率最大"的状态，并一步步精确地实现它。

1. 面对危机推行管理变革

2008年万科遭遇创业来最大危机：负增长、拐点论、捐款门、质量门等，净利润同比下降17.26%。虽然利润仍有63亿元，但万科决定顺势放大一下危机，推动一次力度较大的管理变革。

2008年，万科基本废除了指标化的管控工具，认为它们的副作用已经显现了：机构臃肿，管理费用增高，人员增多，事情增多，管理绩效下降，结果是偏离市场和用户。而后取而代之以沿用至今的"1363管控体系"。

2. "1363管控体系"的内涵

"1363管控体系"的目标有三个：①用变化消灭计划；②用沟通消灭数据；③用默契消灭冲突。它能兼顾不同时效的需要，确保万科能随时根据市场变化随时修正计划中的偏差（图3-9）。

（1）"1"指月度例会

"1"，是指每月一次的月度例会，这是总部与区域、一线公司负责人都要参加的联席会议，大家汇总市场情况，总结上月各公司的业务质量，寻找问题，总结一些教训，表现好的介绍经验，提一些要求，做一些修正。

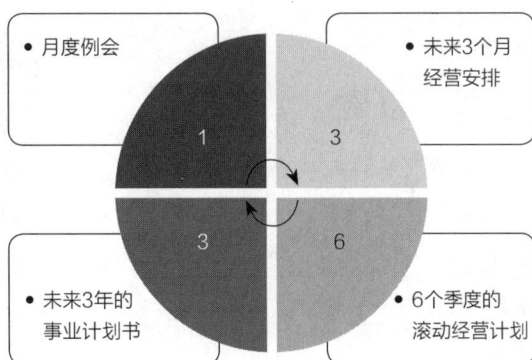

图3-9 "1363管控体系"的内涵

（2）"3"指未来3个月的经营安排

"3"，指月度例会还要解决未来3个月的经营安排问题，根据上月发生的市场变化，对未来3个月的经营安排工作进行调整。有了月度工作例会滚动实施的这个"1"和"3"，公司运营基本上就不会出现大错了，因为这种机制可以覆盖同期的变化，让我们可以发现问题并实施应对。

（3）"6"指6个季度的滚动经营计划

"6"，指6个季度的滚动经营计划，作为季度工作会议中的例行安排，意味着每季都要修订一次跨度达6个季度的滚动经营计划，这样一来，就保证了每个季度都不会落空，都处于可控状态。

（4）"3"是未来3年的事业计划书

最后一个"3"，是未来3年的事业计划书，这个每年要检讨一次。比如现在是9月份，我们正在检讨未来3年的事业计划书，它是现在和未来的连接点，要覆盖未来。

第二节　学习欧美引入平衡计分卡

只有站在巨人的肩膀上才能看得更远，房地产企业以万科为首，开始学习代表欧美先进企业管理经验的高度概括总结的平衡计分卡。平衡积分卡是对20世纪末21世纪初现代企业战略管理模式上的一些创新和进步。它作为一种以信息为基础、将企业战略目标与企业业绩驱动因素相结合的战略管理系统，被万科在其应用的基础上进行了创新研究，得出新的适合万科的结论与模式，从而对企业绩效考核起到借鉴作用。

在应用平衡计分卡的过程中，万科用文字明确总结了公司的宗旨、远景、价值观，形成了滚动的中期战略制定与检讨系统，开展每年一度的集团战略全国宣讲活动，发展完善了对公司的评价指标库并用来考核所有一线公司。

> **Q 管理知识**
>
> 平衡计分卡的由来
>
> 1992年，卡普兰和诺顿在《哈佛商业评论》上发表了第一篇有关平衡计分卡的文章《平衡计分卡：驱动绩效的量度》（The Balanced Scorecard: Measures that Drive Performance），标志着这一新的管理工具的诞生。作为一种典型的业绩评价系统，平衡计分卡自提出以后得到了广泛的应用。

一、万科推行平衡计分卡的历程

1999年万科公司为实现人力资源的战略牵引力，开始试推行平衡计分卡；

2000年正式实践平衡计分卡，2002年平衡计分卡的应用初具规模；

2003年，平衡计分卡终于在万科扎下了根；

直到现在平衡计分卡的应用仍受到万科公司的高度重视（图3-10）。

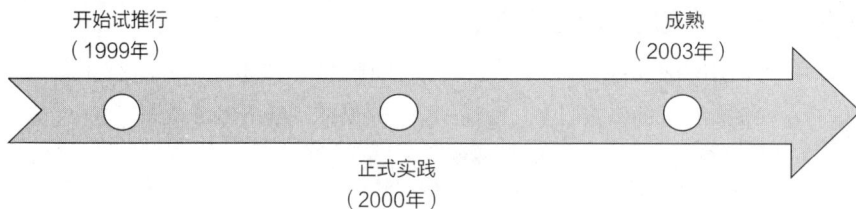

图3-10　万科引入平衡计分卡的历程

二、从4个维度制定万科战略地图

万科的战略地图是以平衡计分卡的四个层面目标（财务层面、客户层面、内部层面、学习与增长层面）为核心，通过分析这四个层面目标的相互关系而绘制企业战略因果关系图（图3-11）。

制定企业战略地图必须依据企业自身战略目标，并结合企业的长短期发展需要，从四个维度找到其最具意义且保证体系平衡的绩效衡量指标（图3-12）。

维度1. 财务层面——股东利益的代表

万科的财务目标是实现股东利益最大化，这个总目标还可拆分为两个分目标：利润战略和收入增长战略。财务战略的实施包括提高资产利用率、降低成本、"住宅产业化"等。

财务报表是公司经营的结果，但万科平衡计分卡的财务层面不仅如此：一方面，万科用净利润、集团资源回报率考核各一线公司；另一方面，考核各一线公司是否实现了价值的增值，这些价值不以实际利润的形式存在，但能影响一段时期的收益。

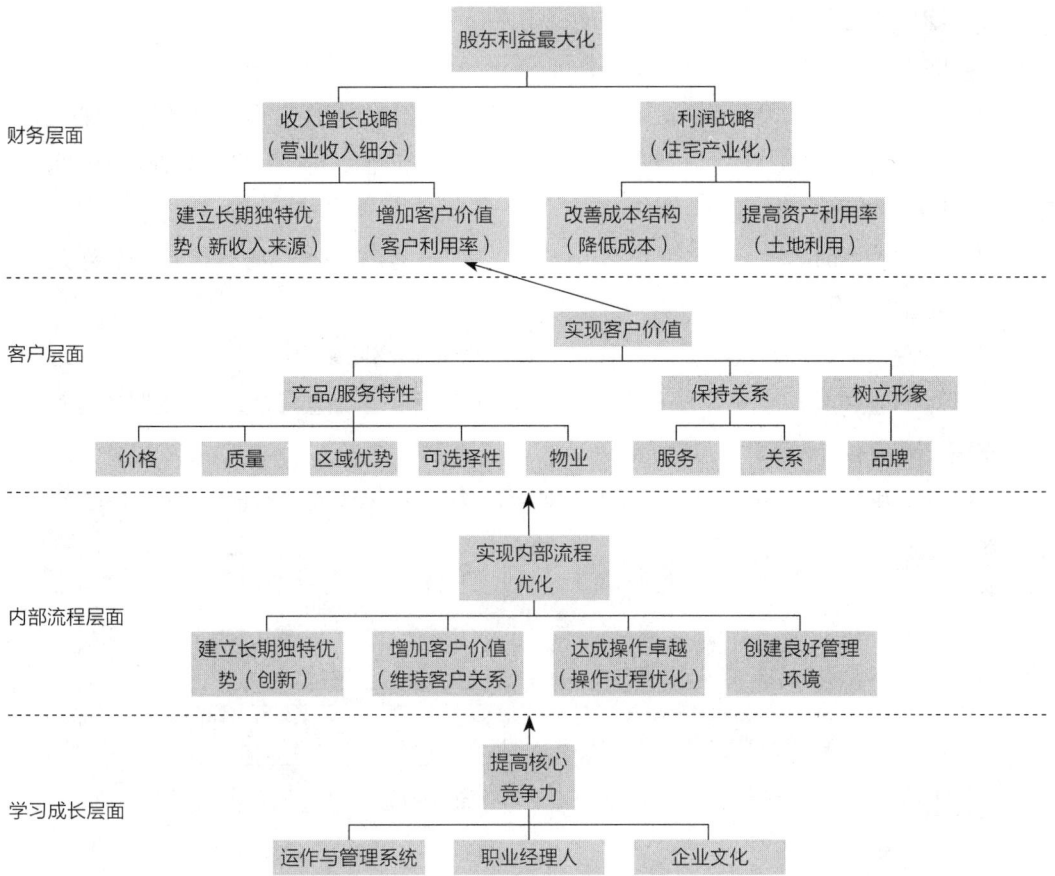

图3-11　从4个维度制定企业的战略地图

图3-12　万科平衡计分卡与经营战略相匹配

维度2. 客户层面——业主和准业主的视角

客户的满意来自于产品，更来自于服务。

万科平衡计分卡客户层面的中心思想即"客户是我们永远的伙伴"，强调以客户为中心、客户至上的概念，并采用主张与绩效评价挂钩方式，把这种观念贯彻到每个万科职工的价值观里。

万科在客户层面的作为包括（图3-13）：

专管客户关系的部门——客户关系中心，承载着防止客户满意度受损、修复已经受损的客户关系、创造性提升客户满意度和客户价值的职责；

会员管理系统——万客会，成为联系万科与客户之间情感联系的纽带；

万科社区业主运动会——"万运会"，不仅体现了万科"全心全意全为您"的服务理念，同时也提高了现有客户的满意度与忠诚度。

会员规模和参与度、客户需求被满足的程度，都成为万科平衡计分卡客户维度的支持性指标。

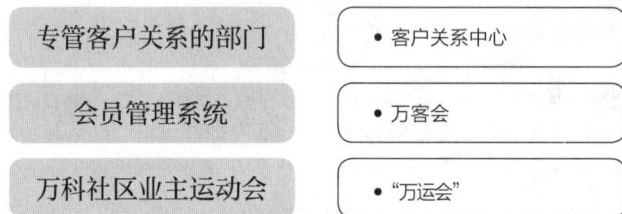

图3-13 万科在客户层面的作为

维度3. 内部流程层面——抓大放小

房地产企业理应选出具有最高效且适宜的业务程序（包括影响项目进度、质量、服务和开发效率的各种因素），根据业务流程在企业的各管理环节中设立具体指标，形成测评体系。

在关键流程的选择与定位上，万科提出"抓大放小"。为此，关于产品研发周期，万科内部有种说法叫"三五二"，即"三"个月做定位与规划设计、"五"个月做实施方案、"两"个月做施工图。

维度4. 学习成长层面——核心竞争力

从长远来看，企业唯有不断学习与创新，才能实现长远的发展。保证企业的持续发展是学习与成长层面的核心内容。企业的成长与员工的能力素质和企业竞争力的提高息息相关，在这一层面上，万科关注的主要成长点有：运作与管理系统、职业经理人、企业文化。这些方面的不断与时俱进，对万科企业的健康、持续、高速发展起到了决定作用（表3-1）。

万科平衡计分卡考核目的和指标　　　　　　　　　表3-1

维度	考核目的	具体考核指标
财务	实现项目预期利润	项目净利润
	提高项目盈利能力	集团资源回报率、项目销售毛利率、项目销售额、销售均价

续表

维度	考核目的	具体考核指标
财务	控制成本费用，优化成本结构	土地成本比重、单方建安成本、单方管理费用、单方销售费用
	提高项目资金利用率，保证资金平衡和现金畅通	土地储备周转率、单位开发面积的资金成本、应收账款回收期、商品达到可销售状态时间、每年可销售商品房数量
客户	了解目标市场与客户	目标与区域市场占有率、产品结构合理性
	提供客户满意的产品与服务	客户满意度、客户推荐购买率、客户忠诚度
	提升企业形象，增加产品附加值	媒体宣传覆盖率、品牌认知度与影响力
	创造良好外部关系	合作方满意度
内部流程	提高项目设计水平	市场与产品的把握能力、出图时间、设计的创新
	加强项目开发能力与业务拓展能力	业务区域拓展、土地储备率
	明确合理的开发节奏与计划，有效降低风险	开工、开盘、入驻时间、具备抵押贷款、提供融资抵押物、资金解决方案
	缩短工程周期和提高工程质量，实现资源整合	竣工时间、现场管理组织架构、工程合格率、企业资金共享度
学习成长	提高人才储备管理	员工培训比率与周期、储备人才率
	优化人力资源配置	主要职位合格人数比率、主要岗位人才满足度
	创造和谐的工作氛围，支持战略执行	员工满意度、员工岗位交叉培训度

三、实施平衡计分卡的两个难点

平衡计分卡看起来颇为简单的四个维度（财务、客户、内部流程、学习与发展），真正实施起来还是有一定难度（图3-14）。

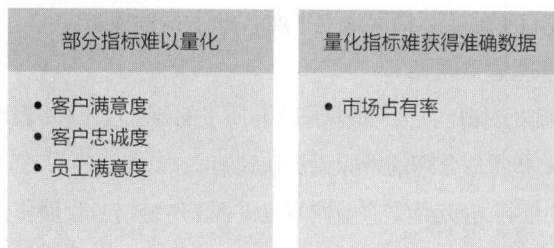

图3-14　实施平衡计分卡的难点

难点1. 部分指标难以量化

如客户满意度、客户忠诚度、员工满意度等，这些指标具有较大的灵活性，难以确定量化标准。

难点2. 部分量化指标难获得准确数据

某些可以量化的指标也难以得到准确的数据，如市场占有率等。

四、平衡计分卡6个实施要点

房地产企业实施平衡计分卡时应注意的6个要点（图3-15）：

图3-15 平衡计分卡6个实施要点

要点1. 指标体系符合企业自身特点

不同的房地产企业面临的竞争环境不同，需要的战略也不同，为此应设定不同的平衡计分卡目标，不同公司的指标之间相关性不同，相同指标也因产业不同而导致作用不同，如果盲目模仿或抄袭其他公司，不但无法充分发挥平衡计分卡的长处，反而会影响对企业业绩的正确评价。所以，企业应该根据自身的实际情况建立平衡计分卡指标体系。

要点2. 提高企业管理信息质量

我国的企业管理基础相对薄弱，信息的精细度与质量的要求度不够，表现为设计与推行的考核指标过于粗糙，或是使一些看似合理的指标无法快速有效准确地统计，难以有效衡量企业的经营业绩。平衡计分卡体系的推行，让房地产企业同时也重视了传统财务管理和企业管理流程的提高。

要点3. 正确看待投入成本与获得效益之间的关系

由于平衡计分卡系统的实施和效益产生的过程往往需要很长时间，且并不能立竿见影，所以，实施平衡计分卡时一定要认识到，非财务指标的改善所投入的大量投资，在可以预见的时间内，是可以从财务指标中收回的。这要求企业在实施平衡计分卡时要将眼光放得更长远。

要点4. 与奖励制度结合使用

公司中每个员工的职责虽然不同，但使用平衡计分卡会使大家清楚企业的战略方向，有助于群策群力，使每个人的工作更具有方向性，从而增强每个人的工作能力和效率。为充分发挥平衡计分卡的效果,需在重点业务部门及个人等层次上实施平衡计分,使各个层次的注意力集中在各自工作业绩上。这需要将平衡计分卡的实施结果与奖励制度挂钩,注意对员工的奖励与惩罚。

要点5. 注重企业战略规划

平衡计分卡是以战略管理为中心的重要管理工具,其有效作用要以成功的战略规划基础为前提。它的价值体现为战略实施的工具性作用。房地产企业要使平衡计分卡充分发挥作用,应让企业的战略规划合理并保持稳定性,否则将导致事倍功半甚至使整个管理陷入混乱。

中国大多数房地产企业普遍缺乏较成熟的战略管理方法和经验,所面临的市场和政策环境变化也较多,导致战略规划更加缺乏稳定性,需不断调整。

要点6. 关注各项指标之间的逻辑关系

平衡计分卡非常强调各项指标之间的逻辑关系:或相互制约或构成因果。不排除有个别指标与其他指标之间逻辑关系不是那么直接,但如果不能构建起四个维度多数指标之间的逻辑关系,则是一个失败的平衡计分卡。

平衡计分卡的创始人罗伯特·卡普兰指出:现实中60%的公司预算和行动计划跟战略没有什么关系,只有5%的员工清楚他的劳动与公司的成功之间有什么样的关系。在这种情况下,平衡计分卡无法发挥最大功效。

第三节　信息化管理系统提高企业运营效率

在企业向专业化、规范化和精细化变革的过程中,日益规范和复杂的业务流程、海量信息和数据的处理将会大幅度降低员工的工作效率,而解决这个问题的途径就是建立信息化平台,以提高企业整体运营效率。

万科的信息化制度设计包括四个主要部分:办公室自动化系统、人力资源管理系统、项目运营管理系统、客户关系管理系统(图3-16)。

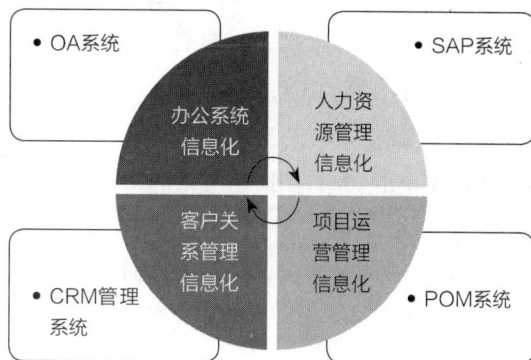

图3-16　万科信息化管理制度

> **Q 管理知识**
>
> **信息化管理不是 IT 与经营管理的简单结合**
>
> 　　信息化管理不是简单地用IT工具来实现已经陈旧的管理逻辑，不要期望将某种解决方案、ERP等等系统套用在传统的管理模式之上就会产生某种神奇的功效。当信息系统与现行的管理制度、组织行为发生剧烈冲击和碰撞的时候，当需要真正的创新发生在现有的管理层面，甚至企业治理结构层面的时候，信息系统往往无法提供更多的帮助，而需要的是通过信息化带动企业管理的创新，站在企业战略发展的高度，重新审视过去积淀的企业文化、企业理念、管理制度、组织结构，将信息技术融入企业新的管理模式和方法中。

一、办公自动化（OA）系统

　　1997年，万科成立了IT信息技术中心，信息化建设上了一个大台阶，上马了OA、邮件系统以及对外网站，万科首次建立了自己的内网外网。

　　OA系统的管理价值在于将知识管理的思想融入日常办公协同平台软件中，从多个方面促进团队协作和提高项目管理效率：

　　第一，不断更新沟通协作软件工具，包括各种通信软件，如腾讯QQ、即时通信、OUTLOOK、微V项目等；

　　第二，实时会议包括电话会议、视频会议等；

　　第三，群组协作如工作流管理、群件、网络化项目管理。

1. OA系统的4个管理意义

　　万科使用OA系统的管理目标是：建立一套面向所有分支机构、员工和管理者的用于有效处理企业日常运作和管理的办公与门户系统，旨在通过通信技术和工作流技术，对企业各种业务系统的信息进行集成和有效地共享，加强企业的信息流转，支援企业工作人员（管理层、业务人员、技术人员等所有员工）有效获取和应用有效的信息资源，支持企业的日常运作、提高工作效率、提高企业的整体反应能力，使企业在激烈的竞争中处于有利地位。

　　万科使用OA对企业的管理意义有四点（图3-17）：

　　第一，建立了部门之间、员工之间、项目团队全方位的沟通、协作平台；

　　第二，搭建起知识沉淀、共享、学习、应用和创新的企业知识管理平台；

　　第三，作为企业内部的通信和信息发布平台；

图3-17　OA系统的4个管理意义

第四，实现办公事务的自动化处理。

2. 内部网系统构建扁平化信息反馈体系

内部网是万科信息管理的平台之一，总部和各地区公司均有独立的内部网。

内部网涵盖了各方面的信息：例如制度、通知、会议纪要、审批结果、工作总结、工作计划、政策动向、市场动态、企业动态、人事变动、绩效考核、薪金查询、客户投诉、内部论坛等。

在内部网系统里，集团内各部门都有属于自己的专栏，配有专职的信息管理员，负责将信息进行更新、发布。技术支持则由专门的技术部门进行技术指导。

内部网最大的功能是构建了扁平化的信息反馈体系，让信息反馈速度迅捷。避免了大集团由于集权管理而产生的信息阻隔和繁琐的形式化办公。

◘ 万科的管理

同事之间通过内部网沟通

万科每位新职员正式入职后，就会得到一本工作手册，通过手册上面的指引，进入万科的内部网，拥有一个级有自己姓名的内部邮箱，凭此可以进入内部网和邮件系统。职员可以通过内部邮箱，随时浏览公司各种资讯和发布各种资讯，进行与同事之间的沟通。

3. OUTLOOK邮件系统完成精准信息传递

万科的邮件系统采用MICROSOFT OUTLOOK软件，可以利用邮箱发布各类信息，也可以接收各种工作简报。万科根据职员的级别和专业的不同，对总部及下属子公司所有人员进行了邮件群组分类，既方便了管理，又保证了信息能及时传送到特定的邮箱里。

通过邮件系统，万科总部各种指令无需进行层层传达，可以直接传递到指定员工的信箱。通过邮件系统进行信息传递，其准确性和时效性得到保证，所有的信息和指令能够在最短的时间内以最准确的方式传达给每一个指定员工。

4. 内部审批系统标准化审批流程

申请职员进入内部网后，点击进入审批系统，录入相关信息，添加所有后续审批人，将审批信息发出。之后，审批提示信息会自动逐级传递到各审批人的邮箱，要求审批。申请职员在此期间可随时通过内部网查询审批的进度，各审批人员也可随时查询其他人的意见。待最终审批通过后，申请职员即可通过打印审批信息，直接办理相关事宜，无需上下级的公文传递和传真往来（图3-18）。

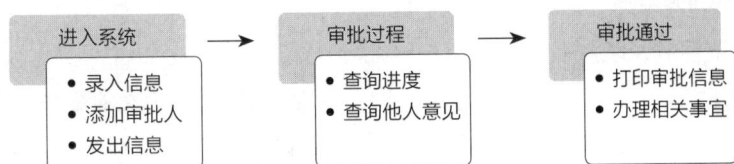

进入系统		审批过程		审批通过
• 录入信息 • 添加审批人 • 发出信息	→	• 查询进度 • 查询他人意见	→	• 打印审批信息 • 办理相关事宜

图3-18 万科内部审批系统

通过管理软件将审批流程进行标准格式化,依托内部网进行签呈和报告的传递,审批效率大幅度提高。

5. 移动办公工具"万科微V"将业务"化大为小"

企业发展到一定规模,总会出现"大企业病":组织架构庞大,工作懈怠与效率低下的现象。作为地产大鳄的万科,一直希望企业能保持中小企业一样的灵活性,这对内部沟通渠道提出了更高要求。

万科2012年开始跟金蝶云之家合作尝试微V测试版,2013年正式上线微V2.0,2014年推出了微V3.0。这个内部的移动工作门户,名为"万科微V",寓意通过协同办公平台把业务"化大为小",变成"微小的万科"。

作为万科的移动工作门户,万科微V3.0的口号是"分享微工作,传递V梦想",主要解决四个问题:加快信息的流转,提升工作效率,增强工作协同,传播企业文化。

(1)"万科微V3.0"的5个基本功能

"万科微V3.0"的应用界面与腾讯微信相似,可以推送文章、通知、自行发起语音和文字聊天等。针对企业管理重点,微V3.0的基本功能有五个(图3-19):

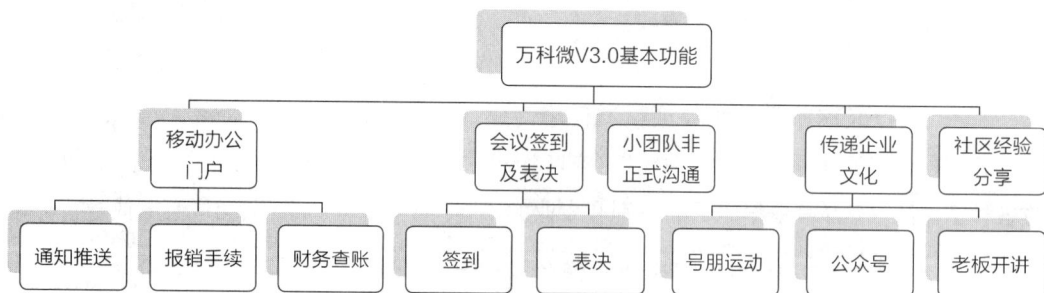

图3-19 "万科微V3.0"基本功能

功能1. 移动办公门户

"万科微V3.0"作为移动办公门户的实际运用有通知推送、事务办理等。

通知推送功能通过手机定向发送工作信息能够让员工实时获取,而且信息能够在内部有效流转,譬如通知发布、文化宣传、会议管理、员工互动、知识学习等等。

事务办理功能让出差的员工即使长时间不能回办公室,也不会错过报销时间。微V3.0可以让员工通过手机申请并完成报销等内部流程审批。相应职务的用户还可以通过微V3.0及时查看按权限推送的销售及财务数据。

功能2. 会议签到及表决

以前万科开视频会议,每次大概要集合四五十家公司,每次点名非常浪费大家时间。现在,万科微V具备会议实时签到功能,分公司只要在APP上点一个键就能签到。而且如果需要现场投票表决,每个人有一个表决按钮,与会人从大屏幕直接可以看到选择结果。用万科微V很容易实现这个动态效果, 用起来也很方便。

功能3. 小团队非正式沟通

过去组织跨部门、跨地域的开会并非易事, 现在通过微V3.0就能够随时随地发起多人非正式沟通, 提升了办公效率。在万科这样拥有众多员工的大公司, 微V3.0让沟通方式变得更加直接和扁平。

功能4. 传递企业文化

微V平台在企业文化传播方面的影响力也不可估量, 举两个例子:

第一, 万科倡导健康、运动的文化, 微V3.0中的一个名为"号朋运动"的轻应用, 为员工个人、分公司及整个万科集团计算并排名跑步公里数。发布第一个月内, 整个公司的累积跑步里程就达到2.8万公里;

第二, "老板开讲"将高层讲话直送达每个员工的用户端, "公众号"第一时间送达企业文化资讯。

然而, 企业文化的传递并非洗脑。这也是为什么万科推广内部"移动互联"时, 采用的是"自愿原则"。员工并不强制安装微V3.0, 也可以自行增删"公众号"(比如万科TV、万科周刊以及杭州万科都排在最受欢迎的"公众号"前列, 但对于企业内部都是自愿添加)。

功能5. 社区经验分享

微V3.0社区类似于微信朋友圈。员工在社区发布的图文状态大多与工作有关, 社区涉及的某些专业内容亦有专家来运作, 让社区形成了知识传承和相互交流的模式。

(2)"万科微V"的3个优点

相较于微信, "万科微V"具备3个优点(图3-20):

优点1. 满足企业移动办公的需求

和微信专注于简单的沟通及消息推送相比, 万科的微V项目是一个统一的移动应用门户, 能承载更多的移动应用, 来支持业务更有效率的运作。

例如"万科微V"中有"管理学院"这个应用。一个大型公司, 从集团到分公司往往十几个甚至更多, 对企业的一些职能部门来说, 如何管理培训, 如何组织培训, 这

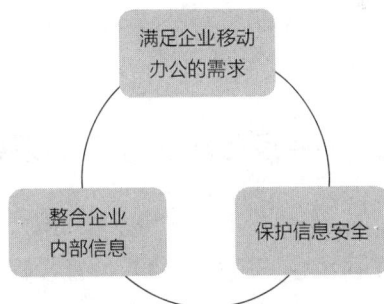

图3-20 "万科微V"的3个优点

些工作的管理本身就非常具有挑战性, 万科把各类培训信息放在应用里, 这些信息包括: 每个公司举办过的培训, 参加过的人, 参加完培训的评论。员工不仅可以通过"万科微V"平台便捷全面地了解每个公司的培训信息, 集团还可以直观地看到每个公司的培训效果反馈, 对企业管理都是一种很大的促进。

优点2. 有身份确认功能从而能保护信息安全

微信没有企业人员身份确认的功能; 万科微V增加了加入者的身份确认功能。从本质上

说,微V是一个工作平台,微信是个人生活圈。把生活和工作的沟通内容分离,也能最大程度减少企业内部信息的泄漏。

优点3. 与企业管理职能结合增加易用性

微V能够将员工账号和各个应用系统整合提升易用性,而微信不适合做这些。

二、人力资源管理(SAP)系统

2001年9月,万科开始实施SAP HR系统,2002年6月11日,万科SAP HR项目正式上线。

SAP管理系统主要应用于行政人力管理方面,SAP管理系统全称为"系统、应用与数据处理产品",该系统集成了人事档案、薪金管理、培训管理、绩效考核等众多模块,管理着万科集团整个的人事资料、每月薪金的计发及绩效考核资料(图3-21)。

它的使用程序是:一,每位入职万科的新员工均通过网络在线的形式将个人资料录入SAP管理系统;二,新员工资料经所在公司和集团总部人力资源部门审核后存档;三,该员工每月薪酬由系统根据其个人信息自动生成,经审批后统一发放至员工账户上;四,绩效考核均采用在线考核形式——上季度末填入本季度工作计划,本季度末进行对照考核,并填入下季度工作计划,循环反复。

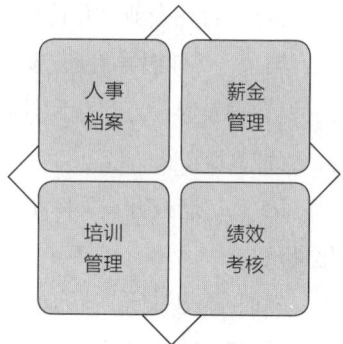

图3-21　SAP管理系统的4个模块

万科总部可以使用SAP系统对各地区任何人的人事档案进行即时查询,对人力资源进行即时管理,随时掌握各地动态,给万科总部对人力资源系统的集权式管理提供支持,既保证集权又保证效率。

三、项目运营管理(POM)系统

万科的项目运营管理(Project Operation Management)系统贯穿项目的整个生命周期,覆盖的阶段有:项目发展、设计、招投标、施工、销售、入住等,目的在于实现整个项目的规范化、流程化、精细化全方位管理。

POM系统设计不是仅局限于项目/产品"建造过程"的管理,而是站在"提升资源利用率、增加项目投资回报"的角度进行更深层的管理,主要是从时间、成本、质量及现金流等各维度展现项目运行情况,及与项目计划对比分析,为房地产企业领导团队的决策提供强有力的科学依据。

1. POM系统的6个子系统

POM系统的子系统包括:立项阶段的投资分析子系统、项目建设过程中的成本管理子系统、采购招投标管理子系统、项目计划管理子系统、项目质量管理子系统等(图3-22)。

图3-22 POM系统的6个子系统

各子系统拥有统一的后台和业务间的相互关联，真正实现了对房地产项目全生命周期的业务精细化管理。

POM系统的6个子系统及具体内容 表3-2

子系统		内容
项目计划系统	工作计划管理	集团计划节点管理、集团节点下发各部门、部门计划在线编辑制定部门计划的汇总管理、周计划与周总结、工作计划的绩效管理
	材料计划管理	年度材料计划、季度材料计划、月度材料计划。即各部门填报材料计划、各分公司填报材料计划、集团汇总采购计划
	资金计划管理	各部门申报资金计划、各分公司申报资金计划、实际用款统计、集团汇总资金计划、集团资金计划的分析统计
成本管理系统	估算管理	录入项目预算、费用项目分解
	目标成本	制定、修订目标成本
	合同管理	合同录入、合同拆分、合同金额分配
	合同执行	合同调整、合同结算
	资金计划	资金计划的制订和修订、付款情况的录入和查询
	动态成本管理	合同性成本录入、非合同性成本引入、待发生成本预测、全项目动态成本表、产品成本分摊表
投资分析系统	投资准备	项目登记、核算对象设置、成本科目设置、技术经济指标模版
	投资测算	方案制订、投资估算、项目收入预测、项目资金筹措、现金流量表
	投资分析	财务评价，财务评价的依据是现金流量表，目的主要是进行"项目可行性分析"，评价的纬度有净现值、内部收益率、投资回收周期、利润等单因素敏感性分析；多因素敏感性分析

子系统		内容
投资分析系统	成本数据库	项目成本数据库、项目成本对比分析、项目指标对比分析
项目进度管理系统	项目计划编制与调整	项目里程碑和关键节点设定、项目计划制定、项目工作任务、项目计划的查询、项目计划的调整、项目计划各版本间对比
	项目进度执行	项目进度汇报、项目形象进度、楼栋形象进度、工程剖面进度、项目进度与计划对比
	工作管理平台	工作计划与进度、部门人工作管理、工作报告、资料管理
全面预算管理系统	目标管理	为各项目设定成本目标
	部门目标成本	为各部门按年度设定成本目标
	年度预算	—
	月度资金计划	—
	预算执行	—
	动态跟踪与分析	按集团、公司、部门、项目多个维度查看实时的现金流情况
采购招投标系统	采购材料库管理	标准产品分类、采购产品目录、价格信息库
	合作伙伴评估	甲方对合作伙伴的合作资质评估、履约情况评估、根据公司需求制订的各种集中评估和年度总评与定级；合作伙伴对甲方的满意度调查
	采购管理	采购合同（战略协议）、采购计划、采购申请、材料采购
	采购招标过程管理	从计划的制订、发布预告、资格预审、招标书编制、正式发标、回标、评标、压价、定标、签约，并配以工作流平台和信息发布平台
	仓库管理	各个仓库的物料、数量、位置、流动情况及汇总，包括：当期仓库、历史库存、入库管理、出库管理、仓库调拨
	网上采购招投标	注册、审核、资料维护、产品报价、招标查询、投标、商务谈判/技术澄清、中标查询/签约查询

2. 动态成本管理模式的4个作用

成本管理系统是POM系统的一个关键子系统。万科集团在多年的管理实践中，形成了独特的"房地产动态成本管理模式"（图3–23）。

2006年6月26日，万科与金蝶软件签署合作协议，使万科的集团财务及房地产行业的特色成本管理系统全面构筑在金蝶EAS（Enterprise ApplicmionSuRe企业应用套件）上。

作用1. 集中管理资金，解决集团跨地域的资金管理问题

通过金蝶EAS系统集中管理各地公司的账户，达到了集团统一监管、集团总体掌控资金流量、流向、余额的目的。各一线公司首先向集团资金中心申请付款，集团严格按照资金预算进行审批，所有支付由集团资金中心通过银企直联平台统一对外支付，提高了集团资金使用效率，解决了集团跨地域的资金管理问题。

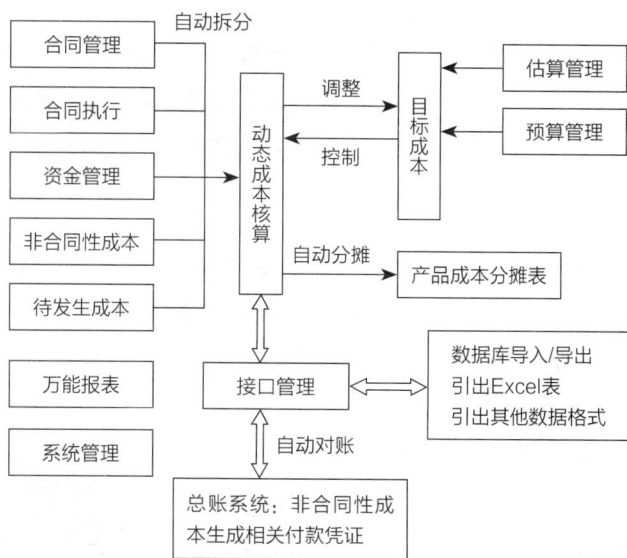

图3-23 成本管理整体功能框架

作用2. 了解项目动态成本和利润状况,使决策准确

所谓动态成本就是"未结算合同+已结算合同+非合同性成本+待发生成本"。对房地产企业来说,其中后两项的变动十分常见。金蝶EAS房地产成本系统的应用,如同把成本放在显微镜下掌握它的动向一样,万科分布在各个城市的分公司每天都可以异地实时了解集团的成本和资金动向。

作用3. 资金系统和总账无缝集成,资金单据均自动生成凭证

资金管理系统本身与财务的集成主要体现在资金管理系统的收付款单生成会计凭证、收付款单生成结算单、结算单生成会计凭证、利息单生成会计凭证、手续费生成会计凭证等。

作用4. 成本核算同时满足成本分析控制和财务核算要求

通过EAS房地产成本管理系统,财务部门提出财务成本核算的要求,成本部门对成本的核算做出相应调整,在核算动态成本的同时,自动形成财务成本数据,使成本核算既满足成本分析控制的要求,又满足财务核算的要求。这样不仅避免两个部门做重复劳动,同时财务成本数据能够直接联查到成本系统,追根溯源到业务单据,从而在面对税务和会计师事务所审计的时候,所有财务数据都有据可查,使得两个成本数据可以相互对照。

Q 万科的管理

成本管理部与预算部的职责区别

万科原来设有一个预决算部,没有成本管理部。1999年,万科决定把预决算部改成成本管理部,并理顺成本管理的职责为:成本管理部负责对成本进行管理,财务管理部负责

对利润状况进行管理、销售部负责对销售状况进行管理等。财务部依然也要承担相当的成
本管理职能。因为还有很多成本并非通过项目合同直接产生，像财务费用、税金、整个公
司的管理费用等。但财务部门更侧重于对整个公司经营成果利润的把控。

3. 项目管理平台升级

万科作为全球最大的专业住宅开发商，不仅在运营上是中国房地产行业的一个标杆性企
业，其项目管理业务模式以及IT管理成熟度也在业界处于领先水平。

2013年年初，万科授予上海聚米信息科技有限公司
（以下简称"聚米科技"）万科项目管理平台开发与服务
合同，与其共同升级与改版万科项目管理平台系统。

聚米的XPM软件平台为万科的管理实现了三个目
标：①实现计划管理的纵向一体化、横向集成化、业务标
准化、管理可视化；②实现项目计划编制、审批、执行跟
踪、预警、纠偏、考核的全过程管理；③实现以计划为龙头
的运筹协同。

这版的项目管理平台有4个优点（图3-24）：

图3-24 基于信息技术的项目管理平台

优点1. 显著降低后期维护成本

新的软件平台允许万科直接参与项目管理平台后期新功能开发、旧功能维护。一般性的
程序功能调整、新功能开发，不再需要求助软件开发商，可以显著的降低系统今后的升级维护
成本。

优点2. 快速提升用户体验、提高最终用户满意度

新的平台拥有比原系统更加友好的用户界面，一些常见的用户操作，如新增、删除、修改、
保存、报表、打印、分组、排序、视图、查询、统计、数据上报、下达、Excel导入、导出都做了封
装，新用户很容易上手。此外，信息与流程部的技术人员可直接后台完成调整，符合万科快速响
应最终用户的要求。

优点3. 更加优秀的系统业务架构

相比单一、单薄的系统业务架构，针对节点计划的管理，升级后的系统可以针对公司、区域
公司、项目部设置不同的功能模块。不同层级的人员，进入不同的系统功能模块，在同一个平台
上，实现信息的审核、上报和下达；可以为不同层级的管理人员，设置统计分析查询的界面，直
观了解节点计划推进情况。

优点4. 满足未来3~5年内系统升级维护的需要

未来3~5年内，项目管理平台需要真正实现"以节点计划为龙头运筹协同"，不断强化项目
管理思路与方法在系统中的应用。以节点计划为龙头运筹协同，需要由节点计划驱动相关项目

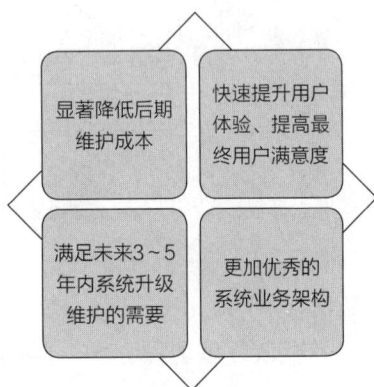

前期、设计、采购、施工、竣工验收等相关事务,实现围绕项目各个层级的纵向一体化、实现围绕项目同一层级各个部门的横向集成化、实现项目管理的标准化、可视化。

Q 管理知识

企业如何选择或开发资金管理信息系统

提高资金管理的效率效果,企业在购买或开发资金管理信息系统时,应重点关注三个方面(图3-25):

一,在功能上,资金管理信息系统应包含资金集中管理的各关键要素,如:账户管理、预算管理、资金结算、国际结算、票据管理、存款管理、贷款管理、投融资管理、担保信用证管理、风险管理、统计分析等;

二,在接口设计上,应与企业其他管理软件进行数据交互,避免形成信息孤岛,应实现"银企直连";

三,在信息安全上,应按照国家有关要求和企业实际情况,结合系统架构和业务功能特点,在不同环节设置相应的安全功能,形成全面、合理的信息安全防护方案。

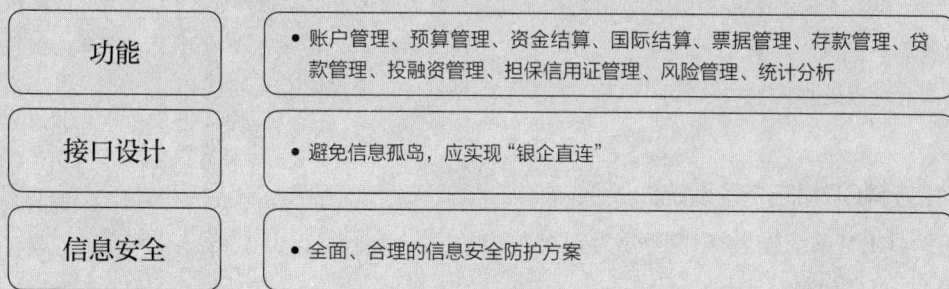

功能	● 账户管理、预算管理、资金结算、国际结算、票据管理、存款管理、贷款管理、投融资管理、担保信用证管理、风险管理、统计分析
接口设计	● 避免信息孤岛,应实现"银企直连"
信息安全	● 全面、合理的信息安全防护方案

图3-25 选择或开发资金管理信息系统的3个关注点

四、客户关系管理系统(CRM)信息化

万科CRM信息化系统解决的不是"如何让IT发挥作用",即IT效率问题,而是"如何让IT融入市场营销、销售和服务之中",即IT有效性的问题。该管理系统避免了近年来地产行业CRM曾盲目追求的理念误区,而是基于成熟的核心业务系统(如售楼业务等)的成功应用,再综合考虑整个客户关系管理业务的实际需求而开发。

万科CRM系统经过综合考察评定后被MSDN(微软)的中文网站精选收藏,成为国内地产行业第一个被该机构认可的CRM应用经典案例,这无疑为近年因CRM应用失败而一直徘徊观望的中国地产行业注入了一针强心剂,并为地产行业成功实施CRM系统提供一个重要的行业参考标准。

Q 管理看点

CRM 的内涵

CRM是英文Customer Relationship Management 的简写，一般译作客户关系管理。CRM最早产生于美国，由Gartner Group 首先提出这个概念。20世纪90年代以后伴随着互联网和电子商务的大潮得到了迅速发展。

CRM是现代管理科学和现代计算机技术相结合的一种成功的经营管理模式，是为企业最终完成运营目的所创造并使用、由计算机软件集成系统来辅助实现的现代企业经营管理模式的解决方案的总和。

在静态层面，可以将ＣＲＭ概括为一种管理思想在管理软件系统中加以体现。其目标是通过采用信息技术，使企业市场营销、销售管理、客户关怀、服务和支持等经营环节的信息有序地、充分地、及时地在企业内部和客户之间流动，实现客户资源的有效利用。其核心思想是将客户群体看作企业宝贵的外部资源，并第一次将客户的所有权提升到企业一级而不是单个部门。

从动态的方面考察，ＣＲＭ的生命周期又包括数据集成、客户分析、面向客户的战略决策三个阶段，其中ＣＲＭ实施成功与否的关键是第二步，即要用先进理念和精准模型对集成化数据进行模拟和分析，从而挖掘客户潜在价值，发展潜在客户。

1. 万科CRM三个子系统的关系

万科CRM系统按业务维度分为相对独立的三个子系统：销售、会员和客服系统。

在三个独立系统中，通过各种业务相互融合（图3-26）：

第一，销售可以基于会员数据库实现会员细分，从而实现对后期项目的精准营销；

第二，根据营销投放后的到访跟进，又可聚集更多新会员加盟，以此补充会员库；

第三，到访购房，又能自动刷新积分和级别，提升相应权益，享受更多的万科会员增值服务；

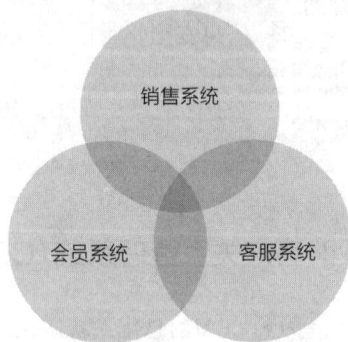

图3-26 万科CRM三个子系统

第四，客服系统中，投诉和回访报表又可反馈会员对万科产品和服务情况的真实认知，最终提升客户满意度。

2. 万科CRM信息化系统构建步骤

万科主动引入了信息技术以适应企业对客户关系管理的更高诉求。探索客户关系管理的信息化。

万科的CRM信息化系统并非一蹴而就，早期表现出典型的业务驱动特点，后期转变为管理驱动和高层驱动（图3-27）。

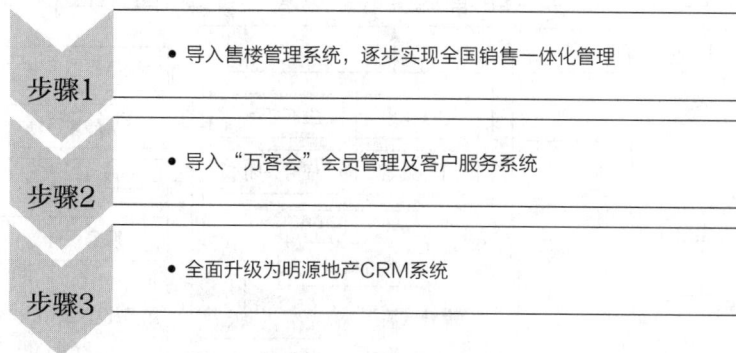

图3-27 万科CRM信息化系统构建步骤

步骤1. 导入售楼管理系统，逐步实现全国销售一体化

房地产销售流程复杂、管理难度大，销售管理水平不仅影响着销售效率和销售业绩，而且能否为客户提供方便快捷的服务将直接影响着客户满意度。

1999年深圳万科地产就率先应用明源企业版售楼管理系统。2001年，上海，北京，天津，沈阳等万科子公司相继采用了明源售楼管理系统。2002年形成了万科集团销售网（系统）。

2003年配合战略跨区域集中管理需要，万科将各地系统全面升级为明源NET集团版售楼管理系统，真正实现全国销售业务的集团一体化管理。

步骤2. 导入"万客会"会员管理及客户服务系统

2004年导入"万客会"会员管理及客户服务系统，构成了整个集团比较完整的基于客户价值的信息化平台。

同年，万科引入咨询公司，对万科CRM系统中涉及客户管理的销售、会员、客服等领域进行了深入研究，并对客户管理整条业务线的信息化进行整合，实现业务数据库的打通，满足集团管理层对一线业务的管控和数据报表输出需求，实现了更广更深的客户关系管理（图3-28）。

步骤3. 全面升级为明源地产CRM系统

2005年率先使用明源新一代地产CRM系统，全面推动国内房地产行业客户关系管理的发展和普及。2006年万科将明源售楼管理系统、万客会管理系统、客户服务系统全面升级为明源地产CRM系统。

2007年万科CRM系统华东区全面上线培训会议在上海召开，配合上海CRM系统的全面升级。

2009年万科CRM系统升级。

3. 万科CRM信息化系统的7个管理价值

CRM信息化系统是万科经营客户、管理客户的平台，是将万科对客户经营、管控的理念、方法、策略等都融合的"管理+IT"的综合体，绝不是单纯的信息化系统（图3-29）。

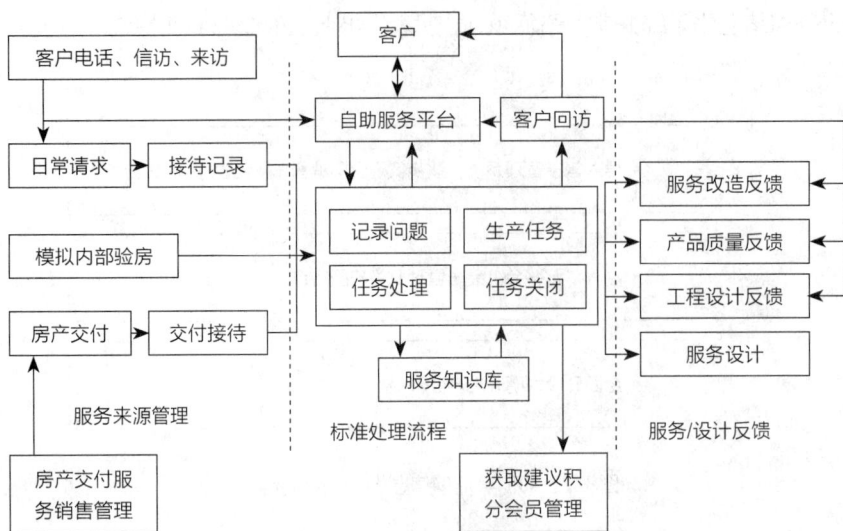

图3-28　CRM——客服管理系统业务流程图

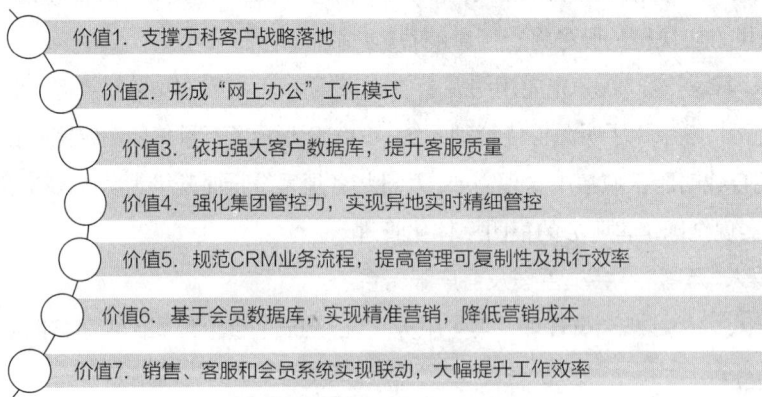

图3-29　万科CRM信息化系统的7个管理价值

价值1. 支撑万科客户战略落地

万科CRM信息化系统自1999年开始，就强有力地支撑了万科客户战略的每一次创新和转型，高效支撑了万科全国会员的规范管控，以及全国多个城市内项目的远程实时管理。

价值2. 形成"网上办公"工作模式

CRM系统的应用使万科形成"网上办公"工作方式，无论是项目销售现场，还是各项销售、会员数据整理分析，都在信息化系统完成。

价值3. 依托强大客户数据库，提升客服质量

万科通过CRM信息化系统对销售、会员、投诉实现一户一档关键客户数据的全面沉淀，形成会员数据库、投诉数据库、销售数据库等。客户到访购房，能自动刷新积分和级别，提升相应权益，享受更多的万科会员增值服务；客服系统中，投诉和回访报表又可反馈会员对万科产品

和服务情况的真实认知,最终提升客户满意度。

价值4. 强化集团管控力,实现异地实时精细管控

万科通过CRM信息化系统,解决总部与区域、区域与城市、项目与项目之间信息传递因空间距离和管理层级增多而带来的滞后和不对称问题,各决策、管理层可以根据自己权限,查看对应城市、项目客户关系管理中的各种关键信息,实现异地实时精细管控。

价值5. 规范CRM业务流程,提高管理可复制性及执行效率

IT系统是管理和业务改革的催化剂,通过IT系统实施,万科以流程优化及客户利益为导向,对以前组织、流程进行优化,实现全过程规范管控和客户关系管理的跨部门协调。同时,售楼、会员和客服系统的标准化应用,也保障了系统和管理的可复制性(图3-30)。

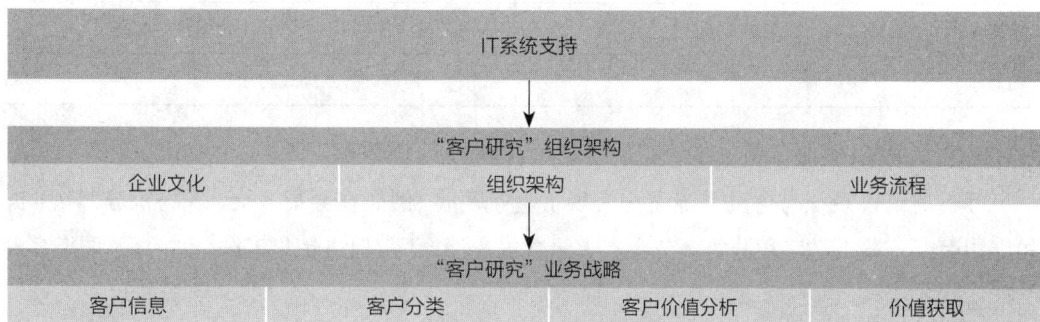

图3-30　CRM业务流程

价值6. 基于会员数据库,实现精准营销,降低营销成本

万科基于会员数据库对客户进行细分和定性,推行针对性营销,并对客户从"社会人群—潜在客户—目标客户—购买客户—忠实客户—推荐客户"的转变全过程,进行严格识别和营销跟踪,用最少营销成本实现销售价值最大化。具体模型如图3-31所示。

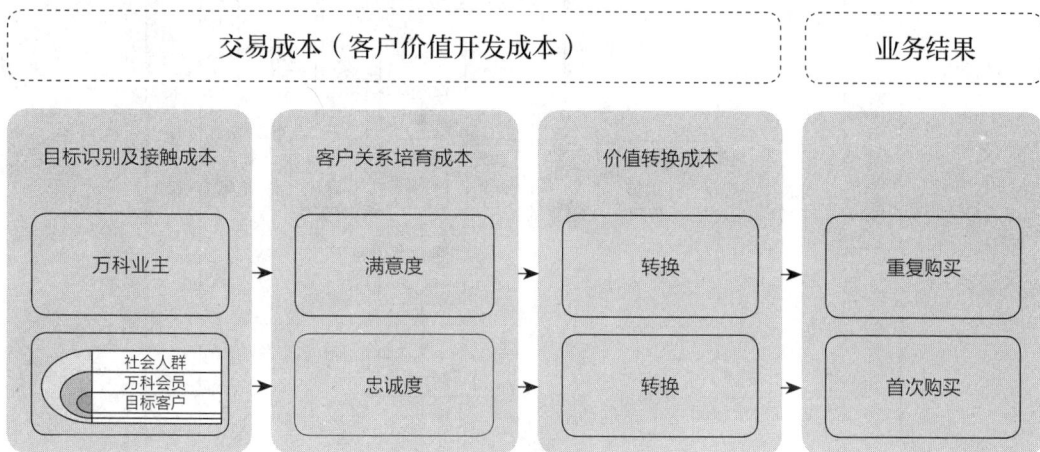

图3-31　万科客户经营模型

客户关系管理与传统营销方式对比　　　　　　　　　表3-3

对比项	传统营销	客户关系管理
目标	总体销量	创造忠诚的客户
侧重点	争取客户阶段	客户的全部生命周期
时间跨度	短期	中期或长期
业绩指标	市场份额、销售	"钱包份额"、客户盈利能力、客户价值
客户知识	细分市场的需求	消费者的需求和偏好
产品	独立的产品	整体的产品与服务
价格	总体的折让	以客户忠诚度为基础进行差别定价
销售渠道	传统的销售渠道（多层次）	"减少中间环节"、多渠道管理
沟通	间接沟通	与客户进行互动式沟通

价值7. 销售、客服和会员系统实现联动，大幅提升工作效率

万科的销售系统与会员系统完全实现了业务联动，例如在会员入会、现场积分、购房折扣、购房积分、推荐购房积分等环节存在大量数据交换，不仅促进销售工作，也扩展了采集客户信息的渠道（图3-32、表3-4）。

例如销售人员可以通过销售系统"客户接待"功能直接吸纳新客户入会，实现会员资料信息的自动校验审核，并通过开放标准Web Service接口模式，与会员外部网站实现无缝链接，大大提高一线工作效率。

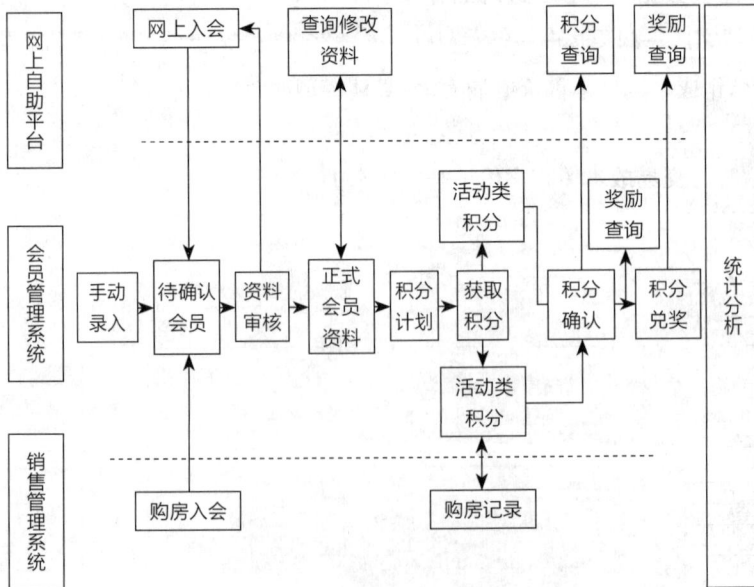

图3-32　CRM——会员管理系统业务流程图

基于客户的销售全过程精细化管理带来的好处 表3-4

	销售员	销售经理	客户体验
效果体系	直接查看客户、房产、竞争对手的全信息	减少失误工作、降低成本管理	响应率提升
效率提高	自动产生职业计划、订单合同、收据发票报表	减轻审核工作、减少出错	专业、准确的交易过程
团队协作	跟进无缝转换、信息一致	销售预测、人员能力评估	接洽人员不同，但体验一致

4. 实施CRM管理的6个要点

CRM的实施是一项复杂的系统工程，它的成功不是仅靠购买一套先进的软件就能够实现，必须辅之以组织结构、执行流程、人和文化的支持。房地产企业要实现以CRM解决问题，需要做到如图3-33所示的六点：

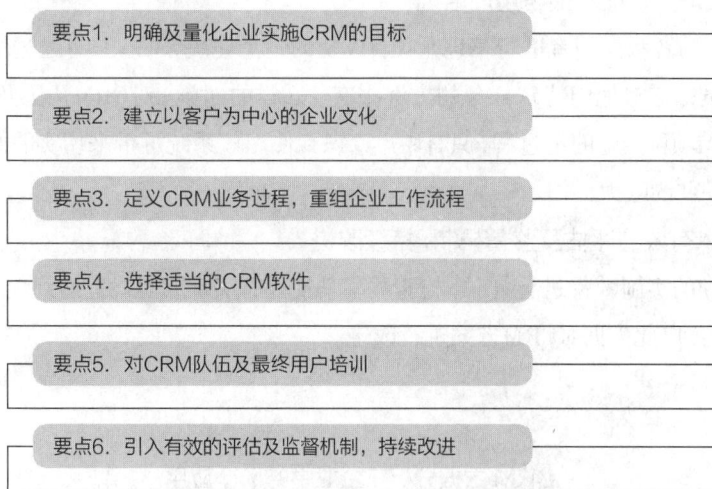

要点1. 明确及量化企业实施CRM的目标

要点2. 建立以客户为中心的企业文化

要点3. 定义CRM业务过程，重组企业工作流程

要点4. 选择适当的CRM软件

要点5. 对CRM队伍及最终用户培训

要点6. 引入有效的评估及监督机制，持续改进

图3-33 房地产企业实施CRM的6个要点

要点1. 明确及量化企业实施CRM的目标

在实施CRM之前，房地产企业首先应该确定利用这一新系统所要实现的目标，如了解客户需求，提高客户满意度，增加商机，缩短产品销售周期等。然后将每个目标进行量化，制定阶段目标，并根据这些目标制定战略计划，对如何引入CRM做出总体上的规划和安排，同时也为评估CRM项目实施的效果提供依据。

要点2. 确定企业客户的地位价值

房地产企业要想成功实施CRM，实现从以产品为中心向以客户为中心的生产方式的转变，必须建立以客户为中心的企业文化，在企业内部为实施CRM创造一个良好的环境。

例如万科通过建立万客会和出版《万客会》杂志等形式传播以客户为中心的企业文化。

要点3. 定义CRM业务过程, 重组企业工作流程

房地产企业在CRM实施之前, 应该进行全面分析, 对企业的现状进行诊断, 从相关需求、业务流程、业务规范、实施动因等方面进行必要的咨询。为了使客户处在企业商业周期的中心, 企业需要改变部门的角色和职责。对于房地产企业来说重组企业工作流程在CRM实施中是非常重要的。

要点4. 选择适当的CRM软件

日前市场上提供的国内CRM软件产品很多, 相对而言, 国外大公司的CRM产品规模大, 功能全, 但价格高, 实施周期长; 国内CRM产品规模小, 功能较少, 但价格便宜, 实施周期短。房地产企业在选择CRM产品时, 要结合自身的经济实力、企业所设计的CRM的功能结构、房地产业的行业特色、与企业现有系统的集成以及可扩展性等问题, 选择实施风险小、性能价格比高的CRM软件。

要点5. 对CRM队伍及最终用户培训

对项目的参与者和使用者进行培训是项目成功的一个先决条件。只有通过培训, 企业才能确保介入的人员知道对他们特殊任务的方案报有什么样的期望。对CRM队伍及最终用户的培训要贯穿于CRM项目实施的全过程, 只有用户意识到使用该系统可带来切实的好处, 系统的实施才会遇到少一些的阻力。

要点6. 引入有效的评估及监督机制, 持续改进

必须对CRM的实施效果进行评估, 检查哪些功能没有实现或是没有达到预期的目标, 还需要增加哪些功能, 以此为据对CRM方案进行改进。

Q 管理知识

CRM 数据分析在企业中的 7 个应用

从现代的角度观察, 产品是标准化的, 而服务是个性化的, 因为客户是鲜活的。用标准化的眼光和尺度去认识、管理客户是卖方市场条件下产品经济的惯性思维, 用个性化的手段去追踪客户、分析数据和进行策略反馈则是买方市场条件下的应变之道。用信息技术来实现这个应变之道, 就是CRM——客户关系管理系统 (图3-34)。

应用1. 客户消费行为分析和市场细分

根据商品的价格、特点, 按照品牌忠诚度、个性、生活形态分析目标购买者, 从利益、态度、感觉、偏好等方面分析顾客选择商品的原因, CRM系统进行客户分析, 就是了解客户群体的构成、客户消费层次、贡献最大的客户、忠诚度较高的客户、客户的消费习惯、潜在的消费需求等。根据不同的客户消费行为细分不同的消费目标市场, 确定相应的市场营销策略和服务水平。

应用2.产品消费的关联性分析

目标客户在企业现有产品和替代产品之间的消费客户的聚类分析。

应用3.潜在客户分析

每一个企业都有一定数量潜在的客户群,如果能对这部分客户进行深度挖掘,则可带来更多的商业机会。客户关系管理过程中产生了大量有用的客户数据,只要加以深入利用即可发现很多客户的潜在需求。

应用4.客户流失预警与分析

利用CRM系统可以了解流失客户的特征和类别,挖掘客户流失的真正原因和

图3-34 CRM数据分析在企业中的7个应用

关键因素,并对客户流失情况进行模型预测,针对潜在流失的客户制定相对应的客户挽留策略,同时为企业战略层面和营销业务决策提供数据支持,以此大大降低客户流失率。

应用5.客户信用分析

影响客户信用水平的因素众多,例如资金规模、资本结构、行业环境等因素等。在客户资料收集阶段很难确定收集范围,要确保信用管理决策的准确性就必须大量收集客户的相关资料,而客户关系管理中的数据仓库和数据挖掘技术正是快速处理大量数据的有力工具,可以提供准确及时的、能满足信用管理决策所需的信息。

应用6.企业营销行为分析

分析业务营销的历史数据、目前现状、发展趋势,对营销战略进行调查研究、细分市场、选择定位市场,在营销战术的商品规划、价格制定、分销渠道、促销政策等方面发掘潜在隐含的市场规律,提供给市场部门营销决策的参考信息,例如市场的占有率、市场需求、产品周期及其发展趋势、客户群体与市场的关系,消费需求与市场因素之间的关系等。

应用7.竞争对手分析

跟踪分析竞争对手的客户数、与本企业客户的联系行为、竞争对手大客户跟踪、竞争对手的决策影响等,及时对竞争对手的各种数据进行统计分析,掌握对手的经营状况和发展趋势,利于本企业决策者及时调整战略,保证在市场上的优势。包括客户发展对比、客户消费对比、竞争对手的营销策略及效果分析。

五、万科信息化系统建设的4个借鉴点

由以上各子系统的解决方案的介绍和应用效果的评述可以看出,万科的信息化应用是很成

功的, 存在许多值得学习的地方 (图3-35)。

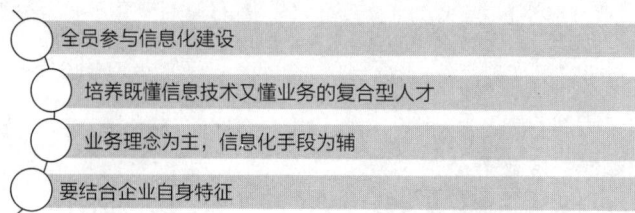

图3-35　　万科信息化系统建设的4个借鉴点

1. 全员参与信息化建设

把信息化作为一个管理问题来对待, 应充分调动业务部门参与的积极性, 只是由IT部门在推动, 效果欠佳, 进展缓慢。

2. 培养既懂信息技术又懂业务的复合型人才

信息化的应用将导致员工工作方式的变革, 管理系统能否发挥应有作用, 与参与者的工作是否落实到位有很大关系。从项目规划阶段, 就应开始着手准备、培养既懂信息技术又懂业务的复合型人才。

3. 业务理念为主, 信息化手段为辅

万科客户信息化之所以能取得不错的成效, 关键在于有统一的客户理念并能不断贯彻理念到实际业务中。业务理念是信息系统的灵魂, 信息化的手段主要用在辅助、固化这些理念并拓展具体业务开展的方式与手段。一个企业如果仅靠单纯的信息化软件, 是难以实现真正成就的。

4. 要结合企业自身特征

企业情况千差万别, 信息技术和产品也多种多样, 因此企业信息化没有固定模式, 也不能靠全盘模仿得来。选择什么样的技术方案要根据企业实际情况来决定, 并认真组织实施。

第四章

万科人力资源管理人性化透明化

一流的企业是由一流的人组成的，但一流的人并不一定能组成一流的企业，因为更关键的是人活动的体制框架和运用人的控制机制。企业的人力资源管理，主要涉及的是企业对招聘、甄选、培训、报酬等企业行为而实施的管理，目的是满足组织当前及未来的发展需要，保证组织目标实现与成员发展的最大化。

企业人力资源的管理包括六个模块的工作：

第一，预测组织人力资源需求并做出人力需求计划；第二，招聘选择人员并进行配置；第三，人员培训；第四，考核绩效支付报酬并进行有效激励；第五，薪酬福利管理；第六，劳动关系管理。

本章分三个部分介绍万科的人力资源管理：①万科用人之道（人才理念、职工文化）；②万科人才储备库（招聘、筛选、培训、发展机制）；③万科绩效考核管理（图4-1）。

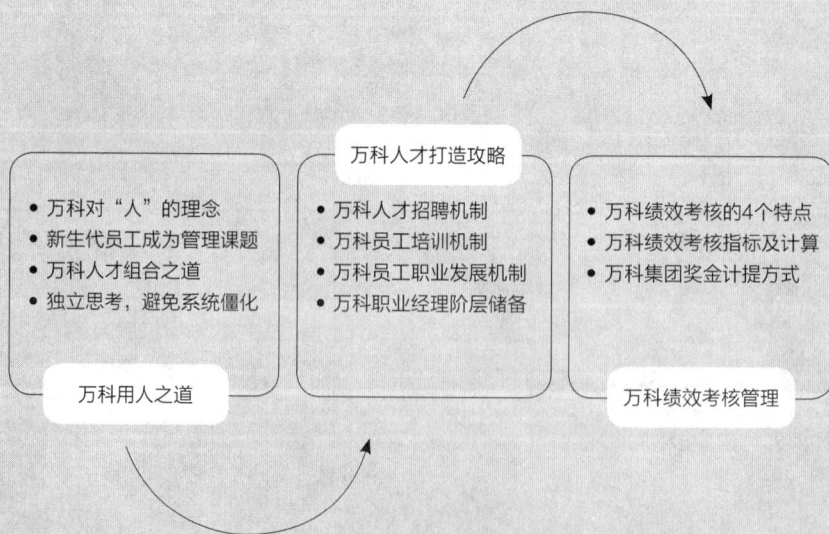

万科人才打造攻略

万科用人之道
- 万科对"人"的理念
- 新生代员工成为管理课题
- 万科人才组合之道
- 独立思考，避免系统僵化

- 万科人才招聘机制
- 万科员工培训机制
- 万科员工职业发展机制
- 万科职业经理阶层储备

万科绩效考核管理
- 万科绩效考核的4个特点
- 万科绩效考核指标及计算
- 万科集团奖金计提方式

图4-1　万科人力资源管理

第一节　万科成为行业典范的人才管理模式

万科的人才管理模式一直为中国企业津津乐道,而今的万科已不仅仅是地产行业的领军人物,并且成为中国企业人才管理的楷模。

一、万科人性化的人才管理模式

对于人力资源的重要性,"现代管理学之父"德鲁克认为:企业的资源包括很多,但真正的资源只有一项,就是人力资源。人力资源管理的任务就是要从不同的角度去设法满足职工对责任、诱导、参与、激励、报酬、领导、地位及职务等方面的要求。

1. 把人力资源作为项目论证重点

在企业管理领域,万科的人力资源部闻名业界。行业内曾有这样的传闻:王石赋予时任万科人力资源负责人的解冻一人"特殊"的权力,在论证一个项目是否该拿时,如果解冻认为没有合适的项目总经理,他可以行使一票否决权。这个一票否决权,让很多HR魂牵梦绕,羡慕不已。尽管万科人力资源部因此被冠以"强势"、"权威"等定语,但这从一个侧面说明万科对关键岗位人选的重视甚至超过了对利润的追求。万科做项目评估时,一要看利润汇报,二要看管理资源能否跟上。这个理念是人力资源总监"一票否决权"权力的来源。这让万科在跨进新区域拓展时最大可能避免了扩张的盲目性。

王石对此给出的解释是:以牺牲一批人的代价来换取公司上亿元的利润,到底值不值得?我的答案是:不值。

2. 以"尊重人"为企业文化

要想让职工取得成就,首先就要把人看成是一种具有特别的生理及心理特点、能力以及行动模式的有机体。要将人力资源看成是人而不是物(图4-2)。

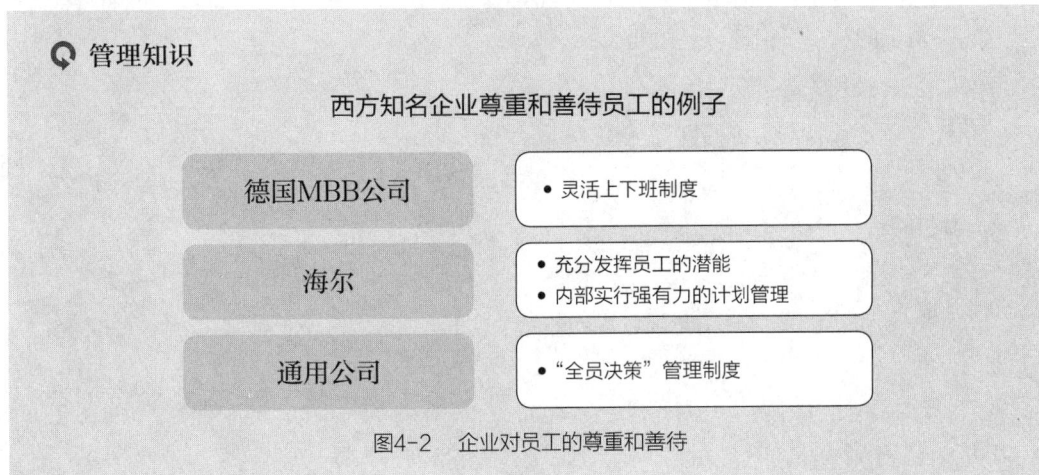

管理知识

西方知名企业尊重和善待员工的例子

德国MBB公司	• 灵活上下班制度
海尔	• 充分发挥员工的潜能 • 内部实行强有力的计划管理
通用公司	• "全员决策"管理制度

图4-2　企业对员工的尊重和善待

例1. 德国MBB公司：灵活上下班制度

德国主要的航空和宇航企业MBB公司实施灵活上下班制度。公司对职工的劳动只考核其成果，不规定具体时间，只要在所要求的期间内按质量完成工作任务就照付薪金，并按工作质量发放奖金。这样，职工感到个人的权益得到尊重，因而产生责任感，提高了工作热情。

例2. 海尔：开发潜能与计划管理

全球大型家电第一品牌——海尔认为企业发展来源于企业员工个人价值的实现，因此海尔始终把对员工的管理摆在第一位。

海尔对员工的管理原则是：一，充分发挥员工的潜能，让每个员工不仅每天都能感受到来自内部竞争和市场竞争的压力。而且能将压力转化为竞争的动力；二，在内部实行强有力的计划管理，在外部实行完全的市场经济运作，做到事事有章可循，处处有法可依。

例3. 通用公司："全员决策"管理制度

美国通用电气公司（General Electric Company，简称GE，又称奇异公司，NYSE：GE），是世界上最大的提供技术和服务业务的跨国公司。1981年杰克·威尔士接任通用电气总裁后，实行了"全员决策"制度，使那些平时没有机会互相交流的职工、中层管理人员都能出席决策讨论会。"全员决策"的开展，打击了公司中官僚主义的弊端，减少了烦琐程序，使公司在经济不景气的情况下取得巨大进展。

地产界的企业都知道万科在企业用人上始终高调强调自己"尊重人"的理念，并把这种尊重植入进自己的企业文化里，人是企业成功发展的首要资本，这在万科管理层中已达成一致共识。尊重人并为优秀的人创造一个和谐而富有激情的环境，是万科成功的首要因素，同时也是万科执行职业经理人制度得以持续的保障。

万科人力资源管理坚持以下五个原则：

第一，人的存在与家庭、企业、社会有不可分割的联系；

第二，职业经理人必须承担实际的管理任务；

第三，员工的精神面貌符合公司要求；

第四，企业必须关心员工生活；

第五，企业要保持与员工的良好互动。

◐ 万科的管理

在万科，我们强调每一位员工在人格上平等，公司尊重并且必须维护他们的人格尊严。

尊重人，使得万科形成了和谐而富有激情的工作氛围，汇聚了一批批优秀的人才。这支优秀的专业团队怀着远大的理想，引领万科不断进步。

尊重人，意味着平等、理解、信任、宽容。公司对每位员工都有严格的要求，为每位员工提供公平的回报，并为公司职员提供充分的发展空间。

> 尊重人,意味着坚守高尚的职业道德,坚守阳光照亮的体制,以及对健康丰富的人生的执着追求。万科坚信,一个健康的公司是同规范化、同每位有着美好生活理想和坚定职业道德的员工密不可分的。
>
> ——摘自王石2004年新春致辞

3. 倡导员工"健康、丰盛"的人生

德鲁克比一般的管理学家更倡导对人的重视。他认为管理者的任务不是去改变人,而是要让各人的聪明才智、健康体魄以及业务灵感能得到充分的发挥,从而使机构的总体效益得到成倍的增长。

万科最早一版的《职员手册》里就提出为员工提供一种"健康、丰盛"的职业生涯。万科在与员工共创健康丰盛人生时,主要表现为三个层面(图4-3):

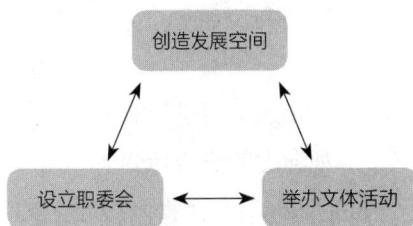

图4-3 为员工创造"健康、丰盛的人生"

层面1. 为员工创造一个发展的空间

主要指公司通过提供适当的工作指导和专业培训机会帮助员工提升工作能力,给员工轮岗机会和更多晋升空间。

层面2. 设立代表职员利益的职委会,给员工权益上的保障

职委会的权责主要是向管理层传达员工意见。万科借助《职员手册》对这个组织进行全公司的贯彻与推广,强调员工在企业中的安全感、机会均等权,目的是真正能做到保障员工正当权益。

层面3. 保证企业内部丰富的文体活动

为关注员工身心健康,增强职员体质,培养坚韧的精神,万科实行定期体检制度,并举办丰富的文体活动。例如万科2013年开始在各地组织发起城市乐跑运动在内的系列活动,这样的文体活动意义有两点:一,增强团队凝聚力;二,向外界传递出万科向上、阳光、快乐的企业文化。

根据全球著名人力资源管理咨询公司怡安翰威特发布的2013年最佳雇主研究结果,万科在雇主品牌、人才选拔、人才培养上的努力再次获得社会认可,获得2013年最佳雇主。

二、新生代员工成为管理课题

早在2009年王石就公开表示,万科"80后"员工占万科所有员工的80%,这一数字在地产业内已属较高比例,说明万科已是年轻人的天下。

而大型地产企业的管理层多半是70后甚至60后,管理者与员工之间的年龄差距决定了企业管理者必须要把对80后或90后的员工当作课题来抓(图4-4)。

万科对此做出的调整主要来源自两个方面:一是观念,二是行动。

管理80、90后员工													
对待年轻员工的"三个转变"			年轻人管理"十化"要诀										
魅力提前、命令退后	平等提前、等级退后	理解万岁、抛开成见	企业文化要人性化	企业培训要得体化	应对跳槽要职业化	沟通方式要平民化	压力管理要专业化	情绪管理要理解化	工作奖励要即时化	日常管理要弹性化	凝聚团队要渐进化	管理机制要透明化

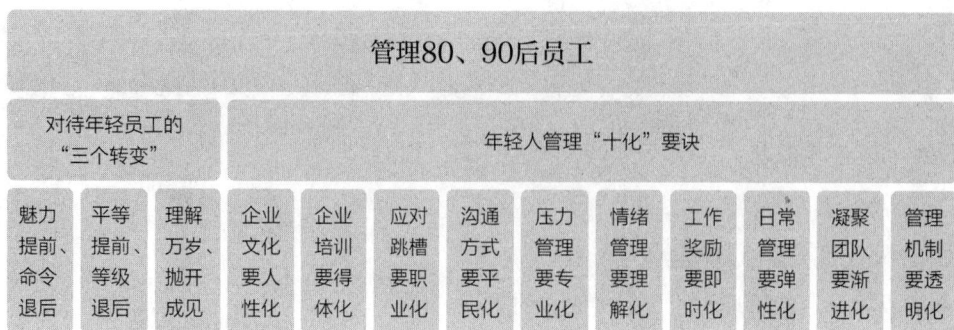

图4-4　管理新生代员工的技巧

1. 观念上的三个转变

80后和90后是伴着物质充裕和互联网思维成长起来的一代，现在，有很多企业高层会感叹："遇到80、90后，十几年的管理经验被清零!"，有些企业管理者开始患上80、90后管理恐惧症。但他们已经成了大小企业中一个人数相对比例比较大的群体，面对这样的一个群体，"80前"的管理者们首先应对自己管理观念进行更新。

万科也对此做出了转变（图4-5）。

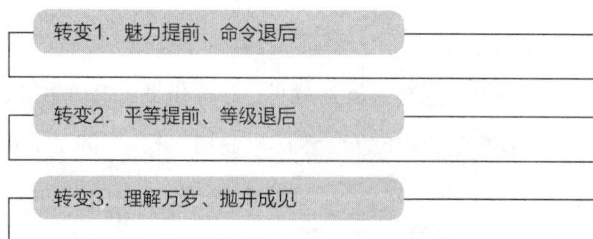

转变1. 魅力提前、命令退后

转变2. 平等提前、等级退后

转变3. 理解万岁、抛开成见

图4-5　观念上转变

转变1. 魅力提前、命令退后

80、90后员工是相对更追求自我和自由的一个群体，他们很难直接接受来自管理者的训斥、推卸责任、玩弄权谋，对尊重、关怀和真诚的要求更高。

命令式的军事化管理方式对他们不会产生真正的作用，也就是说，要对这个群体实现较好的管理，只有真正发挥自身的魅力，也就是领导者的高情商。

转变2. 平等提前、等级退后

80、90后员工更强调自身在企业中的价值，也极其看中个人自尊，管理者若没有平等心态，一味高高在上的发布命令，则无法安排及协调他们的工作。如果换成商量方式去解决问题和布置任务，打破上下级的等级味道，营造出彼此尊重、平等、宽松、包容、民主的企业文化氛围，则更有利于企业团队建设。

转变3. 理解万岁、抛开成见

80、90后多为家庭中的独生子女,从小倍受家庭呵护,生活环境相对自由。以业绩论价值的职场,不能再向他们提供家庭所给他们的关注,80、90后在这点会有强烈的心理落差和情感饥渴。

管理者要抓住80、90后员工的这个心理特点与之沟通,同时也抛开对之的成见,积极主动地走进他们的内心,在工作上给予关心和理解,给他们尊重、肯定和价值认同。

2. 行动上: 年轻人管理"十化"要诀

万科非常重视年轻梯队的建设,给年轻人的成长提供最好的"想象空间"。对新员工,着重了解他们的个性、能力和潜质,充分尊重职员自己的择业意愿安排工作,使员工的个人目标和公司目标紧密结合起来,员工获得了长远发展的动力,公司也能很好地发展。

要诀1. 企业文化要人性化

面对80、90后员工,中国企业需要反思传统的企业文化,真正建立起人性化的企业文化:

一是,信任文化: 企业间各种关系应以相互信任为核心,且要保持透明,以避免相互猜忌。

二是,快乐文化: 80、90后员工的职场观念是: 要工作,也要生活,更要快乐地工作和生活。

三是,开放文化: 企业对内应建立开放、民主的管理平台,把问题放到桌面上交流。

四是,平等文化: 80、90后员工反感管理者高高在上,喜欢彼此平等与尊重。

五是,独立文化: 80、90后员工说:"工作时全身心投入,回家后就不想工作的事。"企业需要改变上下班不分的习惯性思维,给他们以独立的空间,这有利于帮助80、90后员工平衡好工作与生活。

要诀2. 企业培训要得体化

80、90后员工认为,员工与企业之间是纯粹的雇佣关系。因此,企业对他们的培训不仅仅是技能,更重要的培训内容是责任心、忠诚度、职业操守及企业文化引导等,切忌洗脑型培训。80、90后是非常有自我和自觉意识的,在意识形态上给予管理,不如多对工作行为进行管理。

要诀3. 应对跳槽要职业化

最考验企业和管理者的是80、90后员工跳槽相对频繁。这对管理者的耐心和胸怀提出了更高的要求。万科在这点上采取的是用职业化的方式去约束他们(图4-6)。

一方面,做好员工的职业指引。

○ 员工职业指引

○ 营造信任沟通、进取热情和业绩承诺的组织氛围

图4-6 应对跳槽要职业化

入职前做一个月的封闭式培训,接着采用轮岗方式进行半年的工作体验式学习,再区分他们的职业倾向。

另一方面,营造信任沟通、进取热情和业绩承诺的组织氛围。

建立起沟通渠道和工作坊,让员工各抒己见和快乐工作。帮他们职业规划做出更合理的定位。

要诀4. 沟通方式要平民化

80、90后员工崇尚参与,而不是自外而内的灌输与命令。管理者关键要把握好两点,一是对他们说真话,不打官腔;二是尊重。

具体表现为:

第一,管理者调整传统含蓄的习惯性表达方式,选择直接沟通方式,有事不拐弯抹角;

第二,沟通开放式。如微软公司的沟通机制采用"开门政策",企业任何人可以找任何人谈任何话题;

第三,多使用集体讨论式沟通。如微软的各级管理者做决定前鼓励员工充分发表见解,并听取他们的意见,以确保决策的有效执行;

第四,沟通方式工具要与时俱进,比如,这几年在企业内部就可以采用适合自己的新手机APP应用沟通软件等;

第五,多用尊重、关怀、平等的方式与他们沟通,不发号施令。

要诀5. 压力管理专业化

80、90后员工面临着择业和在社会上独立生存的巨大压力。企业和管理者有必要做好他们的压力管理。作为管理者,除了关怀、理解、包容和耐心,还要有具体的有关措施:提供职业培训,帮助他们做好职业生涯规划;提供专业指导,帮助他们做好心理调节;营造良好的组织氛围,帮助他们调节工作情绪;保持更大的包容心和耐心,允许他们适当犯错,帮助他们提高自信心;帮助他们学会处理人际关系,让他们扮演好不同的社会角色等(图4-7)。

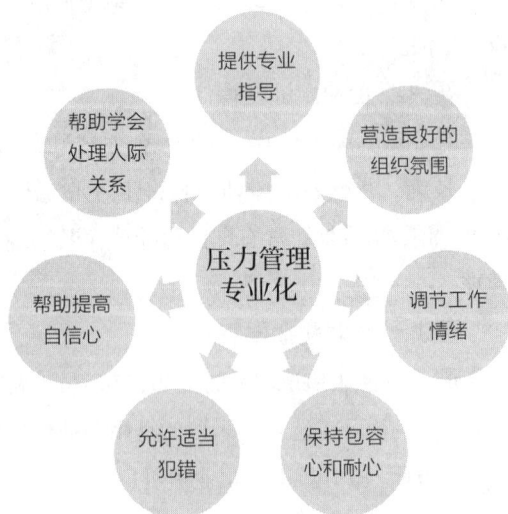

图4-7 压力管理专业化

要诀6. 情绪管理要理解化

80、90后员工易因小情绪而成为企业的"麻烦制造者",管理者要运用情商,建立以人为本的文化环境,提高管理技巧,多采用鼓励性而非谴责式的管理方式,如:引导、谈心、夸奖等。

要诀7. 工作奖励要即时化

80、90后员工的自尊心与成就感都比较强，在这个环节中，高层管理者要调整原有的马拉松式激励方式，要把即时奖励、即时兑现常态化。

要诀8. 日常管理要弹性化

80、90后员工容易接受凸显个性风格的工作方式。企业可以根据自身实际情况适当采用以结果为导向的自由式管理方式，限定工作总量，不硬限工作时间。如IBM公司最早实行弹性工作制：员工每月不需要天天朝九晚五，只要完成上级交给的工作项目就行。

要诀9. 凝聚团队要渐进化

80、90后员工自我意识强烈，让他们接纳一个组织要求的在目标面前抱团或团队化，相对比较困难。可以借鉴以下被大型公司试验过的管理方式：

第一，采用虚拟团队做法来弱化等级观念；

第二，由传统的单向管理向双向管理模式转变，让作为下级的80、90后员工有机会管理上级。如：替上级解围、征求上级意见、与上级建立友谊并赢得信赖、恰当地赞美上级等；

第三，因势利导，让80、90后员工个性能适当彰显，提高其集体参与度，以凝聚团队精神。

要诀10. 管理机制要透明化

80、90后员工喜欢权责清晰，公司的制度完善和透明，以减少被老板盘剥的机会，并愿意去信赖这样的公司。

而且，市场越来越规范，国家关于劳动的法规也越来越清晰，公司制定明确的工作责、权、利、即是对员工利益的保护也是对企业自身权益的保护。而按透明的绩效考评是增加企业运作效率的一个关键。

三、万科跨界跨区域人才组合之道

万科的人才组合之道突出表现在跨区域人才组合和多元人才结构两个方面。

1. 多元人才结构

2013年，万科成立了管理学院，面对政府官员、大学教授、科技工作者、企业管理人员、推销员、工人、编辑、导演、艺员、大学生、留学生展开学习和交流，借此尝试突破行业限制，推进企业间的跨界学习。让各种类型人才都有机会汇聚到万科，使万科的人才结构超过任何一所大学所能提供的种类。可以说，万科这样的人才组合和吸纳策略，对万科这种要做跨地域、综合性业务发展的企业聚集人才非常有实际效果。

2. 跨区域人才组合

优生学原理认为杂交可以形成遗传优势，这个原理应用到企业的人才组合中也很有实际意义。万科基于此提出了管理上的"五湖四海"理论。即不限制地域，广纳五湖四海的员工，使万科形成不同地域和人文背景的多元化人才组合优势。

四、打造具备独立思考能力的团队

企业拥有善于思考的人并不是难事，难的是包容和保持不同成员独立思考的权利。有人说，在每个成员智商都超过120的组织里，集体智商却可能只有62。许多公司的企业文化中洋溢着过分强调执行的氛围，上级交代的事情必须不遗余力地去做，这样从执行力上来说，会造成企业的迅速行动，但也容易挤压掉一线员工主动独立思考的空间（图4-8）。

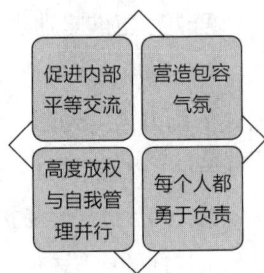

图4-8　企业提倡独立思考，
避免系统僵化的4个途径

> **Q 万科的管理**
>
> 在创立之初，万科就旗帜鲜明地提出，人才是万科的资本。而现在，我们可以更进一步提出，为人才提供舞台是万科存在的意义。万科的核心价值，不是财务报表上的一串数字，不是一堆土地和在建工程，而是一群人和一组正不断完善着的合约安排。
>
> ——郁亮《致万科全体同仁的一封信》2014年12月23日

1. 促进内部平等交流

万科内部注重平等交流，各级经理和职员之间建立有12条沟通渠道，并明确地写在《职员手册》里面。

> **Q 万科的管理**
>
> **万科内部 12 条沟通渠道**
>
> （1）经理人员对员工实行"门户开放"政策，欢迎员工提出想法和疑问，经理人员要主动关注下属想法和情绪；
>
> （2）吹风会：高层管理人员要面向基层，关注一线，让员工了解公司发展方向及动态，现场解答员工的问题；
>
> （3）员工关系专员：设员工关系专员岗，接受和处理员工的想法、意见及建议，并为员工身份保密；
>
> （4）我与总经理有个约会：若员工想与公司高层管理者面谈，可向员工关系专员申请并在正常工作日36小时内给予答复；
>
> （5）职工委员会：员工可以将意见和想法反映给职工委员会；
>
> （6）工作面谈：新员工转正、调薪或岗位变动、工作评估、职业发展规划以及辞职等情况，上司都应和员工面谈；
>
> （7）工作讨论和会议：提倡团队工作，团队必须拥有共同的工作目标和价值观；
>
> （8）发E-Mail给任何人：如果员工认为面对面的交流不适合，可以给任何人发送电子

邮件，迅速反映问题或工作中的疑惑；

（9）网上论坛：员工有任何想法和意见，或想与其他同事交流，都可以在内部网论坛直接发表；

（10）员工申诉通道：当员工认为个人利益受到侵犯时，可通过申诉通道进行投诉和检举揭发；

（11）员工满意度调查：公司将会进行定期不记名意见调查，向员工征询对公司业务、管理等方面的意见；

（12）公司信息发布渠道：网站、周刊、公告板、业务简报等都是公司的信息发布渠道，员工能够方便快捷地了解业界动态、公司动态及重要事件、通知（图4-9）。

图4-9 万科内部12条沟通渠道

管理知识

惠普公司 "敞开式大房间" 办公室

美国惠普公司创造了一种独特的"周游式管理办法"，鼓励部门负责人深入基层，直接接触广大职工。为此目的，惠普公司的办公室布局采用美国少见的"敞开式大房间"，即全体人员都在一间敞厅中办公，各部门之间只有矮屏分隔，除少量会议室、会客室外，无论哪级领导都不设单独的办公室，同时不称职衔，即使对董事长也直呼其名。这样有利于上下左右通气，创造无拘束和合作的气氛。

2. 营造包容气氛

万科试图在公司内部推进工作者之间的信任感和授权力度，因此，更加大力地倡导企业内部的包容氛围。这是对万科内部上级对下级的授权和互相之间的信任提出的肯定，万科强调员工不用直接对领导负责，但是要对万科负责。这在一定程度上，是弱化领导的权威或防止企业逐渐走进官僚化的死胡同。

而万科的包容体现为不论背景、不论经历，只要有理想、有学习精神和正直的品德，每个人都能够在万科中找到自己的位置。这种包容性，本质上说，是万科对人才最大的魅力。

> **Q 管理者语录**
>
> 一个人越好，他犯的错误就越多——因为他会努力尝试更多的新东西。我永远不会提拔一个从不犯错误、特别是从不犯大错误的人担任最高层的工作。否则，他肯定将成为一个工作平庸的管理者。
>
> ——德鲁克

3. 高度放权与自我管理并行

万科的职业经理人管理与员工自我管理都体现为高度放权。集团除人事权和财政权在总部保留外，很多重要的权力都下放，当然，这个前提是万科建立了企业内部管理高度规范的制度和管理沟通工具，只有这种切实的保证，才能让权力放而不乱，达到最优管理绩效（图4-10）。

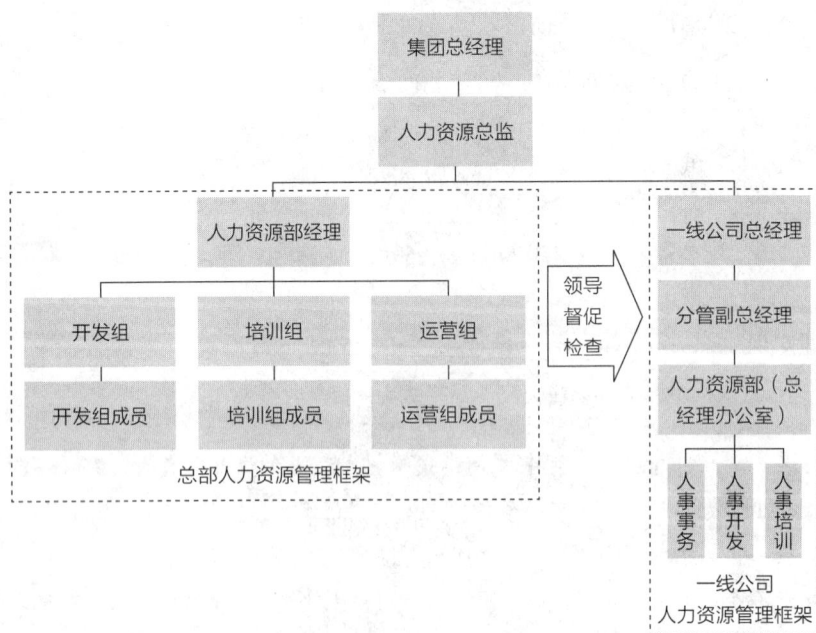

图4-10 万科人力资源管理架构

4. 提倡勇于负责的管理思想

万科对职业经理人基本也是最重要的要求有三点：职业精神、专业能力、团队协作，勇于负责的态度是其职业精神的核心。作为万科公司的管理人员，敢于承担责任更是一项基本要求，王石对"第一把手"的定位是：决定做什么、谁来做、准备承担责任。

在勇于承担责任这点上，万科也引入了以"西点精神"里的"责任"为行动指南的管理思想，解释为万科的企业责任：对股东、客户、产品和利润负责，员工个人，则要为团队荣誉和工作目标负责。

> ### 管理知识
>
> #### 提高员工积极性的3个措施
>
> 据某国际知名机构在中国的研究表明，将近50%至60%的中国员工，其敬业度和效能存在很大问题；有将近60%的各级企业领导者被下属认为是"负激励"的。可以这么说，有一半以上的中国员工没有好好干活，有一半以上的企业各级领导者帮了倒忙，不是提供正能量，反而打击了员工的士气。
>
> 中国企业可以考虑采取以下措施，来不断提升员工的敬业度和效能，进而提升企业的竞争力：
>
> **措施1. 实施战略性绩效管理体系**
>
> 在中国，真正有效实施了战略性绩效管理体系的企业并不多，因为这确实是一大难题。要想有效地实施这一体系，企业需要澄清战略、明确行动计划和责任，让每一位员工都清楚，他们自己需对企业的战略做出怎样的贡献，同时可以得到怎样的回报。这样才能做到上下齐心，充分发挥每一位员工的聪明才智和效能。
>
> **措施2. 简化员工的世界，最大限度地做好人岗匹配**
>
> 竞争的需要和环境的加速变化，使得业务越来越复杂。多产品线、多渠道、多区域、多汇报层级等，令员工的世界也随之变得越发复杂。企业需要持续调整管控模式、流程体系、组织架构和岗位要求，帮助员工简化日益复杂的工作环境，以扫清工作中的障碍。
>
> 同时，企业要最大限度地做好人岗匹配的工作，使得员工个人与其岗位能够在动态中获得更好的匹配。
>
> **措施3. 加大力度持续提升领导力**
>
> 归根结底，员工敬业度和员工效能，都是领导力的问题。只有长期坚持不懈地、系统化地培养各级领导者，批量产生提供"正能量"的领导者，员工的效能和企业的竞争力才会得到大幅提高。

第二节 万科看得见未来的人才孵化体系

任何一个企业，当规模达到一定程度时，战略的有效期限会越来越短，而人力资源配置相应也需要有很强的预见性，它必须为战略做好准备。这意味着企业管理要有三个前提：①人才招聘、人才引入、人才培养管理体系要完整；②人才体系要符合企业战略要求和时代、市场特征；③企业管理体系要因需不断调整和完善（图4-11）。

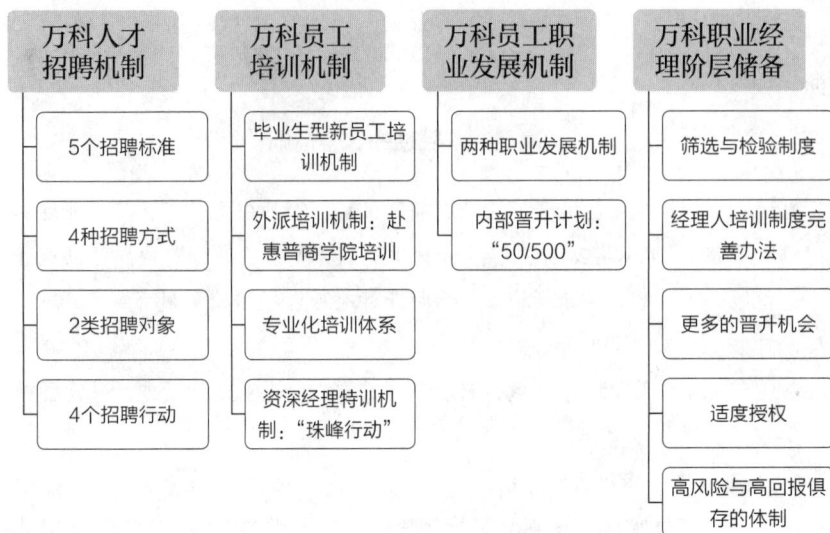

图4-11　万科人才打造攻略

一、万科人才招聘机制

万科是一个典型的学习型组织，企业有着庞大的人力资源需求，组织结构要不断补充新鲜血液，更需要不断学习和创新（图4-12）。

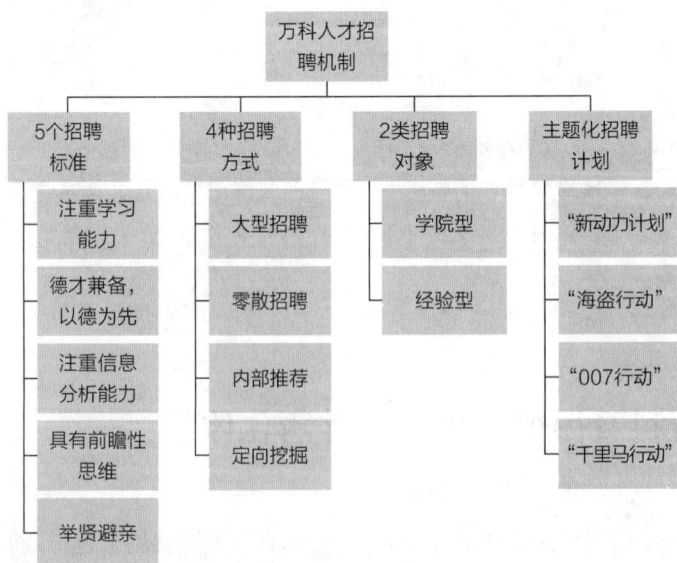

图4-12　万科人才招聘机制

1. 万科的5个招聘标准

万科对招聘新人有相对固定的五个基本标准
（图4-13）：

标准1. 德为先

任何一个公司提拔人才，都会先考量其"德"
和"才"，只是万科对这两点的要求更高一些。万科
招聘首要标准是"德才兼备，以德为先"。"德才兼
备"是对人才的最理想要求，在这个原则上，万科更
强调"德为先"。此处所讲的"德"即职业道德、职
业心态之外，还有职员专业技能、团队精神、学习能
力、理性思维等方面。

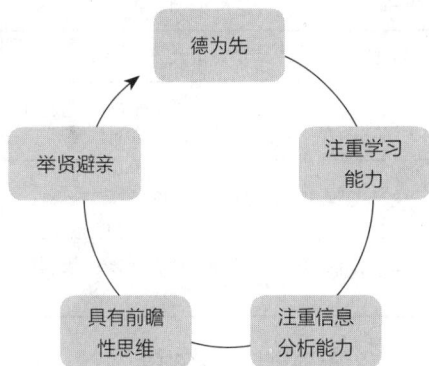

图4-13　万科5个招聘标准

具体来说就是：①工作上有出众的业绩；②具备团队精神，善与人沟通；③必要的管理意识
和管理技能。

标准2. 学习能力

万科评判人才的学习能力与个人专业成绩时，有意识通过一系列专业的测评来考查应聘者
的阅读、图形、逻辑、文字表达等方面的能力，而非强硬联系在一起，这套体系也是万科企业现
代化企业管理方式和能力的一个重要表现。

标准3. 信息分析能力

万科欢迎那些具有批判性和建设性思维的人，沟通和团队合作能力也是非常重要的。因为
万科的文化更需要真诚、直率的人。在招聘中，会拒绝那些过于世故、圆滑的人。

标准4. 前瞻性思维

万科招募人才时更乐于接纳不满足于现状，积极思考未来，有变化意识的人。具有前瞻性
思维的人，更适合企业战略周期越来越短的时代。

标准5. 举贤避亲

中国传统上强调"举贤不避亲"，但万科反其道而行之，始终提倡"举贤避亲"。公司总经
理带头遵守，下属遵照执行，万科不提倡夫妇双方同时在万科工作。

这样做的目的主要是：①避免万科内部形成裙带关系，最大限度地削弱了血缘、宗亲关系
影响，最大限度上实现万科公司内部人际关系简单清明；②给职员公平竞争的机会，给年轻职
员凭自身能力获得没有天花板的上升空间，以此为公司规范化管理创造更合适的土壤。

2. 万科的4种招聘方式

万科常规的新职员招聘，主要有以下四种：大型招聘、零散招聘、内部推荐、定向挖掘。基
于万科对人才的需求主要是中高级管理人员的现状，万科的招聘采取以零散招聘为主、定向招
聘为辅的招聘方式（表4-1）。

万科4种招聘方式优缺点比较 表4-1

招聘方式	优点	缺点	适用范围
大型招聘	人才信息量大	成功率不高	短期内急需大量人才的招聘
零散招聘	有充分的时间进行筛选、了解、成功率高、针对性强	费时、不适应急需情况	要有中、长期的人才招聘计划
内部推荐	可靠性、可信度较高	目的不明确，主观因素影响较大、近亲繁殖	个别情况
定向挖掘	目的性强，能找到素质较高的对位人才	中介机构的费用及其可信程度、效率不高	要有中长期的人才招聘计划

3. 万科2类招聘对象

万科的招聘对象主要分为两类（表4-2）。

一类是学院型，以大学毕业后工作经历不足三年的年轻人为主。

一类是经验型，以上大学前或大学毕业后有三年以上的工作经历的人为主。

万科招聘对象中，学院派以人才储备为主，经验型以实际工作岗位需要为主。

万科两类招聘人才优缺点比较 表4-2

类型	优点	缺点
学院派	基本素质较高 可塑性强 工作热情高 创造性大	缺少生活经历 实际操作能力较差 心态不稳定
经验型	实际操作能力较强 生活经验较丰富 心态稳定 专业水平较高	基本素质参差不齐 较固执

4. 万科主题化招聘计划

从2000年起，万科开始制定针对不同人群、职位的人才招揽计划，例如"新动力计划"、"海盗行动"、"007行动"、"千里马行动"等（表4-3）。

万科4个招聘计划 表4-3

开始时间	计划	内容
2000年	新动力计划	每年10月左右进驻校园，在著名高校如北大、清华、同济、南开等数所重点大学，招揽人才
2001年	海盗行动	从同行中大规模吸纳高级职业经理人，总共引进了50～60位高管人才
2006年	007行动	将挖人的视角开始从行业内延展到行业外的跨国公司，开始了人才国际化招募
2010年	千里马行动	从36城市搜寻600余名精英，职位覆盖公司管理层、经理层和专业人才

二、万科员工培训机制

多年来，万科以自己标准化的管理体系、充满人文情怀的企业文化，为整个行业甚至其他行业，培养了非常优秀的人才。说万科是地产界的"黄埔军校"毫不夸张（图4-14）。

毕业生型新员工培训机制	外派培训机制：赴惠普商学院培训	万科专业化培训体系	资深经理特训机制："珠峰行动"	万科管理学院培训课程体系
• "职业化"主题培训 • 实战能力培训 • 轮岗培训	• 惠普企业文化价值观 • 企业公共关系 • 战略规划	• "千亿计划" • "珠峰行动"	• 三大模块 • 八门课	• 移动学习平台 • 领导力培训 • 专业化培训 • 万科化培训 • 跨界学习

图4-14 万科培训机制

1. 毕业生型新员工培训机制

万科对毕业生新员工的培训包括三个方面：

第一，"职业化"主题培训。这也是毕业生入职万科之后所受到的第一个培训。万科在这个培训中，主要目标是帮助他们开始从学生向职业人的转变。

第二，实战能力。接受完职业化培训的员工，将很快转战万科旗下的一线公司，在岗位上得到来自公司领导、直接上级以及周围同事的帮助和指导。期间万科还会提供给大量的主题培训，包括本专业和其他专业的培训，目的是帮助他们逐步提高自己的专业技能和管理技能，促进他们工作能力的逐渐成熟。

第三，全公司岗位流动。新员工在自己第一个工作岗位上工作满两年后，可申请在集团内各个公司间流动，从而获得更大的发展空间和机会，进一步提高自身的综合素质。

2. 外派培训机制：赴惠普商学院培训

万科高层对惠普公司以人为本的企业文化和管理理念非常认同和欣赏，万科每年都会派遣优秀的职业经理去惠普商学院学习和培训，把惠普课程移植进自己的企业培训班，讲授内容包括三类：惠普企业文化价值观、企业公共关系、惠普的王牌课程——战略规划。

3. 万科专业化培训体系

2013年为止，万科的专业化培训已形成体系，体系囊括专业有：工程、财务、营销、设计、客服、新业务等。例如千亿计划、雄鹰行动、雨林培训营、真实课堂、大雁学堂等品牌培训已为公司各专业系统注入新的知识和专业化培训行动技术能量（表4-4）。

万科专业化培训体系例举　　表4-4

培训名称	系统
千亿计划	工程系统专业化培训
雄鹰行动	财务系统专业化培训
雨林培训营	营销系统专业化培训
真实课堂	设计系统专业化培训
大雁学堂	客服系统专业化培训
……	……

4. 资深经理特训机制："珠峰行动"

"珠峰行动"是万科为培养资深经理而开设的一个班级,由于该班级最初给成员设定了"每个人都登珠峰"的挑战性任务,因此称"珠峰行动"。"珠峰行动"第一期与合益集团合作,于2013年3月正式开班,学制为两年。

"珠峰行动"的课程设计可以概括为:三大模块,八门课(图4-15)。

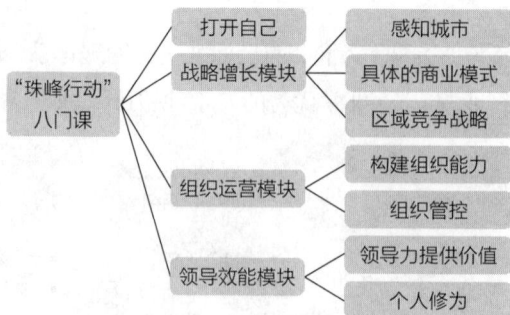

图4-15 "珠峰行动"八门课

课程1. 打开自己

这是合益的一个王牌课程,用三天半的时间,教会你打开自己。前期工作比较复杂,有大量的测评工作,其最重要的目的就是把自己打开,看一下自己究竟是什么样子,包括个人素质,个人的领导风格,对于组织氛围的影响力等。这些方面都会以一个报告的形式呈现。

在这个报告出来以后,最重要的环节是每个人必须晒报告。班主任,也就是直接上司郁亮总裁,还有分管人事的执行部门都坐在后面,而学员要当着大家的面来晒自己的长项和弱项,这对于作为在各地是"一哥"的人,是一次很大的压力。

课程2. 感知世界

第二门课叫作"感知世界",这与万科自己的战略有关,因为万科要成为城市配套服务商,所以对于管理者来说要学会了解这个世界,学会认识这个城市,感知这个城市。

该课程从四个维度来考虑:第一是人口;第二是城市化的进程;第三是社区活动;第四是心理学。做房地产的人如果不了解城市,不了解人,不了解社会,不了解社区,不了解每个个体的心理,在未来是很难做好的。

课程3. 领悟模式

第三课叫"领悟模式",属于战略模块。课程尝试跨界学习,选择以阿里巴巴为例子。阿里巴巴是一个可以把生意模式阐释清楚,而且把它变成现实的企业,所以在生意模式方面重点学习杭州的阿里巴巴。

课程4. 拓展课程

伴随着整个两年的时间,还有很多人文、艺术、哲学、历史、经济、军事等等这样的课程。比如"中国哲学"是北大的哲学系主任王博老师任课。另外还有讲述《红楼梦》的课程。《红楼梦》跟企业管理其实没什么密切关系,但是作为企业未来的中坚力量,这些人一定是更加复合的。更加懂人的人,才能成为一个好的管理者。

5. 万科管理学院培训课程体系

2013年,万科管理学院正式成立,在注重集团内部管理培训体系建立和各项培训开展的同时,将力争成为未来房地产行业专业人才输送的造血基地,为万科和行业的革新营造最佳人才氛围（图4-16）。

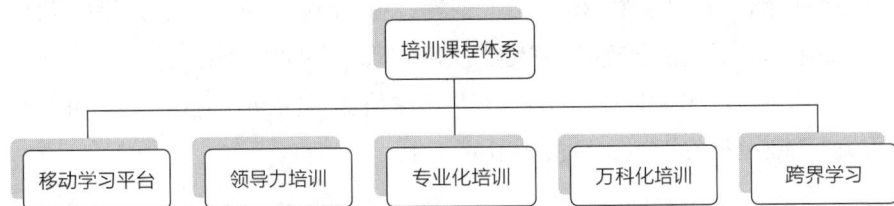

图4-16 万科管理学院培训课程体系

三、万科员工职业发展机制

给员工提供可持续发展的机会和空间，是企业能够储备人才、节约资源的有效方式。

1. 两种员工职业发展机制

在公司创立之初万科为员工制定了两种职业发展道路：晋升机制和内部交流机制。

（1）晋升机制

在出现职位空缺的前提下，万科规定符合下列条件的员工将有机会获得晋升和发展（图4-17）：

第一，主动积极，敬业诚信，具备良好的职业素质；

第二，不断学习，提升自己的能力，创造出优秀的业绩；

第三，敏锐的察觉公司内外部环境的变化，并主动适应变化；

第四，获得同事的高度信任，和他们共同创造优秀成果；

第五，具有全局观念，了解公司的战略；

第六，符合职位的资质要求，并有愿望担任此项工作。

（2）内部流动机制

万科员工的内部流动机制如下（图4-18）：

第一，公司可以根据员工的能力、工作表现和业务需要，在征求个人意愿后，安排在本单位乃至集团内流动；

第二，若员工有在单位内部流动的意愿，可向相关部门提出，由所在单位人力资源部门协调办理调动手续并最终确认；

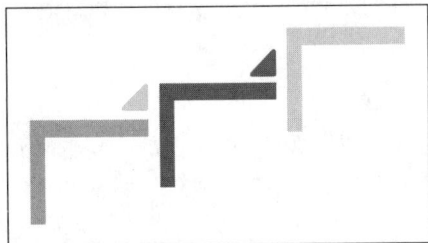

图4-17 晋升机制

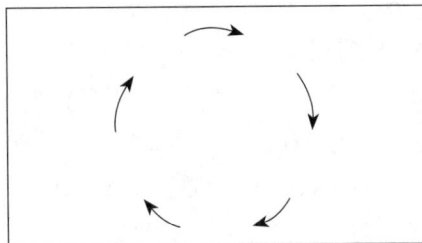

图4-18 内部流动机制

第三，若员工有在集团内跨单位流动的意愿，可向相关单位或部门提出，依据公司关于调动办理有关规定履行相应审批手续。相关手续完备后，由集团或区域中心人力资源部门统一发出内部调动通知函确认，员工依据通知函规定的报到时间到新岗位报到；

第四，人力资源部门及时公布集团内部职位空缺信息，员工可以直接报名也可推荐外部人才，集团人力资源部及相关部门会负责具体协调工作。

Q 管理知识

让经理们支持员工内部流动

内部提拔会给企业带来很多好处，主要体现在：使员工有更强责任心、更高的士气，企业内更低的员工流失率等。但通常，各部门经理会反对让自己最优秀的下属流动到别的部门。

"你想把富有潜力的员工调到更好的职位上，但是他们的上司却最想把他们留下来。"DDI咨询公司的国际营销高级副总裁韦林斯说，"他们有一种下意识的偏见，不愿让这样的下属离开自己的部门。所以有时候他们不把有发展前途的任务分配给那个人。"

很多公司已经实施了具体的政策来鼓励员工流动。

休闲服饰制造商Lands'End公司

任何一个员工都可以申请到另外一个部门工作上两个星期，如果工作表现令人满意，就可以申请调到那个部门。"在让员工流动与失去员工之间，公司选择了前者。"Neison Motivation公司的总裁纳尔逊说。

纳尔逊据Duke Power公司

该公司允许员工和同一级别的同事交换有关工作内容的信息，以便为潜在的换岗做好准备，不过他们依然需要得到上司的批准才能互换工作。专家说这些政策创造了一种公司文化，鼓励经理们以更加包容的心态去对待跨部门人员流动。

韦林斯指出，一些公司为富有潜力的员工建立了"助跑器"。这些公司希望这些员工在组织有需要时能随时横向或者纵向调动到新职位上，所以特别注意对他们的培养、辅导，并有针对性地给他们安排任务。他说："公司这样做是在明确宣布，这些高潜质员工的发展之路是由公司而不是部门经理决定的。"

专家们鼓励经理们支持内部流动。建议企业可采取以下措施控制过程：

在考核每个经理的年度绩效时，增加一个项目，即考核他帮助下属发展方面的表现，并将其所占比重定在25%~50%之间。

这一考核中还应深入调查以下几个问题：

一，作为经理，你是如何培养下属，使之为将来的提拔做好准备的？你是否为每一个下属规划好了职业发展道路？在今年的工作中，你的下属学会了哪些他们以前从不知道的技术和知识？

　　二，鼓励经理们制定他们自己的小型接班计划。如果团队中有很好的后备力量，他们就不会舍不得优秀员工离开。

　　三，奖励对待下属方面工作最有效的经理。

　　四，让员工们更容易申请别的部门的职位。

　　把内部流动人员的工资调整到和外招人员的工资相差无几的水准。使用简单的申请表格。允许员工无需任何人批准，而直接申请任何职位的面试。

2. 内部晋升计划：“50/500”计划

作为一个有准备的企业一定要打提前量，万科一定要有这样一个人才梯队，在企业需要扩张的时候，能从这样的梯队找出管理层及相应的人员配备。为此万科在2000年制订了“50/500”计划。

“50/500”计划的内容：每一年在集团人力资源部的牵头下，根据员工的业绩和上级主管的推荐，人力资源部的审核，万科会从一线公司中挑选出一个具有上升潜质的管理后备队伍。这个队伍大概包括两部分：一部分是从基层有潜力上升到中基层管理者的队伍，大概500人；一部分是从中层有潜力上升到高层的管理者队伍，大概50人。

　　（1）针对“500人”的培训机制和发展规划

对于500人，万科会采取问卷评估与反馈（万科人力资源部设计了一种叫GAPS的270度评估问卷）、职业发展对话等方式，对员工的能力有一定的了解，并制定针对性的发展计划，如轮岗、双向交流等。

　　（2）针对“50人”的培训机制和发展规划

对于50人，万科通过360度访谈、领导力发展中心（评价中心用于培训和发展）以及其他培养方式等，在对管理者能力进行了解的同时，也发展了其能力。在领导力发展中心实施期间，公司总经理、主管人力资源的副总经理等高层都会到现场，考察这些管理者的特点、能力所长、需要改进的地方等。

正是万科这样在企业内部地毯式筛选人才的耐心和管理机制，让万科内部的优秀员工有机会跳出来走上企业更重要的工作岗位，万科也借此有了庞大的人力储备，这成了万科业务拓展最重要的支撑，万科可以从容应对各种正常的人员流动，甚至对于高层的离职也可以在一天之内完成多地部署。

3. 人性化安排异地调遣

房地产企业的员工外派或分公司之间职员调换不可避免，防止异地派遣的员工流失已经是很多大型地产企业面临着的一个严肃问题。

如何维持一个稳定的项目团队，很多时候取决于企业薪酬福利方案的制定，这点也非常考验企业治理公司的水平。

万科的管理

万科关于异地调遣的认定

异地调遣，是指因业务发展需要，兼顾职员发展空间需求，在充分尊重个人意愿的前提下，万科集团总部或区域本部、一线地产公司调遣正式且已转正职员，前往原工作城市外、非家庭所在地的单位担任部门副经理或部门首席及以上职位，且工作时间超过六个月的安排。

1. 原工作城市的认定原则：

（1）职员调遣前如在单位连续工作超过三个月的（不含交流时间），以调出单位所在地为准；

（2）职员调遣前如在调出单位连续工作不足三个月的，以调出单位的上一家单位所在地为准，并以此类推。

2. 家庭所在地按如下原则先后次序推定：

（1）已婚职员的配偶或未成年（指未满18岁，下同）子女所在地，以长期实际居住地为准；配偶和未成年子女不在一地的，以配偶所在地为准；

（2）单身职员，以其长期稳定的生活所在地为家庭所在地；

（3）长期稳定居住地难以确认的，以本人户口所在地为家庭所在地。

3. 探亲路费报销目的地城市：

异地调遣职员可选择家庭所在地或原工作城市作为探亲路费报销目的地城市，并在异地调遣补充协议中书面确认。期间如需变更家庭所在地，可由本人提出申请，经调入单位审批后生效，但变更次数每年不可超过一次。

原则1. 异地调遣尊重员工意愿

万科并不排斥不接受外派的职员，只是注明其提拔培训的机会小于接受外派的职员。在新职员参加万科的志愿表格上有一条"同意或不接受外派"的选择回答。

原则2. 异地调遣员工待遇清晰

万科异地调遣员工的待遇包括：薪酬、安家费、异地调遣补、住房、假期、探亲路费和第一负责人家属补贴等（表4-5~表4-8）。

万科异地调遣员工待遇　　　　　　　　　　　　　　表4-5

组成	规定
1. 薪酬	① 异地调遣人员的薪酬统一执行调入单位薪金级别表； ② 调遣人员职位职级、薪酬等的确定同时受公司普适性政策约束； ③ 调遣人员个人所得税在调入单位所在地缴纳

续表

组成	规定
2. 安家费	① 调入单位一次性向调遣人员发放安家费，供其迁居、购买基本生活用品等，使其能够尽快适应当地生活； ② 安家费金额为人民币5000元（税后）； ③ 行李/车辆托运费限额内实报实销（额度人民币5000元）
3. 异地调遣补贴	① 税前补贴； ② 发放时间：按月同当月工资一起发放，发放期限为自集团正式任命生效当月起3年，未经任命不可提前享受异地调遣补贴； ③ 职务：以调动后四个月内的职务任命为准，期间如遇职务变动，依变动后的标准执行； ④ 计算方式：月异地调遣补贴=月固定异地调遣补贴+月城市差异补贴
4. 住房	① 在调遣期内提供不超过3年的宿舍免租期，免去期间宿舍的租金和物业管理费，但水电费、煤气费、取暖费、有线电视费、宿舍清洁费等费用由职员本人负担，电话费、上网费根据有关财务规定办理报销或由个人负担； ② 在调遣期内，如异地调遣人员选择自行安排解决住宿，可由本人提出申请，调入单位审批通过后，按照以下方式办理： 第一，自行安排租住宿舍的，可由本人提出申请，自审批通过当月起，凭有效租房协议、房租发票在调入公司备案，按月报销宿舍及车位租金。租金报销以如下限定标准为限，超出部分由个人承担； 第二，自购当地住房居住的，可自审批通过当月起，由本人提出申请，凭有效本人购房合同、装修费用、物业管理费等发票在调入公司定期报销自购房屋相关费用。上述费用报销以如下限定标准为限，超出额度部分由个人承担； 第三，变更住宿报销方式的，自审批通过当月起执行新的住宿报销方式，报销差额不予追溯； 月住房费用报销（含车位租金）标准上限＝月住房费用报销基准×派至地城市代码对应的月住房费用报销标准系数 ③ 如由调入单位安排租当地公司宿舍并承担租金，调入单位可为异地调遣人员配备床、桌、椅、柜，也可购置热水器、洗衣机作为基本生活用品。调入单位为调遣人员按规定提供的基本生活用品费用包括在以上住房费用标准以内
5. 假期	① 异地调遣的已婚职员，可享受每年22个工作日的带薪年休假用于探望配偶及/或子女； ② 未婚职员假期依据集团假期规定执行
6. 探亲路费	异地调遣职员每年享受16人次（已婚）或8人次（未婚）单程经济舱机票或火车软席票的探亲路费报销
7. 第一负责人家属补贴	对于异地调遣出任集团总部部门、区域本部、一线公司第一负责人及以上职务的职员，由调入单位给予其每月人民币3500元（税前）补贴，可用于发放给其配偶，或发放给员工本人用于其未成年子女的教育津贴。自任命之月起，每月随工资一并发放，满三年后取消。在此期间，该职员职务有变动的，按变动后的待遇执行

万科异地调遣补贴方案（一）　　　　表4-6

派出地城市代码	派至地城市代码	月固定异地调遣补贴（元）	月城市差异补贴（元）	适用范围
A	A	2000	无	集团总部部门副总经理（不含）以下人员；区域本部、一线公司副总经理（不含）以下人员；一线项目公司总经理（不含）以下人员；集团/公司首席及以下人员
	B	2000	1000	
	C	2000	2000	

续表

派出地城市代码	派至地城市代码	月固定异地调遣补贴（元）	月城市差异补贴（元）	适用范围
B	A	2000	无	集团总部部门副总经理（不含）以下人员； 区域本部、一线公司副总经理（不含）以下人员； 一线项目公司总经理（不含）以下人员； 集团/公司首席及以下人员
	B	2000	无	
	C	2000	1000	
C	A	2000	无	
	B	2000	无	
	C	2000	无	

城市代码　　　　　　　　　　　　　　表4-7

城市代码	城市名称
A	北京、上海、深圳、广州
B	天津、青岛、苏州、杭州、无锡、南京、昆山、宁波、东莞、中山、佛山、厦门、珠海、成都
C	武汉、沈阳、大连、长春、鞍山、镇江、南昌、长沙

万科异地调遣补贴方案（二）　　　　　　表4-8

月固定异地调遣补贴（元）	月城市差异补贴（元）	适用范围
5000	无	集团管理层； 集团总部部门副总经理（含）以上人员； 一线项目公司总经理（含）以上人员； 一线项目公司总经理

♀ 万科的管理

异地调遣资格及福利待遇重新认定原则

万科职工异地调遣一般为3年，此期间公司原则上不受理调遣人员个人的流动申请。调遣期满或期间公司做出新的异地调遣安排的，遵循以下资格及福利待遇重新认定原则：

第一，异地调遣期满3年后，异地调遣人员继续在当地工作的，执行调入单位当地职员的福利标准，不再使用原异地调遣的相关福利待遇；

第二，第一负责人异地调遣期满（3年）后，异地调遣相关住房待遇可自异地调遣期满后延续执行3年（有新的调遣安排的情况除外），其他异地调遣福利待遇停止执行。异地调遣住房待遇延续执行3年期满后不再延续；

第三，如异地调遣期未满，由公司做出新的异地调遣安排，异地调遣资格及福利待遇根据新的异地调遣安排认定并执行相关管理办法。新的异地调遣期以协商为准，一般不超过3年。

四、万科职业经理阶层储备

作为一个中国地产界的著名企业，万科多年一直在人才管理方面做各种积极、有效、科学的管理尝试，至今已经在人才理念方面建立了一个相当完整的体系，其中非常主要的一条是职业经理人培养。

万科培养职业经理人的方法主要是：①企业内部通过考核团队的个体能力来选择职业经理人；②以薪资、福利制度激励和回报人才（图4-19）。

1. 职业经理人筛选与检验制度

（1）因职选人

万科对职业经理人的素质要求很高，选择、使用职业经理人采取的是优化组合、优胜劣汰、能上能下的原则。准确地说是因职选人，而不是因人设职。

（2）体系化考评机制

万科检验职业经理的工作和能力主要是采用有效的定期业绩评价体系，兼用其他辅助手段，将业绩直接与职位积分和当事者利益（工资、奖金等）挂钩，积分又直接与职业经理的职位升降挂钩。公司每次阶段性业绩考核都可能出现因工作不佳等原因被降薪降职的职业经理，同时，也有众多受到表彰奖励的职业经理，不合格的职业经理将被淘汰（表4-9）。

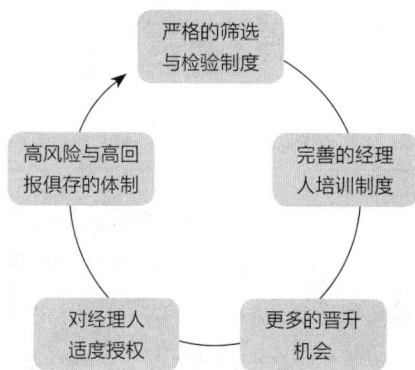

图4-19 万科职业经理阶层储备

万科对职业经理人的要求　　　　表4-9

胜任类别	关键因素	操作定义
管理自己	职业精神	热爱自己的岗位和工作，主动、敬业、有责任心、诚信、愿意把时间和精力投入于工作中
	学习能力	寻求、吸取和企业或自身工作有关的信息或知识，发展和提高自己的工作能力
	应变能力	能对自己的行为方式进行调整以适应企业快速发展所带来的变化和个体差异，能够承受压力
管理他人和团队	激励领导	通过树立榜样影响下属，注重下属的发展需要，鼓励下属并帮助其制定计划，指出其不足使其能采取合适的行动获得提高
	人际沟通	通过多种途径有效的交换、表达、倾听信息，与同事和客户建立信任关系，有效开展工作
	团队意识	能与本部门或其他部门的员工进行协同合作，实现共同的目标，并能在团队中担当领导角色
管理任务	企业意识	理解公司的核心观念和目标，了解公司运作，把本部门的工作和企业发展联系起来，具有客户意识
	解决问题	意识到问题并对之从多个角度进行分析，寻求较好的解决方案，能寻求创新方式解决问题

胜任类别	关键因素	操作定义
管理任务	成就导向	关注于工作目标，追求卓越，适度冒险争取成功
	组织执行	有效计划、组织、安排、完成上级布置的任务，确保本部门的工作有序、正常运行
	专业胜任力	具备完成各职能领域工作所需要的主要知识和技能

2. 经理人培训制度完善办法

万科一直通过积极地给经理后备人选提供并创造条件和机会以培养职业经理后备力量和提高现任职业经理整体水平。

（1）设计专项培训

公司设计各种培训以提高职业经理人的自身素质，安排职业经理到有声望的专业院校进行高级培训或专业研修，以提高他们在管理和专业技能方面的水平。

（2）完善培训方式组合

万科在经理人培训方面建立了完善的制度，如：《公司派遣外出学习管理规定》、《个人进修资助规定》、《双向交流管理规定》、《后备干部培养办法》、《第一负责人赴任培训规定》、《培训积分管理办法》、《培训知识产权保护管理办法》等等。

万科的培训方式主要包括如表4-10八种。

培训方式及特点 表4-10

培训方式	特点	局限性	适用性
① 集中授课	目的性强	较难组织	集中培训
② 自学考试	时间灵活不占工时	周期较长	自我培训
③ 工作研究	深入实际易于交流	范围较窄	某一层面
④ 电脑模拟	时间灵活专业面广	缺乏实作	人机交流
⑤ 岗位实作	实际操作目的性强	局限性大	岗位培训
⑥ 岗位轮换	实际操作知识面广	专业不深	重点培训
⑦ 案例分析	剖析历史指导现实	历史局限	总结历史
⑧ 会议旁听	上级现场言传身教	专题性强	自我培训

万科依据人才的成长类型采用不同的培训方式组合（表4-11）。

长类型与培训方式 表4-11

类型	有利因素	不利因素	培训方式
a类	对公司理念有较深的认识了解 实际操作能力强 人际关系熟悉	基础参差不齐 储备期较长	①②③④⑥⑦

续表

类型	有利因素	不利因素	培训方式
b类	素质较高 社会经验丰富 工作上手快，培训期较短	对公司理念的认同有个过程 公司对个人的了解有个过程	②③④⑤⑥⑦⑧
c类	了解公司整体架构及运作方式 对公司理念有加深的认同了解 总部的知识结构有利于综合素质的提高	实际动手能力有待提高 专业化程度有待加深	①②③④⑤⑥⑦⑧
d类	了解公司整体架构及运作方式 对公司理念有较深的认同了解 实践经验丰富	专业化深度不够	①④⑤⑦⑧

3. 提供更多晋升机会

万科在企业获得发展的同时，也为高职位的职业经理提供更多事业发展的机会。万科是通过对职业经理寄予高期望，每一次为职业经理设立一个比上一次更高的目标，帮助他们逐步提高自己，并借此开发经理的潜在能力。

万科的职业经理人制度不仅为万科自己培养了许多合格的经理人，也为社会提供了大量的职业经理人。例如北京华远房地产公司总经理郭钧，合生创展房地产的北京负责人姚牧民等都是万科职业经理人制度的受惠者。

4. 适度授权

根据职业经理的级别及所担负职责的不同，万科依据计划授权体系对不同职业经理给予相应程度的授权：如战略参与权、信息知情权、专业管辖范围内的决策权、人力物力财力的分配与使用权，使责任与权力对等，增强了职业经理的责任感和使命感。授权不仅是企业经营管理的需要，更重要的是表示了公司重视职业经理作用和地位的态度。

5. 高风险与高回报俱存的体制

万科的职业经理体制是高风险、高回报的体制。所谓高回报表现在，公司不仅向职业经理提供较高的工资报酬，还提供较高的其他福利待遇，比如各种培训机会、优惠购买住房、长期住房补贴、通信费用合理报销等。

高风险的作用是考验和筛选人才，而高回报能够吸引和保留优秀人才，并使职业经理人更加认可此高风险的职业。两者都与万科以人为本的理念一致，两者是互相作用、互相补充、互相促进的对应统一关系，两者的共同运用使得职业经理人的能力和素质不断提高。

Q 管理知识

人才抢劫时代的企业人才经营

当今市场出现了一种人才投资基金，即瞄准一个上市公司的关键人才，让他们整建制地出来创业，甩掉原来的老板、另起炉灶。基金给他们投资，送给他们股权，使其把原来公司的人才、经验、产品、技术、客户关系、商业模式都平移出来，快速复制出一家可上市的公司。

在这样一个"人才抢劫"的时代，管理者需要从人力资源管理转向人才经营。

一、建立"组织围着人才转"管理逻辑

哈佛的经典管理逻辑是：战略—组织—人力资源，战略决定组织，组织跟随战略，人力资源适配组织。现在看来，需要建立一种新的管理逻辑：人才动起来，组织跟随人才，组织适配人才，战略和组织都围绕人才转。

流程森严、秩序井然、按部就班，这些原来被称为是优势的管理办法，目前正在大公司里逐渐失去快速反应能力。野蛮生长、灵活机动、放手人才各自为政、各自为战的公司，开始展示出人才能力被激活的潜能和企业生态化的作战优势，体现出乱中取胜、大获全胜的经营效果。尤其是互联网创业、IT行业、投行投资资管、律师会计师设计师等。对现在的大公司来讲，不按事业合伙人的理念、不搞平台化和生态化组织，几乎做不成大公司。以万科、家纺、海尔等为代表的传统行业公司，也意识到不搞事业合伙人体制已经很难再往前走了。

在万科2014年人力资源条线大会上，郁亮提出升级版新理念：人才是万科的唯一资本。这次的关键词是唯一。任正非曾用他的语言强调了人才的重要性："资源是会枯竭的，唯有文化才会生生不息。一切工业产品都是人类智慧创造的。华为没有可以依存的自然资源，唯有在人的头脑中挖掘出大油田、大森林、大煤矿……"

海尔也正在努力打破企业的一体化、流程化的大工业组织，鼓励内部创业，搞阿米巴组织。一个民营的资管公司，在一些单位推行九级合伙人制，让九级人才都成为事业合伙人、拥有公司股份，吸引人才，集团管理的资产规模达到了8000亿元的量级。

二、建立开放的人才生态圈

企业要不局限于员工，而是全社会范围用才，从注重"为我所有"转向"为我所用"，建立开放的人才生态圈。

1. 小米让粉丝参与产品设计

小米会根据产品特点，锁定一个小圈子，吸引铁杆粉丝，逐步积累粉丝。比如，小米手机把用户定位于发烧友极客的圈子，乐视电视把铁杆粉丝定位于追求生活品质的达人，Roseonly则把产品定位于肯为爱情买单的高级白领人群。在吸引粉丝的过程中，创始人会从自己的亲友、同事等熟人圈子先开始，逐步扩展，最后把雪球滚大。

在积累了一定规模的粉丝以后，第二个阶段就是根据铁杆粉丝的需求量身定做设计相关产品，并进行小规模产品内测。这一步对于小米手机而言，就是预售工程机，让铁杆粉丝参与内测，第一批用户在使用工程机的过程中，会把意见反馈给小米的客服，小米客服再把意见反馈给设计部门，用户的意见可以直接影响产品的设计和性能，让产品快速完善，这有力地保证了产品正式推向市场的安全性。据小米公司的总裁黎万强透露，小米手机三分之一的改进意见来自于用户。

2. 碧桂园4种渠道建立全民营销体系

2013年，碧桂园以122%的业绩增幅迈入了中国房企"千亿俱乐部"，成为业界一匹黑马。单盘日销数千套房已成碧桂园惯例。碧桂园的惊人业绩，其背后实际上是可怕的全民营销。

碧桂园参与全民营销的人员主要分为四类：营销中心所有员工、集团横向部门、广大业主以及外拓人士（图4-20）。

碧桂园的全民营销之所以成功，离不开以下4个要素：

（1）实力强大的营销中心

碧桂园从各地招收包括房产、汽车等多行业在内的销售冠军。销售团队激励方面执行严格的奖惩机制：一方面实行末位淘汰，一方面许以销售额6‰的高佣金标准。但碧桂园的营销模式不仅仅只有广度，在广撒渔网的同时，也非常注重营销的深度与层次感。

（2）内部职工做营销提佣3‰

内部员工全部参与营销是碧桂园最先发动的一项创举。其机制是，碧桂园设立提佣3‰的制度，激励全部约五、六万名内部职工做营销。针对区域团队整体上的激励，碧桂园将在年底实施评比，奖励优秀团队。

（3）50万碧桂园业主形成高效的营销圈层

更为重大的革新，则是打破常规的广告投放及坐销模式，进行社会化资源总动员，把巨量的老业主做成高效的营销圈层。通过电话、小区海报、宣讲等形式，发动遍布全国的50万碧桂园业主进行营销。这50万名业主事实上形成了圈层，会爱屋及乌，继续成为新产品的客户，也会是对外推广的营销新生力量。

利用全国数十万庞大的老业主资源，赞助他们去旅游地产、海外地产项目看房，有效拉动销售，成为碧桂园项目开盘前期的常规动作。

（4）借提供服务拓展客户

碧桂园酒店的服务人员为客户服务时，会顺带介绍碧桂园旗下的几大项目，让客户熟悉当地碧桂园的楼盘。因为碧桂园的项目多数处于环境优美的景区，而且总价不高，这让有些入驻碧桂园五星级酒店的高端客户听了介绍后，已经着手投资了。

三、基于大数据进行人力资源管理

应用人力资源管理软件记录和积累员工个性数据，依据数据对员工进行个性化管理。例如谷歌的HR在内部建立了多个数据收集平台，借此观察员工的工作习惯、日常行为等，据以实施人力资源管理举措。对员工的考核、薪酬、福利和培训，都依据数据给予个性化对待。

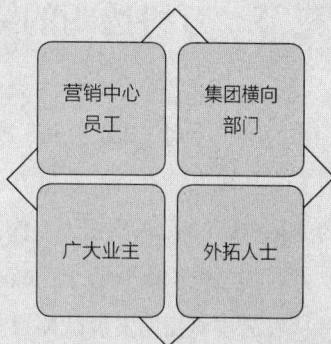

图4-20　碧桂园4种渠道建立全民营销体系

营销中心员工　集团横向部门　广大业主　外拓人士

第三节 万科透明的绩效考核管理

作为第一个对"知识经济"进行阐释的人,德鲁克很早就指出:知识经济的核心是财富的创造方式和知识拥有者的致富方式发生了根本的变化,它要求企业的人力资源报酬体系做出相应的变革。他认为,提高知识工作者的生产率,是21世纪管理学的最大挑战。

万科实施以均衡计分卡为核心的组织绩效管理。根据均衡计分卡思想,高级管理人员的业绩考核在公司中长期发展战略目标的基础上,根据年度目标的达成情况来确定,既包括对公司当期业绩的考核,也兼顾了公司可持续发展能力。

一、万科绩效考核的4个特点

万科的绩效考核有如图4-21所示的4个特点:

特点1. 基于战略采用平衡计分卡

基于公司战略平衡财务、客户、运营、学习成长四个维度指标,自上而下,从总部到城市公司,从一级指标到三级指标。

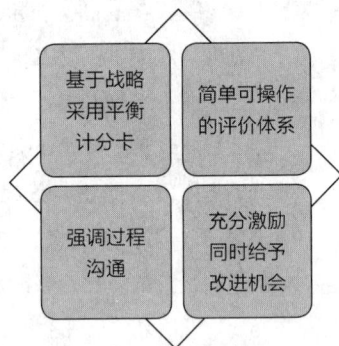

图4-21 万科绩效考核的4个特点

(1)三级指标体系

一级指标:基于战略分解用于衡量公司总体绩效的指标(集团直接指标和公司战略分解);

二级指标:一级指标分解成可以用于衡量流程或部门绩效的指标;

三级指标:二级指标分解成可以用于衡量部门或者岗位的绩效指标。

(2)平衡计分卡的优缺点

2001年,万科首次聘请顾问公司引进平衡计分卡(BSC)绩效管理系统,2003年后该体系逐渐成熟。

作为企业战略管理体系,平衡计分卡有着4个优点:

第一,它从公司整体角度出发,强调营销、生产、研发、财务、人力资源等部门之间的协调统一,争取整体最优;

第二,平衡计分卡不仅考虑到了短期收益,而且考虑到了公司的长期持久发展,目光长远;

第三,平衡计分卡有助于推动企业跨部门团队合作,增强了企业内部的横向联系,使得企业实现信息共享;

第四,与传统的业绩评价体系相比,平衡计分卡考虑了非财务的指标,将财务数据以外的信息纳入考核范围,更能够全面地衡量公司的整体成绩。

但是在实用过程中,平衡计分卡的运用还有一定难度,这主要体现在非量化指标上。在平衡计分卡的指标体系中，有大量的非量化指标，如客户满意度、客户忠诚度、员工满意度等，这些指标具有较大的灵活性，在具体操作层面具有一定的困难；此外，某些可以量化的指标也难以得到准确的数据，如市场占有率等。

特点2. 简单可操作的评价体系

万科各岗位人员绩效评价采用相对容易获得的指标，较少的指标数量，主要采用直接上级评价（表4-12）。

万科各岗位人员绩效评价体系　　　　　　　　　　　表4-12

考核对象	年度考核	季度考核
下属公司总经理	年终KPI考核（BSC）+管理层述职	不做季度考核
区域内城市公司总经理	五项基准指标+专业评价+经营目标完成	不做季度考核
下属公司部门经理	季度平均值	年终KPI考核（BSC）+管理能力+行为指标
一般管理人员	季度平均值	计划目标+管理能力+行为指标
部门员工	季度平均值	计划目标+行为指标

注：五项基准指标：净利润、集团资源回报率、销售收入、客户满意度、员工满意度。

特点3. 强调过程沟通

关注事前事后的沟通，明确要求面谈的内容和时间要求（每人至少半小时），对需要改进的人员及评估结果变化大的人员必须详细面谈（至少1小时以上）。

特点4. 充分激励同时给予改进机会

评估结果分级，强制排序，与薪酬提升挂钩，不合格转岗机会提供。

二、万科绩效考核指标及计算

万科对区域公司和城市公司采用不尽相同的绩效考核指标。

1. 万科区域公司指标及计算

每一个管理年度，公司通过年度述职会议，对高级管理人员进行考评。对于公司总部高级管理人员，主要考核公司整体业绩状况、管理人员的岗位价值及相对于岗位职责要求的绩效达成状况（表4-13）。

万科区域公司考核框架　　　　　　　　　　　表4-13

指标维度	考核指标	计算方法	评分方法	权重（%）
财务（25%）	销售回款	回款口径的销售额	基准指标作为公司奖金计算基础和第一负责人业绩评价基数，不设定权重	
	净利润	本年度调整后的考核净利润		
	占用总资源回报率	调整后的考核净利润/平均占用总资源		

续表

指标维度	考核指标	计算方法	评分方法	权重（%）
财务（25%）	营运资本周转率	营运资本周转率 =销售回款÷（平均存货＋平均应收款−平均应付款−平均预收账款）		20
	土地储备周转期	年末土地储备建筑面积/当年实际开工建筑面积	x≥3，5分；3>x≥2.5，4分；2.5>x≥2，3分；2>x≥1.5，2分；1.5>x≥1，1分；x<1，0分	5
客户（25%）	客户忠诚度标准分	客户忠诚度标准分考核得分	客户忠诚度标准分考核分按照线性计算得分	15
	客户推荐购买意向得分	客户推荐购买意向考核得分	客户推荐购买意向考核分按照线性计算得分	10
内部运营（30%）	项目运营能力	基于项目运营管理办法		15
	工程管理质量	以客户调查获得的工程质量满意度分值作为考核指标	工程管理质量考核分按照线性计算得分	8
	物业管理质量	用物业管理客户满意度、物业管理质量事故控制情况综合得分转化为BSC综合得分		7
学习成长（20%）	人力投入产出	调整后的考核净利润/公司年度人力成本	X=人力投入产出比；Y=0.2X+1.5（5≥Y≥0）	10
	关键人员价值流失率	当年所有离职骨干和优才人员月岗位工资/本年度内公司所有骨干和优才人员月岗位工资	考核得分按照当年各一线公司关键人员价值流失率进行线性分布	5
	优才成长指数	（优才人员职务晋升得分+输出得分）/当年优才人员总数		5

2. 万科城市公司考核指标及计算

对于各一线公司负责人，主要考核其所负责一线公司的业绩状况、其岗位价值及相对于岗位职责要求的绩效达成状况（表4-14）。

万科城市公司考核指标及计算 表4-14

基础指标	计算方法	评分说明
净利润	本年度调整后的考核净利润	区域内排名：第一名为5分；第二名为4分；第三名为3分；第四名为2分
集团资源回报率	调整后的考核净利润/平均占用集团资源（含区域）	与集团平均数相比，平均为P：≥2p或集团前三名为5分；≥1.5p或集团前六为4分；≥p为3分；≥0.6p为2分；≥0.3p为1分；<0.3p为0分
销售收入	按签约口径计算	区域内排名：第一名为5分；第二名为4分；第三名为3分；第四名为2分

续表

基础指标	计算方法	评分说明
客户满意度	问卷调查数据	集团平均数p： ≥1.2p或集团前三名为5分；≥1.1p或集团前六名为4分；≥p为3分；≥0.9p为2分；≥0.8p为1分；<0.8p或集团后三名为0分
员工满意度	问卷调查数据	打分标准： ≥80或集团前三得5分；≥78或集团前六名得4分；≥75为3分；≥70为2分；≥65为1分；<65或集团后三名为0分

三、万科集团奖金计提方式

万科将绩效与奖金挂钩，形成奖金计提体系（图4-22）：

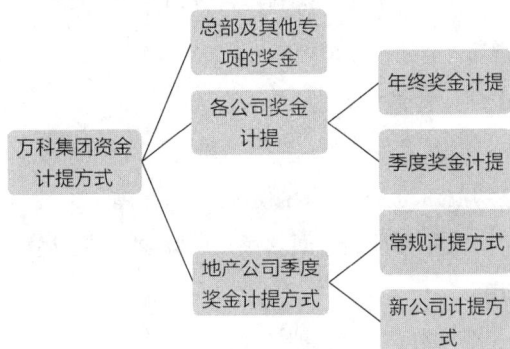

图4-22 万科集团奖金计提方式

1. 总部及其他专项的奖金

总部及其他专项的奖金在集团利润总额的4%以内计提，用于奖励：集团总部职员、各区域中心及非区域独立运作的城市公司第一负责人、集团高层、总经理专项奖励基金、集团特别奖。

2. 各公司奖金计提

万科各公司奖金分年终和季度两种计提类型。

（1）年终奖金计提

公司年终奖金总额=考核净利润×计提系数×BSC评估指标计提系数。

① 计提系数由占用集团资源回报率决定，其测算关系为（表4-15）：

计提系数计算方法　　　　　　　　　　　　　　　　表4-15

X=占用集团资源回报率	X<0	0≤X≤28.5%	X>28.5%
Y=计提系数	Y=0	Y=0.2x+0.8%	Y=6.5%

② 占用集团资源回报率=年度考核利润（税后）/平均占用集团资源×100%

③ BSC计提系数=3.3%×BSC述职指标评估结果+88%,

BSC计提系数取值在0.95~1.05范围; 其中, 2≤BSC述职指标评估结果≤5

（2）季度奖金计提

季度奖金总额=季度销售额（结算口径）×奖金计提比例

奖金计提比例最高不超过1‰, 具体计提比例由集团总经理根据集团的综合经营状况确定。

3. 地产公司季度奖金计提方式

地产公司季度奖金的计提分两种方式: 常规计提方式和新公司计提方式。

（1）常规计提方式

① 当销售回款率>90%时, 计算公式为:

季度奖金总额=当季销售额×3.5‰

按照截至当季度末签约口径的实际销售额进行累积计算。即:

季度奖金总额=全年累计销售额×3.5%–本年累计已计发季度奖金

② 当销售回款率≤90%时, 计算公式为:

季度奖金总额= 当季销售回款额×3.5‰

按照截至当季度末签约范围的实际回款额进行累积计算。即

季度奖金总额=全年累计销售回款额×3.5%–本年累计已计发季度奖金

（2）新公司计提方式

新成立的公司, 成立未满一年内, 分三种情况计提奖金:

① 在首个项目开盘前, 可在新公司全体（含第一负责人）本季度三个月岗位薪金总额20%以内计提季度奖金;

② 当年如无项目结算, 可在新公司全体（含第一负责人）12月份岗位薪金总额3倍以内计提年终奖金;

③ 如成立满一年时, 仍未实现项目开盘, 此后不得计提任何奖金。

第五章

万科建设具备竞争力的企业文化

企业文化是企业在长期的经营活动中所形成的共同价值观念、行为准则、道德规范，以及体现这些企业精神的人际关系、规章制度、产品与服务等事项和物质因素的集合。

21世纪是文化管理时代，企业文化是企业的核心竞争力，是企业管理最重要的内容。企业拥有了自己的文化，才能使企业具有生命活力，具有真正意义上人格的象征，才能获得生存、发展和壮大。

万科是个非常注重企业文化建设的企业，文化建设渗透在其产品、口号、企业管理的方方面面（图5-1），例如：以"健康丰盛"为核心的价值理念、坚持环保和公益的社会责任感、持续学习的学习文化。

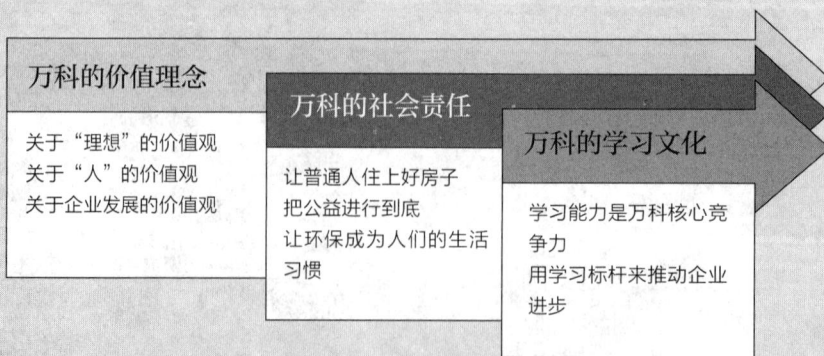

万科的价值理念

关于"理想"的价值观
关于"人"的价值观
关于企业发展的价值观

万科的社会责任

让普通人住上好房子
把公益进行到底
让环保成为人们的生活习惯

万科的学习文化

学习能力是万科核心竞争力
用学习标杆来推动企业进步

图5-1　万科的企业文化建设

Q 管理知识

企业管理演变的三个阶段

企业管理的演变是指企业在发展过程中管理方法和手段变化必经的过程，通常演变由三个阶段构成，经验管理阶段、科学管理阶段、文化管理阶段（图5-2、图5-3）。

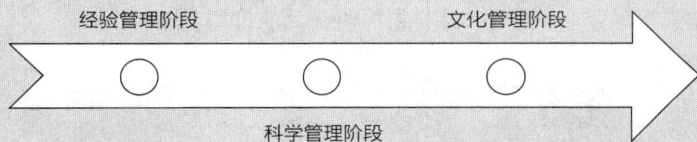

图5-2 企业管理的演变

1. 经验管理阶段

经验管理适合企业规模比较小，员工在企业管理者的视野监视之内，企业管理靠人才就能够实现。特征是：一，管理思维是经济人假设，认为人性本恶，天生懒惰，不喜欢承担责任、被动，所以，这样的管理者喜欢采用的激励方式是胡萝卜加大棒，对员工的控制也是做外部控制，即主要控制人的行为。

2. 科学管理阶段

适合规模比较大的企业，认为企业靠人治不如靠法（制度）治，对人性的认识是以经济人假设为前提，靠规章制度来管理企业。

在这个阶段的企业管理方式中，对员工的激励和控制是外部的，即通过惩罚与奖励来使员工工作，员工因为期望得到奖赏或害怕惩罚而工作，员工按企业的规章制度去行事，在管理者的指挥下行动，管理的内容就是管理员工的行为。

3. 文化管理阶段

企业边界模糊，管理的前提是社会人假设，认为人性本善，人有感情，喜欢接受挑战，愿意发挥主观能动性，积极向上。企业建立的是以人为本的文化，通过人本管理实现企业的目标。

文化管理阶段时并不是没有任何经验管理和科学管理，从逻辑关系上说，科学管理是实现文化管理的基础，经验仍然必要，文化如同软件，制度如同硬件，二者作用互补。只是知识经济时期，人更加重视实现个人价值，所以，企业管理中，对人性的尊重尤为重要，以人为本的企业管理理念也更能发挥企业管理的最大效能。

图5-3 企业管理演变的三个阶段

第一节　万科对待企业与人的态度

万科在价值理念的实践上可以说是进行了初试,包括:①关于"理想"的价值观;②关于企业发展的价值观;③关于"人"的价值观。万科不仅在企业内部和向社会上宣扬这些价值理念,更可贵的是万科一直致力于将这些理念贯穿到企业的方方面面,通过一个个具体的行动打造一种人文精神,以此来实现企业的理想,给业主提供更高的价值(图5-4)。

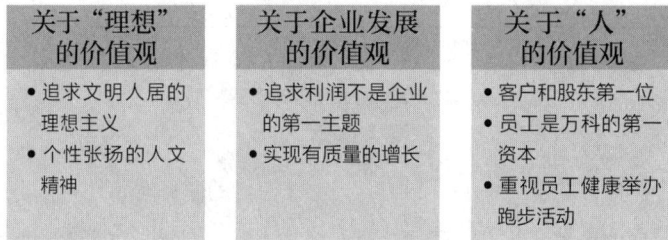

关于"理想"的价值观	关于企业发展的价值观	关于"人"的价值观
• 追求文明人居的理想主义 • 个性张扬的人文精神	• 追求利润不是企业的第一主题 • 实现有质量的增长	• 客户和股东第一位 • 员工是万科的第一资本 • 重视员工健康举办跑步活动

图5-4　万科的价值理念

🇶 管理知识

企业如何保持自己的价值观

万科要坚持自己的价值观,就要从以下三个方面着手。第一就是看清自己的位置,这包括个人的能力、企业在行业上的能力、行业在大市场上的位置,看好这种位置,把握就是了;第二就是建立一个制度,做企业要比较文件地发展,现代企业制度是很重要的,尤其对中国来讲。东方文明更多强调道德管理,更多强调用好人;西方来讲是制度管理,假定人都有问题。万科就是按照西方现代企业制度建立的,到现在证明是完全可行的。再一个,就是还要看到未来的方向,比如国内很多企业靠营销网络很快地发展,研发做得不够,企业需要升级换代的时候很可能就跟不上了(图5-5)。

——万科2004年年报王石的描述

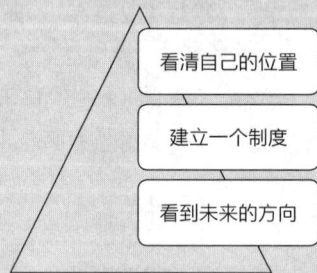

看清自己的位置

建立一个制度

看到未来的方向

图5-5　企业如何保持自己的价值观

一、追求"理想与激情"的企业理念

始终追求理想与激情,是万科近二十年发展的原动力之一。不管是得益于万科创始人王石的理想主义,还是万科管理团队共同拥有的崇尚人文精神的浪漫,不断追求理想和激情已经成为万科企业文化的重要部分。在万科工作久了的人身上会留下深刻的企业印痕，总是会在不经意间流露出自己对人居文明未来发展的憧憬和期待。

1. 追求文明人居的理想主义

万科致力于探索中国现代企业成长模式、追求现代人居文明未来的理想主义引起了广泛的共鸣。在这一事业中，聚集了一批拥有共同理想的优秀人才，形成了不断进取的创新精神和蓬勃向上的公司氛围。

从一开始，万科就秉承与其他房地产公司不同的经营理念。不以赢利为唯一目标，不单纯为客户提供居所，而更用心去推行一种新的生活方式，参与城市成长和城市文化建设的进程。一直以来，万科在这方面始终保持着行业领跑者的地位。

2. 个性张扬的人文精神

万科是人性张扬的企业，追求的价值观在于有兴趣的工作、健康的体魄、开放的心态、乐观向上的精神等，促动职业经理观念的革新和灵活。赋予自己和客户一个充满激情的环境，是万科吸引人才的魅力所在。

二、坚持可持续发展的企业战略

现代企业更追求可持续成长的能力，而不是一时的"暴利"或者"便利"。在产品、技术、知识等创新速度日益加快的今天，成长的可持续性已经成为现代企业所面临的一个比管理效率更重要的课题。

1. 追求利润不是企业的第一主题

把利润最大化作为管理的唯一主题，是造成企业过早夭折的重要根源之一。

企业在加速发展中必须保持均好，更加追求增长的质量。坚持可持续成长管理观，在管理中就要注重整体优化，讲求系统管理，实行企业系统整体功能优化，注重依靠核心竞争力，不断提高市场竞争优势，注重夯实基础管理。

2. 实现有质量的增长

万科衡量"有质量的增长"有以下三个标准：

第一，资源回报率的不断上升，包括股东回报率（也就是资本回报率）和人力资源回报率的不断上升；

第二，客户忠诚度的不断上升，满意的客户会再次购买，或通过口碑宣传推荐别人购买万科的产品；

第三，产品创新的工厂化，产品要根据细分客户的要求来设计，然后用工厂化的方式推出产品，这个过程需要解决生产效率问题、品质问题和性价比等问题。

Q 人物语录

万科追求持续盈利能力

在王石的《道路与梦想》一书里，有一句颇耐人寻味：超过25%的利润不做。

对于一个行业来说，很重要的是你要有一个持续的增长速度，而不是某一年，或者是个别年度的增长速度，因为在我们这个行业里面，各领风骚三五年的情况是比较多的。而我们说的成长，是一个持续的、长时间的成长。

郁亮说："在成长过程当中，你必须要关注的是稳健，既要快，还要稳。稳健是什么，是指你在经济管理中，要预留政策变动的空间，比如说，宏观调控是不太好预测的，但你不能因宏观调控不能适应就赖别人，你必须为它留出空间来"。

"也要给自己留下犯错误的空间。万科过去的20年里面，市场的变动、政策的变动无疑是巨大的，中国整个社会的变化非常巨大，而万科仍实现了稳健的快速增长，原因就在于万科是少有的经历了中国房地产完整发展周期的企业。我们经历了1992、1993年的高峰期，经历了宏观调控的冰冻时期，经历了1998年的复苏期，我们在对增长充满渴望的同时，为可能发生的变动预留了调整的空间，保持了一种稳健的步伐。"

三、秉承"创造健康丰盛的人生"的核心价值观

《基业长青》书中有这样一段话："要成为高瞻远瞩、可以面对巨变数十年繁荣发展的持久公司，第一步也是最重要的一点，就是明确核心理念，树立在任何情况下坚持不渝的坚定价值观。"这段话万科是非常认同的。

万科秉承"创造健康丰盛的人生"的核心价值观，倡导"客户是我们永远的伙伴"、"人才是万科的资本"及"持续的增长和领跑"等价值理念。

创造健康丰盛的人生，意味着万科将持续提供超越客户期望的产品和服务，让客户骄傲；意味着万科将持续提供超越投资者期望的回报，让投资者满意；意味着万科将持续提供超越员工期望的发展空间和报酬，让员工自豪。

1. 客户和股东第一位

尊重客户，理解客户，持续提供超越客户期望的产品和服务，引导积极、健康的现代生活方式，这是万科一直坚持和倡导的理念。

（1）客户是企业存在的全部理由

客户是企业存在的全部理由，万科致力于建筑高文化质量的产品，通过文化传播架起与客户沟通平台，以最优服务理念持续培养客户忠诚度。

（2）服务是经济的核心元素

服务是21世纪经济的核心元素,消费者购买的不再是单纯的产品,服务与文化是产品力和品牌力的全部。万科结合中国房地产经济的发展趋势,持续提升服务能力,不断创造超越客户需求的产品,成为完善和发展企业品牌及加强企业核心竞争力的关键驱动因素。

（3）回报令股东满意的收益

股东能为企业成长提供持续动力。

首先,万科属于股权分散的公众控股上市公司,在这样的经营过程当中,管理层成为平衡各股东的因素,尤其是弥补中小股东的天然弱势,均衡二者利益博弈,在事实上加强了中小股民对万科的信任,使企业能够拥有持续盈利、持续增长和持续分红派息的均好性。

> **Q 万科的管理**
>
> #### 万科一度放弃向华润定向增发B股
>
> 2000年12月2日,万科发布公告,拟向华润定向增发4.5亿股B股,目的是提高华润在万科的持股比例,让华润成为策略性大股东。此事,企业的大股东追求长期利益,而小股东则希望得到短期利益,二者存在很大分歧。
>
> 要想解决这个分歧,就必须做出取舍和平衡。最后万科董事会决定放弃增发方案,体现万科善待小股东的理念。

其次,万科在近几年的发展与学习过程中特别重视平衡股东、管理层、企业之间的利益关系,王石更在2012年股东大会上回应道:"希望给予万科三年时间达到分红持续增长"。

> **Q 万科的管理**
>
> #### 万科分红增长
>
> 根据万科分红方案显示,万科2013年分红派息将以分红派息股权登记日股份为基数,每10股派送人民币4.1元(含税)现金股息,由此计算,万科用于分红的现金超45亿元。相比2012年,2013年万科分红比例由15.79%大幅提高至29.87%,上升程度接近一倍,每股股息同比增长127.8%。
>
> 同时,郁亮还表示,此次的大规模派息并非一次性特例,而是长期分红政策。未来会在目前29.87%的基础上,继续稳步提升派发现金红利占合并报表净利润的比例。

2. 员工是万科的第一资本

枯燥乏味的工作、生活是滋生职业倦怠情绪的土壤,是扼杀员工创造力的致命因素。愿意尝试新事物是人的本性，不断探索新的职业高峰是知识型人才渴望自我实现的内在需求。

（1）强调员工和企业价值观的一致性

万科提倡健康丰盛的人生，强调工作与生活的平衡。公司从不干涉职员工作外的生活，也不主张员工带病上班或在家人患重病时上班。有许多企业仍在将"以企业为家"作为正面事例大加宣传，万科认为这是对人不够尊重的表现。

万科公司鼓励所有的员工在工作之余追求身心的健康，追求家庭的和睦，追求个人生活内容的极大丰富。通过岗位轮换、业务重组、弹性工作制等形式增加工作的趣味性、挑战性，有利于激发员工的探索激情，这也是治愈员工精力枯竭的良药。

倡导员工追求"健康丰盛的人生"是万科的企业价值观，也是万科获评"最佳雇主"的原因。

⊙ 万科的管理

郁亮倡议把员工健康纳入管理内容

于2015年2月28日至3月2日召开的"亚布力中国企业家论坛第十五届年会"上，郁亮提倡把员工健康纳入管理内容，即不要把员工健康作为8小时以外的活动，不要把员工健康限于工会的负责范围，而应是管理者的工作内容之一。具体需要做好三件事：

一，管理层带头运动。现在很多人说没时间运动，在郁亮看来，这更像是一个借口，主要是看人的重视程度。没时间运动，却有时间生病。还有人说自己的关节不行，郁亮认为绝大多数人是没有时间把关节用坏的，休坏的可能性比用坏的可能性更大。

二，要为员工运动创造条件。例如在每个办公场所设置淋浴间。

三，把员工的健康状况列入管理者的KPI，员工不健康扣管理者的奖金。

（2）重视人才激励与培养

万科的行为文化，比较典型地体现在人才建设方面，从中我们可以看出万科企业教育宣传和人际关系等文化现象。

第一，人才激励策略。

万科认为人才是资本，通过实施股权激励计划、事业合伙人计划，实践新的人才储备和招募策略，进一步吸引和保留优秀人才，提升专业管理能力。

第二，人才培养方案。

在人才培养上，首先，万科崇尚人文精神的价值观，倡导对人永远尊重，鼓励员工充分发挥自己的个性，在这种价值观下，万科的员工个性是张扬的。

第三，举贤避亲原则。

为了保证每一名员工在万科有平等发展的机会，万科规定举贤必须避亲。员工在加盟万科时，必须申报在万科的亲属，如果隐瞒不报，就视为提供虚假信息，要被开除。实行举贤避亲的制度，一方面给各类人才提供一个公平的发展机会，另一方面能保持一个相对简单的人际环境，有利于留住人才。

管理技巧

构建优秀企业文化的四条标准

标准1. 优秀的企业文化基于个性

这里所说的个性包括两个层面的含义：

一个是企业家精神个性，即企业领导者的追求、思想和理念；另一个是企业组织个性，即企业独特的经营理念、制度和行为方式等，这两种个性就构成了企业文化的整体个性。优秀的企业文化，在个性上有四个共同点：

第一：领导者的精神个性

实质上就是企业领导者对过去经验教训的总结和思考，只有当企业文化充分体现了企业领导者的精神个性时，企业领导者才可做到身体力行和不遗余力地贯彻执行。

第二：企业的组织个性

组织个性体现了企业在经营管理过程中成功的精神特质和做法，这些精神特质和做法，尤其是精神特质，对企业未来的成功具有极大价值。

第三：品牌个性

品牌个性往往根植于企业的文化个性，换言之，没有文化个性就没有品牌个性，而没有个性的品牌，就不可能成为一个卓越品牌。

第四：文化个性

文化个性作为企业的灵魂，是竞争对手所无法模仿的，是企业核心竞争力的基本要素之一。

因此，企业文化首先必须是基于企业家精神个性和企业组织个性，才有可能成为优秀的企业文化。但并不等于个性的企业文化必定是优秀的企业文化。

标准2. 优秀的企业文化基于企业战略

一个企业的文化只有充分体现对其战略的全面支持功能，才能确保企业文化对企业绩效的提升。人们通常认为，优秀的企业文化必定能有效地提升企业的经营业绩。但事实上，这只是优秀企业文化的结果而非原因。因此，在构建企业文化过程中，只能设法让企业文化充分体现对战略的全面支持功能，以达到提升经营业绩的目的。

标准3. 优秀的企业文化基于商业准则

优秀的企业文化必须是基于商业准则的。进一步说，它必须遵守基本的商业准则。

基本商业准则，是指企业在市场竞争中的基本游戏规则，例如诚信、公平竞争、双赢或多赢、职业化等。企业一旦违背这些游戏规则，就会受到市场的抛弃。我们很难想象，一个不讲诚信的企业或没有职业化精神的企业，怎么能获得顾客的忠诚、投资者和供应商的信任、社会公众的认同和尊敬，而这样的企业又怎能成功地持续发展？

这些基本的商业准则，是企业必须遵守的底线之一。许多企业，包括全球性的跨国公司，正是由于没有遵守这些基本商业底线而在瞬间崩溃和消亡，如美国能源巨头安然公司的垮台和目前的德隆危机，就是源于其信任危机。

标准4. 优秀的企业文化基于人性

优秀的企业文化必须是基于人性的，换言之，优秀的企业文化必须尊重人性。

企业文化只有基于人性，才具有包容性，才能获得终极的认同和尊重，才会具有凝聚人心的作用。任何一个企业的文化如果背离了人性，那么，这种文化就是一种扭曲的文化，一种缺乏包容性的文化，一种不可能被员工、被消费者、被社会公众所认同的文化。

3. 重视员工健康举办跑步活动

最近两年，从珠峰顶到波士顿马拉松，再到各地的乐跑赛，万科的形象的确越来越多地出现在运动场上，以至于有人将这家全球最大的住宅开发商戏称为"万科运动员股份有限公司"，"主要在跑步，偶尔卖卖楼"。

2013年以来，万科通过举办"城市乐跑赛"、"为爱同行"、"大鹏新年马拉松"、"爱的每壹步"等跑步活动将健康丰盛文化推向新高度。

（1）万科乐跑赛的管理理念

万科乐跑背后的理念是"不重视员工健康的公司不是好公司"。2013年12月6日，万科集团总裁郁亮在广州举行的发布会上向媒体这样表示，"要把员工健康纳入公司管理内容，员工心态更平衡，才会为公司创造更多价值。员工更满意，管理层更健康，公司持续发展，这些就是万科得到的好处。"

（2）万科乐跑赛的4个特点

万科乐跑赛有4个特色（图5-6）：

特色1. 工作日举行

郁亮说，城市乐跑赛安排在工作日举行，主要是想倡导更多企业关注员工的身体健康。员工健康是每个公司的责任，更是每个公司管理层人员的责任。企业不单要给员工提供一份薪酬、一个发展空间，更重要的是应该给员工创造健康的环境，这是我们健康乐跑的理念。

图5-6 万科乐跑赛的4个特色

特色2. 强调"乐"而非"赛"

"乐跑赛更强调'乐'而非'赛'，我们希望每位参与者都能从活动中感受到跑步的魅力，从乐跑赛道开始迈出第一步"，万科总裁郁亮解释了活动的初衷，那就是让更多借口"忙""缺觉""怕运动受伤"而没有运动习惯的员工通过享受跑步带来的乐趣，从而养成参与全民健身活

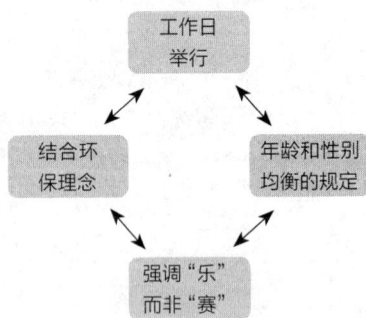

动的习惯,体会到体育带来的健康快乐。

和大部分长跑赛事不同,城市乐跑赛,虽然为每位参赛者提供计时芯片,并进行团队成绩统计,但并不以追求速度为目的。参与乐跑的门槛也并不高,5km的全程虽然不算轻松,但对于大部分人来说,也不是一个无法完成的目标。"只要经过适当的准备和训练,相信每个人都能够完成乐跑。"郁亮表示。

特色3. 年龄和性别均衡的规定

为了让更多的人能参与到此项运动中来,乐跑赛还要求参与者的平均年龄不得低于所在城市平均水平,且女性参赛比例不得低于团队人数的三分之一。

特色4. 结合环保理念

万科提倡"乐跑赛、零垃圾"的环保理念,在赛道沿途配置了许多方便选手们放置运动垃圾的回收容器,通过组织有责任的赛事,让各类乐跑者感受并传递环保理念。

第二节 万科履行企业公民的社会责任

万科作为中国最大的地产开发企业,在切实履行着一个企业公民的义务,力图将专业能力和资源结合到社会公益事业中去,获评"2013中国优秀企业公民"(中国社工协会企业公民委员会)。

为此,万科设立"企业公民办公室",专职负责公司的企业社会责任工作规划并监督项目实施,评估公司的主要社会责任态度与立场;向股东大会申请专项经费,在参与必要的济贫、兴学、救灾、支持相关非营利性NGO发展的同时,重点用于公司战略性社会公益项目;自2007年起,每年向公众公布社会责任报告,向社会报告万科企业社会责任工作的成果和不足。

一、开发产品坚持为普通人盖好房子

"为普通人盖好房子"、"盖有人住的房子",是万科对产品的继续坚持,也是一个大企业对社会责任的担当。

1. 不断研究与推广小户型

万科不断研究与推广小户型普通商品房,希望以此实现高效利用土地资源,并让更多人拥有自己的房子。

2012~2014年间,万科所销售的住宅中144m²/套以下的户型比例超过90%。

万科还积极研究开发建筑面积在90m²/套以下的主流客户需求户型,45m²/套以下的青年人置业户型,25m²/套的超小户型(表5–1)。

<table>
<tr><td colspan="4" align="center">2012～2014年万科不同户型面积商品房比例   表5-1</td></tr>
</table>

年份	90m²/套以下	90～144m²/套	144m²/套以上
2014年	53%	38%	9%
2013年	47%	44%	9%
2012年	46%	44%	10%

2. 积极开发保障性住房

尽管保障房资金回收周期长、利润少、成本高、投入大的情况短时间内可能难以改变，但万科在兼顾股东利益的情况下，积极参与保障性住宅的开发。

随着国家对保障性住房的日益重视，万科在保障性住房方面做了很多研究。2006～2010年，万科通过举办"海螺行动"，面向全社会征集城市中低收入人群居住解决方案。

万科在保障性住房的实践方面投入了相当的精力，参与了包括公共租赁住房、配套商品房、限价房、经济适用住房、廉租住房等多种保障性住房的实践。例如公共租赁住房有广州的万汇楼项目，配套商品房有上海的华漕等项目，限价房有天津的新里程等项目，经济适用房有武汉的青山区等项目，在北京的红狮家园项目，既包括一部分限价房，也包括一部分廉租房。截至2014年底，万科共有保障性住房项目16个，覆盖资源约100万m²。

> 🔗 **链接：适合以工业化方式生产保障性住房项目**
>
> 保障性住房项目适合以工业化方式生产的原因：
>
> 一，保障性住房首先在户型方面要求高度标准化，这种标准化甚至可以让它的品质更加有保障，采购成本更低；二，保障性住房通常需要有更快的效益，一个项目往往要求包括装修一两年内必须能够入住，传统建筑方式对此并不容易做到；三，政府还会在节能环保方面提出具体要求，而工业化在这方面的优势非常显著。

二、成立万科公益基金会开展公益活动

万科以万科公益基金会为主积极开展各项公益活动。

万科公益基金会成立于2008年，是由万科发起成立的全国性非公募基金会。项目主要集中在孤贫儿童大病救治及环保领域。万科公益基金会开展的项目带动大量业主、公益组织、合作伙伴和社会各界参加并无偿提供志愿服务，成为一只致力于促进社会进步与可持续发展的重要民间力量。

1. 基金会保证高透明度

万科公益基金会以规范、透明、专注和坚持为原则，将万科在商业管理方面的丰富经验和高效率运用到公益项目的开展中，采用以结果为导向的管理模式，注重对项目运行的监控、成果的

评估和反馈。与此同时，基金会及时对外公开捐赠信息，让款项处理和活动内容处于公众监督之下，保证其透明度。

2. 由志愿者完成公益服务

万科公益基金会鼓励并组织志愿者、万科员工、业主以及社区团体共同参与公益项目，由不领取薪水的志愿者完成基金会的运营和项目执行。

3. 推动公共教育与项目合作

万科与许多非公募基金会以及非营利性机构开展合作，推动在儿童救助、文化交流、教育发展、经济救援、社区建设、垃圾分类、环境保护等公益领域的公共教育与项目合作（表5-2）。

万科公益项目列举 表5-2

发起时间	项目
2008年6月	"爱佑童心"孤贫先天性心脏病患儿手术万科专项
2008年6月	"爱心会"由自愿、无偿为社会提供义务服务的注册志愿者组成的爱心团体
2011年4月	"春天里行动"资助劳务工重大疾病与子女教育项目
2014年5月	珠峰雪豹保护
2015年1月	"信成道万科爱"关爱贫困学生公益活动

三、倡导环保的生活习惯

在自然生态环境变得异常脆弱的今天，万科在探索如何让未来住宅的建造和使用都成为自然生命环境有机组成部分的同时，也帮助人们在住房使用中更多地以与自然和谐的方式使用各种资源。"地球一小时"、"零公里行动"都是万科倡导让环保成为一种生活习惯的有力实践。

1. 让"地球一小时"走进社区

"地球一小时"是世界自然基金会在2007年向全球发起的一项倡议，呼吁个人、社区、企业以及政府在每年3月份的最后一个星期六熄灯一小时，并做出一个有利环保的改变行动。

2009年"地球一小时"活动刚到中国之际，万科就率先响应并首次将该活动办进社区，发动全国11个城市、上百个万科社区、近10万户业主家庭与全球其他公益人士一起熄灯一小时，影响人群逾百万，由此获得了WWF颁发的"企业参与最佳创意奖"。

2014年，在全球第八个关灯日，苏南万科在微信上推出了微品牌发布会"万科30年自造更好的生活"，通过更轻更绿色的方式与受众进行沟通。从线上的一系列话题预热和地球一小时关灯倡议游戏，用自己的力量为苏州和无锡点亮蓝天，到线下社区地球一小时的夜跑活动，让线上粉丝和线下社区业主共同完成了这次地球一小时倡议活动。

2. 首创"零公里"环保行动

"零公里行动"是由万科公益基金会与腾讯公益基金会于2010年联合发起,旨在呼吁通过生活垃圾的前端分类减量解决城市垃圾问题的活动。"零公里行动"将由三部分构成:一是珠峰清扫行动;二是社区垃圾分类活动;三是网络社区互动。

> 🔗 **链接:"0公里行动"的由来**
>
> 解决垃圾危机,决定性的环节,就在我们每一个人自己手上,在我们每一个人把垃圾丢出去的那一刻。这就是"0公里行动"的由来,解决垃圾危机的关键,就在于前端开始的垃圾分类。我们举手之劳的行动,将决定垃圾是变成资源,还是威胁。垃圾的命运,城市的命运,不取决于距离我们多少公里之外的填埋场或焚烧厂,而是取决于0公里处。我们必须有所行动。

板块1. 珠峰清扫行动

万科举行的"珠峰清扫行动"的参与者是包括王石在内的一队登山者。

活动实际完成3.44t生活垃圾、346个瓦斯罐、0.5t可回收垃圾、770m攀登用绳、62m²残余帐篷布、167个氧气罐以及若干帐篷杆、地钉的清扫、分类、回收利用和无害化处理。清扫活动带回的逾200个废弃氧气瓶还将由艺术家创作成装置艺术作品,进行展示。

"零公里行动"珠峰清扫本身不仅自身完成了大量垃圾的清运,更显著地带动了所有登山队伍的自觉清扫,推动人们的意识改变,从而将垃圾分类和垃圾减量的议题推向更广泛的人群。对万科来说,珠峰清扫只是零公里行动的一个开始,其实万科提倡的是人们在日常生活、在社区中、与数十万计的普通居民共同开展着眼前端分类的垃圾减量。

板块2. 社区垃圾分类行动

"零公里行动"希望把垃圾分类和垃圾减量变为可复制、可计量、可累积的持续的社区行动。在万科人的号召和带领下,万科社区的垃圾分类效果显著,2014年,开展垃圾分类的社区占全部社区比例为43.76%,平均每个社区减少量为24%,最佳垃圾分类社区减量高达75%。

垃圾分类处理细节

大梅沙万科中心将办公垃圾分为四类:可回收垃圾、厨余垃圾、有毒害垃圾及不可回收垃圾。在对办公垃圾进行前端分类后,还会将可回收垃圾进行第二次分类,再送至专业的回收站进行处理,不可回收垃圾会放到环卫垃圾桶,压缩后统一处理。对于有毒害垃圾,则会定期集中运至市环卫局下属的专业回收单位,厨余垃圾也会运至市政指定的垃圾回收单位(图5-7)。

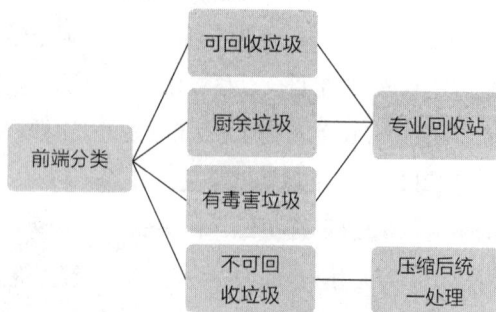

图5-7　垃圾分类处理流程

除办公楼里随处可见的四类分类垃圾桶外,万科上海中心的文印室里设有一个长柜,内将办公用纸分为废纸、旧书杂志和纸容器三大类,以方便回收。

为垃圾分类减量提供资金支持

万科公益基金会和腾讯公益慈善基金会一起,捐赠专项资金来支持各地的环保类NPO,共同开展线下垃圾分类减量的各种公益项目。

板块3. 网络社区互动

万科的"零公里行动"还充分发挥互联网的主流影响力,在互联网社区中开展垃圾分类和垃圾减量的互动。

珠峰清扫活动的在线互动平台

腾讯网对珠峰清扫活动进行了图文直播,14.5万名腾讯网友在线参与了 "零公里行动珠峰清扫完成暨南北坡会合仪式",并与王石进行互动交流。

通过趣味游戏传播垃圾分类知识

2010年6月25日,万科公益基金会与腾讯公益慈善基金会合作的"零公里行动·网络行动"全新上线,《一举及第环保争先赛》考考你的垃圾知识,《QQ西游之垃圾环游》跟着唐僧师徒学习垃圾分类。两家基金会希望通过趣味游戏,将垃圾分类的知识在上亿网友中得以广泛传播,使更多人掌握垃圾分类的相关知识并开始实践。

图5-8 万科《零公里行动》网站首页

第三节 万科建设学习型组织

万科自1984年成立以来,一直致力于建设学习型组织,倡导职员全身心投入,在工作中体验生命的意义,通过学习创造自我,增强创造未来的能量;万科也倡导把学习当成一种生活方式,把学习融入生活中去(图5-9)。

把学习能力作为万科核心竞争力	→	学习型企业的4个要素	→	万科不同阶段的学习标杆
• 比较竞争优势不是核心优势 • 以持续学习能力为核心优势		• 放低姿态 • 向对手学习 • 寻找企业教练 • 领导者言传身教		• 索尼 • 惠普 • 新鸿基 • 帕尔迪 • 星巴克

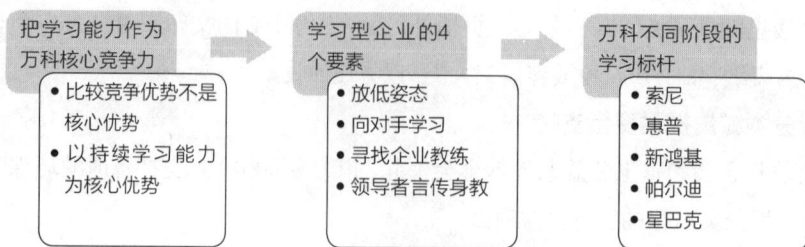

图5-9　万科创建真实的学习型企业

一、学习能力是万科核心竞争力

企业的经营思路,对土地价值的识别和挖掘能力,规划设计能力,客户服务能力,品牌管理能力,透明和创新机制……这些都是万科从事房地产行业以来经验的总结,而非万科的核心竞争力。

1. 比较竞争优势不是核心优势

比较竞争优势一般是指物的因素,比如土地和资金,它只能保证公司在一定时间内占据优势,随时会因为企业自身的改变、竞争对手的消长和市场环境的变迁而消失。在国内各种行业中,经常可以看到很多企业有如昙花一现或是不同企业"各领风骚三五年"的情形。这是因为企业在当时所拥有的优势,不过是比较竞争优势而已。

"物"的优势,只能作为房地产企业现有条件下的比较竞争优势,不能保证企业的长期胜利。企业持续发展壮大,取决于企业的核心竞争力,即一个公司比同行做得好,能够给公司带来持续成功,并能使公司凭借它在未来竞争中取得胜利的内在支撑能力。它不是某种"物"的因素,而一定同公司的文化、理念和在特定组织中的人有关。

2. 以持续学习能力为核心优势

持续学习能力是万科的核心竞争力之一。它是保证万科继续取得成功的内在支撑能力,使万科才能够顺应市场变化,把握发展机遇;使得万科能够及时发现问题,改正错误,避免发生重大决策失误,促使自己不断纠正前进轨迹,调整前进方向,保证持续成长。1992选择专业化的战略即是明证。

🔗 链接: 王石从未停止过学习

王石说过:"我的一生中,实际上真正拥有的财富是什么呢?是学习能力。"

自学考上大学

王石的求知欲望很强。他上初中二年级时,恰逢"文化大革命",学校停课。王石到了部队之后,就让他姐姐找她高中的课本全给他寄去,晚上他就用手电筒在被窝里自学了数、理、化,连化学实验也是自己买器皿和试剂回来学的。所以从部队复员之后只当了一年工人,就考上了大学。上大学期间王石又自学了英语和政治经济学。自学英文后来让王石考上了广东省外经委，政治经济学又成为王石在深圳商海打拼的知识基础。

王石不仅自己是个好学的人，也意欲打造一个学习型企业。

1984年，王石刚创办深圳现代科教仪器展销中心（万科前身）的时候，员工大专以上的学历还不到30%。为此，公司特意招聘了一位老知识分子陈志良先生负责职工文化教育，组织初中文化程度的成员接受深圳成人高中教育。20世纪90年代起，王石带领万科不断向优秀的企业学习，例如索尼、新鸿基、帕尔迪等。

耳顺之年投身校园

1999年，王石辞去万科总经理职务，之后因攀登珠峰、慈善等事迹仍活跃在民众的视线里。令人想不到的是，58岁的王石开始应邀在大学教书，接着开始访学哈佛与剑桥。

2011年，王石正值耳顺之年，这位功成名就的中国房地产行业"教父"，选择去哈佛大学当清苦的"修道徒"——自己做早餐，步行上学，坐地铁出行，和十几岁的孩子一起学习语言。王石的选修课程包括：前哈佛大学经济学院院长本杰明-弗里德曼的"宗教如何影响资本主义思想"、"资本主义思想史"和"城市规划"。"我在哈佛这一年，体会到了后进生的滋味。"（图5-3）

王石在哈佛的日程表　　　　　　　　　　　　　　　表5-3

时间	课程
8:40 ~ 11:00	哈佛听主课
13:00 ~ 14:30	英语选修课
14:45 ~ 18:00	英语语法课
19:30 ~ 21:00	口语课
21:00 ~ 1:00	看资料做笔记

结束在哈佛的两年访问学者经历后，王石"无缝"对接到剑桥大学的彭布鲁克学院（Pembroke College），学习点之一是犹太学，之二是商业伦理（从比较文化的角度研究企业的价值观和伦理规范）。

王石计划2015年结束剑桥访学后，转到耶路撒冷继续研究犹太史和基督教的起源等问题。

王石说："从登山转向求学，是个人修为方面的变化，但本质上都要攀登。如果要继续为登珠峰做准备，那起码每年要攀登7000米以上的山峰两次，否则登珠峰就是去送死。而读书，要过语言关，攻克选择的课程，弥补过去很不系统的知识基础，感觉也是遥遥无期，很痛苦。这也是选择，我最后的选择是60到70岁的时光在学校求学，梳理自己对于人生、企业、社会方面的思维和体会。"

二、用学习标杆来推动企业进步

王石曾经说过，对于中小型企业来说，"找标杆，学先进"是最简单的战略。万科学习过索尼、香港新鸿基、帕尔迪；进入第四个发展的十年，万科的转型完全无可借鉴的先例，只能跨界学习，在探索创新中前行，此时万科又把汇丰集团、腾讯和铁狮门列为学习的对象（表5-4）。

万科不同阶段的学习标杆   表5-4

时间	业务领域	学习标杆	学习内容
起步～1991年	贸易及业务多元化	日本索尼 惠普	营销方法和售后服务； 培训机制
1992～2004年	房地产发展阶段	香港新鸿基	客户管理、产品品质
2005～2012年	房地产	美国Pulte Homes	赢得客户忠诚、跨区域经营、土地储备方式、持续盈利能力、市场占有率、客户细分以及客户关系管理
2011年至今	房地产	汇丰	公司治理
		腾讯	建立企业生态系统
		铁狮门	金融手段

1. 学习型企业的4个要素

万科希望员工每天早上起来就有一股寻求更好方式的热情：向办公室的同事寻求，向其他公司寻求。万科也曾经夸耀自己从摩托罗拉、惠普、联信等公司学到的东西。从沃尔玛学到快速获得市场情报的方法，从丰田汽车公司学到资产管理技术等。

显然，万科已经把自己放在与著名国际先进企业同等的位置上做比较，并且对自己做出判断：一是对市场趋势的分析和研究还远远不够；二是对竞争对手的分析和研究还远远不够；三是对企业外部知识创新的学习和引进还远远不够。

学习型企业具有如图5-10所示的4个要素。

要素1. 放低姿态

万科在不断地被学习、模仿的同时，始终保持谦逊、积极的学习心态。

王石曾经用这样一句话描述万科人这种开放的心态："万科把自己放在高峰，这样才能有做大事的胸怀。同时也要把自己放在低谷，这样才能吸收别人的长处。"

要素2. 向对手学习

万科的竞争对手，也一直以万科为超越的目标，从企业制度到企业文化，从某一产品的具体创新，到营销市场的某一策略，都进行了深入而彻底的分析和研究，学习、模仿乃至超越。

要素3. 寻找企业教练

每每处于转型节点，万科总会向世界最优秀企业学习。万科的理想是不仅要做国内行业的领跑者，还要向世界一流水平看齐。

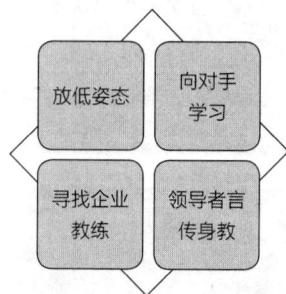

图5-10 学习型企业的4个要素

要素4. 领导者言传身教

学习要渐进，学习型组织发展要渐进，企业学习型组织创建要渐进发展、更要见到学习发展的实效。一般企业学习型组织的创建、成长是由最初的几个"先知先觉者"到吸引广泛的参与者；像盗火种于人间的普罗米修斯，或者掏出心来当火把，照亮黑暗道路的丹柯，开始不太被人所理解（这两位成为弘扬真理的"殉道者"），认为有点儿浪费，直到感觉实际的成果。彼得·圣吉教授在《变革之舞》中就已告诫世人：除非建立某种先导小组，否则一个组织中的新想法便不会得到孵化，不会有一个将概念变为能力，理论化为实践的地方。

每年年底，万科老总们都要去各地的分公司巡回宣讲，宣讲的内容包括万科的核心价值观、万科发展历程、万科现实案例等等。宣讲结束后，员工要签授信确认书，这些工作对于万科传承核心价值观发挥着巨大作用。万科核心理念和企业文化是万科的创始人团队通过言传身教，员工通过耳濡目染形成，这些万科的精神衍生物长久地弥漫在企业内部，即使在员工私下的调侃中也可以发现它们的碎片。

公司高度重视企业文化的宣传和推广，每年组织全公司范围内的"目标与行动"专题活动，由公司管理层进行公司目标和价值观的宣讲；在任用和选拔优秀人才时，把持续培养专业化、富有激情和创造力的职业经理队伍作为公司发展的一项重要使命。

Q 管理知识

王石登山的 3 个启示

王石的登山与房地产行业和企业经营没有直接联系，但作为万科的创始人、前董事长，王石的登山行为就和他作为企业家的这个个人素质有密不可分的联系。他的登山的启示主要有三方面：

启示一，要有勇攀高峰的决心

王石所领导的万科公司，从小到大，从弱到强，从一个国企管控下的小单位发展成我国龙头房地产企业。在这个过程中，王石创造出很多新的经营方式和新的经营理念，成为房地产企业的榜样。这些都是和他勇攀高峰的精神联系在一起的。

启示二，讲究创意和特色

万科是一个很有特色的企业，这与王石把他的独特性格注入企业息息相关。只有不流俗、不平庸，开发的房子才不会千楼一面，创造的楼宇才能经得起百年的考验。

启示三，创造一种使老板"闲"得下来的现代化管理机制

王石能够拿出几个月时间去训练、登山，而万科却能照常运转，这恐怕归因于万科已经建了一个可以按照董事会所确定的发展目标自行运行的机制。这样的企业已经进入到管理的高层次，即战略管理的层次，符合现代企业制度的要求。

2. 索尼: 营销方法和售后服务

在万科的第一个十年里(1984～1994年)，从经销索尼摄录像设备转向房地产，提出把日本索尼当作学习目标，学习索尼的营销方法和售后服务，后来万科的物业管理也来自对索尼售后服务的启发。

（1）创业之初, 以索尼的产品精神为向导

1984年，以贸易起家的万科，一项主要的业务就是销售索尼录像机。1988年，万科完成股份制改造，日本索尼公司购进40万元股票以示支持。当时，王石的梦想是让"万科"牌录像机成为中国的索尼，畅销大江南北，为此还专门把现代企业有限公司改名为"万科企业股份有限公司"，实现公司与产品品牌的统一。

虽然万科的这个梦想很快因为市场及时事而破灭，但万科借此学习到日本索尼的产品工艺和设计变化之精神，怀着对榜样的敬畏，万科涉足房地产业后一直在产品制造上取鉴索尼的精髓。

（2）学习索尼的营销和售后服务

万科第一个在国内做样板房，便是受索尼营销手法的启发，开始建立营销优势。

万科通过去日本考察索尼企业产品，认识到，索尼的产品质量好是一个特点，但更有价值的是，索尼的产品设计还为客户考虑到使用的前两年和使用的后两年怎么为消费者服务。万科深受索尼的这点影响，在进入房地产开发领域后，便迅速以营销优势打开市场局面，万科至今的物业管理仍能在中国房地产市场保持卓越的口碑，是万科建企之初传统的一个可贵延续。至今消费者仍然这么看: 买万科的房子，就是买万科的物业管理。而万科的物业管理，正如王石所言，"就是从索尼的售后服务中延伸过来的。"

3. 惠普的学习培训机制

万科靠学习索尼树立起服务大旗，现在，万科又希望从惠普那里汲取养分。2004年12月，万科联手惠普商学院开办的"万科高级经理精英训练营"开幕，作为万科20周年的一项重要管理变革。

（1）开放的企业文化

惠普文化和万科文化都有一个共同特点，就是开放。惠普的创始人曾经拿起榔头把实验室门上的锁砸开，让员工能够自由出入实验室去做相应的实验。这既是一种开放的政策，也体现了惠普对人才的重视。

万科非常强调对人才的尊重，在尊重的同时文化必须是开放的，在这方面也向惠普学习。万科集团的办公室，布置都和惠普非常相似。惠普老总没有单独的办公间，实行开放政策。惠普的高管人员和员工每个月都有面对面的交流，万科也学习这点，定期举办高管和员工面对面的沟通交流活动。

（2）培训增强实战性

跟其他商学院相比，惠普商学院的独特之处在于课程的"实战性"与"实用性"。

惠普商学院的讲师全部来自惠普在职的高级经理及管理层。在教学过程中，既有理论又有实践，惠普商学院的讲师把自己多年的工作经验总结巧妙地融入课程当中，直接解决学员在现

实工作中所遇见的问题。有些课程相对于中国企业的现状来说相当超前，比如平衡记分卡，它进入中国没多久，但惠普很早就开始运用它进行管理与绩效考核。虽然惠普是IT企业，万科是传统的房地产企业，但是在经营管理方面，万科一直认为有很多共性和值得借鉴的成功方法与理念。

(3) 从惠普找到个性化方式

针对成人教学希望接触很多案例进行管理研讨的特点，在挑选重点课程时，万科花半年多的时间沟通和交流，希望通过师资选择和课程设置，通过借鉴惠普，找到个性化的培训方案。

(4) 学习惠普经理人职业化

万科学习惠普，更深层次的原因是因为惠普经理人职业化的背景。职业化、制度化显然是成长中企业向持续性企业发展的必由之路。惠普商学院的讲师，全部都是由惠普职业经理人担任，绝大部分具有国际管理背景，他们在日常管理中不断运用成熟的管理流程，不断展现出国际职业经理人的专业素养，这都吸引了万科的注意力。

无论是要保持基业长青，还是要从优秀走向卓越，拥有持续的竞争力和竞争优势都是必要的。虽然构成竞争力和竞争优势的许多要素都在不断变化，但万科与惠普的实践与融合，都在向世人宣告，人才是确保企业持续发展的原动力。

(5) 加强人性关怀

惠普在人性关怀方面走在国际企业的前列。惠普与万科的创始人，除了在追求方面有许多相似之处外，对企业文化的很多观点也非常一致。王石董事长当年创建万科时，并没有说一定要向哪家企业去学，但殊途同归，成功的企业可能有很多相似的地方。惠普很多隐性的做法得到了万科高度的共鸣和认同，所以它的企业管理方式比较容易在万科得到实现。

4. 学习新鸿基地产的专业化和客户服务

此后第二个十年(1994~2004年)开始从多元化转向专注于地产，万科又把香港新鸿基地产作为学习目标。新鸿基地产的客户管理，对产品品质的关注，对创新的执着给了万科很多启发，被国内广为模仿的万客会就是在新鸿基经验的影响下成立的。

🔗 **管理链接**：万科与新鸿基地产建立"师徒关系"

新鸿基地产号称香港"地产大王"，是香港唯一以房地产为主营业务的超人型房地产企业，1972年在香港证券交易所上市，2003年被国际著名财经杂志《欧洲货币》(Euromoney)评选为"亚洲最佳地产公司"第一名。到2014年为止，新鸿基地产拥有员工超过37000名。

万科与新鸿基的最早接触在2000年年初，当时王石有意将万科"卖给"香港大企业，新鸿基与华润同被列为热门买家，后来虽然新鸿基退出，但万科和新鸿基的"师徒关系"却由此确立。

万科服膺新鸿基，首先是被其规模所震慑。1998年，万科的这位"老师"的营业收入达到247亿元，净利润77.2亿元。如果在东南亚金融风暴爆发前，这个数字要更惊人。此时，万科以22.7亿元的营业收入称雄全国，但与新鸿基相比，却是小巫见大巫。

（1）关注新鸿基地产的土地战略

万科发现，新鸿基之所以能成为地产大王，一大关键是其极具眼光的土地储备战略——20年前就储备了大量的低价农村土地（乃至2014年为止，新鸿基仍然是香港拥有最多土地储备的公司之一，储备约达436万平方米。）万科进而意识到，如没有能够提供巨大资金支持的股东，是无法实行中长期的土地储备战略的，也就谈不上大规模发展。从某种意义上说，正是新鸿基的榜样力量，激起王石"傍大款"的欲望。

（2）确定"满足客户的需求"为工作核心

在新鸿基的房地产理念里，满足客户的需要是核心内容，这就要求在产品的设计、建筑、市场推广、物业管理等不同阶段，都去充分满足客户不断变化的需要。1996年，王石提出"质量是万科的生命线"的口号，就是想通过学习新鸿基卓越的产品品质，改变万科建筑质量差的声誉。

（3）模仿新鸿基的"新地会"，创建万客会

万科不仅在项目流程设计、公司的组织架构及企业文化上学习新鸿基，还在品质和客户关注度方面学习新鸿基。学习新鸿基会建立的"新地会"，万科成立了国内第一个维护客户关系、提供增值服务的万客会，即使在客户服务会已经普及的今天，万客会仍然是会刊可读性最强、服务细致的客户经营机构。

不过随着万科跨地域开发的不断深入，新鸿基地产在香港的开发模式逐渐不再适用于万科。

5. 学习美国Pulte Homes的客户之道

万科的理想不仅是要做国内行业的领跑者，还要向世界一流水平看齐。步入第三个十年，2003年，万科从房地产市场更为成熟的美国找到了新老师，一家连续五十多年盈利，规模是万科6倍的公司Pulte Homes。

（1）Pulte带给万科的9大经营战略启示

地域同样辽阔、市场同样高度分散的美国，与中国内地市场特点贴近，而帕尔迪在跨地域经营、土地储备方式、持续盈利能力、市场占有率、股权回报、客户细分及关系维护等诸多方面堪称万科的楷模。

第一，做专业化的地产开发商，收缩战线，做强做大；

第二，跨地域发展，通过地域多元化来规避经营风险；

第三，从股东角度考虑企业成长问题，确保公司得到股东源源不断的支持；

第四，建立二级管理机制，将区域性经营决策权下放；

第五，通过精细化生产提高为客户服务水平，保证客户价值在产品设计中体现；

第六，服务全程化，提供"一站式"服务，以客户为中心提供增值服务，形成服务质量保证体系；

第七，注重品牌维护，建立一套梯度化、层次化的品牌体系，针对不同层次的客户使用不用的品牌；

第八，注重兼并与收购，通过兼并、收购手段进入新的市场或细分市场；

第九,注重标准化生产,通过标准化、模块化、通用化使品牌规模复制成为可能,降低工程复杂程度,提高生产效率。

(2)股权回报——良好业绩增长与稳定回报的平衡

Pulte不仅重视股东利益,而且关注所有利益相关者的利益,近年来公司的所有函件都标明了"致股东、顾客、联营企业和商业伙伴"的字样。它在良好业绩增长与股东稳定回报之间取得了平衡。

这让万科更清醒地意识到,企业必须更多从股东角度考虑成长问题。万科相当一部分的股东是短期投资者,这恰恰是万科巩固和进一步拓宽强大的融资平台,确保公司跨地域经营的良好势头,得到源源不断的资金支持的关键所在。

(3)客户服务——精细化的客户满意度系统

Pulte公司的核心理念是在每一处住宅为顾客提供价值。Pulte通过了解谁是顾客,顾客需求什么,他们想住在哪里等关键问题,并以此为目标来设计每一处住宅,为每一处住宅选择差异性。通过多样的产品线,Pulte公司能够为大多数的潜在客户服务。

通过对Pulte的观察,万科的客户服务理念确定为从生活细节出发,提供体贴、周全的服务,创造优质的居住环境,与客户共同建立一个能展现自我品味的理想生活,并且提出要对客户进行终身服务的锁定战略。

(4)经营战略——产品产业化

Pulte的很多经验已经成为万科的住宅产业化发展方向。万科的产业化是从工程结构上开始细分的,做到了Pulte前期分包的经营模型,从而提高了效率,降低了成本。

仅仅六年之后,万科在2009年就从学习帕尔迪变为超越帕尔迪,成为迄今为止全球销售金额最大的房地产公司。

6. 星巴克: 为工业化绿色住宅模式找到新模板

王石在2009年8月19日于北京举行的一场以"假定善意"为题的演讲中对"星巴克战略"进行了阐释,在此战略中,万科确定了新时期新的学习榜样——星巴克。星巴克拥有的成功经营之道并非能被万科全盘吸收,但是对绿色环保理念的支持和对时尚生活的倡导则与万科的经营理念一拍即合。在"星巴克战略"中万科有所侧重地对星巴克的管理和经营经验进行学习和借鉴。

(1)提升绿色、健康的品牌印象

"星巴克战略"的提出,是基于万科对战略环境趋势的判断,而这个新战略的要点是以星巴克为榜样,将企业社会责任(CSR)系统地融入企业总体发展战略,通过积极主动地考量和对待CSR问题,一方面让企业将社会责任系统地融入企业总体发展战略,另一方面则巧妙地借力于"绿色""健康"等潮流概念有效提升品牌美誉度。

策略一: 2008年,万科邀请山水自然保护基金对自己的所有木材供应商进行一次第三方独立调查。尽管此前万科所有的供应商都表示自己的木材拥有合法的可持续采伐许可，但调查结果发现，仍然有数家供应商未能提供有效证明。万科要求供货商补上合法的许可，不能做到的就与之取消合作。

策略二：2008年，万科参加了世界自然基金会（WWF）的"全球一小时"活动。该活动通过号召一些标志性建筑停电一小时的行为在全球宣传节能与环保的意义。万科多个城市的楼盘参加了这项活动。

（2）引领时尚生活

"星巴克战略"的要义还在于引领一种时尚的生活方式，这首先体现在房屋产品的环保与舒适度，以及对生活品质与细节的周详考虑上。一些细节正如星巴克纸杯上附带的防热垫，往往能够起到兼顾"绿色"和"品位"的效果，如绿地的滴灌技术、房屋的隔热保温设计、自然通风、同层排水技术、合理的布线等。所有的这一切作为一个整体，才是万科调制的"星巴克咖啡"。

在更加成熟的市场，毛坯房意味着半成品，是达不到销售标准的，很多国家甚至禁止向消费者出售。为此，万科一直在努力推广"精装修后交房"的概念，用精装修引领生活的时尚潮流。这一努力现在看来似乎有些不合时宜，因为那些兴奋的中国置业者们纷纷将亲手装修自己的新居视作一件快乐且具里程碑意义的人生大事，但万科始终坚信："精装修后交房"代表着正确的行业发展方向。

7. 汇丰银行：企业治理结构

从对标美国帕尔迪，到开始研究百年汇丰（2011年），万科对于企业内控的专注与精细，已经把自己区别于以"粗放管理著称"的房地产行业。万科研究汇丰银行主要在于其管理平台和结构，万科希望能够知道，一个长寿企业的管理基因，一个长年保持业务规模增长的企业的管理基因。

🔗 知识链接：汇丰集团简介

汇丰集团总部设于伦敦，汇丰集团是全球规模最大的银行及金融机构之一，在欧洲、亚太地区、美洲、中东及非洲76个国家和地区拥有约9500家附属机构。汇丰在伦敦、香港、纽约、巴黎及百慕大等证券交易所上市，全球股东约有200000人，分布于100多个国家和地区，雇有232000名员工，在全球拥有超过1亿1千万的顾客。汇丰银行以"从本地到全球，满足您的银行业务需求"为其独有的特色。2008年度世界500强第20位，收入1465亿美元，净利润191.33亿美元。

汇丰银行凭借以先进科技连接的国际网络，以及快速发展的电子商务能力，提供广泛的银行及金融服务：个人金融服务、工商业务、企业银行、投资银行及资本市场、私人银行、财富管理以及其他业务。

汇丰集团健全的管理策略,保证了其管理模式清晰、资本充足、人员各司其职、提供全面服务、财务流动性始终处于稳健状态,这正是汇丰能够抵御金融危机、保持可持续发展的重要基石。

（1）国际化、综合化的发展战略

汇丰集团奉行国际化与本土化兼容的发展战略,并不断协调二者之间的关系,实现均衡发展。

在业务上汇丰集团坚持综合化经营,通过汇丰拉美、汇丰墨西哥、汇丰金融、汇丰海外控股和汇丰银行股份有限公司等控股机构,开展个人和商业银行、证券、保险、资产管理、私人银行、信托、融资公司、船舶经纪等金融业务。

汇丰集团国际化、综合化的发展战略,不仅有利于其获得并购的协同效应,提高国际知名度和综合竞争力,还有助于实现地域互补和业务互补,更大程度地分散和规避风险。

（2）分级管理清晰,子公司完全独立经营、独立核算

汇丰集团高度分散的股权结构,决定了其必须建立权责清晰、有效制衡、高透明度的公司治理架构。

汇丰集团以董事会为核心,并在董事会主席的领导下开展活动,独立非执行董事占比高达67%,没有一个董事在与该集团任何机构的任何重大合约中拥有直接或间接的重大利益。董事会下设集团管理委员会、审计委员会、风险管理委员会、薪酬委员会、提名委员会、稳定发展委员会。集团管理委员会相当于我国公司治理中的高管层,由集团CEO担任主席,董事会主席不属于集团管理委员会成员,董事会与集团管理委员会职责边界较为清晰。其执行层分工明确,集团执行董事的副职都兼任子公司的董事长,便于贯彻执行董事会的各项决议,提高运营效率。

汇丰集团的子公司完全是一级法人单位,独立开展各项业务,集团不干预其日常经营活动,只负责派往子公司的董事和提名的总经理等人事、财务、收益、重大投资和内审、风险监督等管理事项和政策业务指导工作。

（3）基于并表原则的风险管理架构

集团董事会是汇丰风险管理的最高机构,负责批准集团层面及主要附属公司的风险管理框架,授权信贷及其他风险权限等工作。集团管理委员会、集团审计委员会、集团风险管理委员会分别负责制定集团全球风险管理政策、履行经授权的风险管理职责以及内控、合规和风险管理等事务。汇丰集团各经营机构的风险管理主要由各自的董事会及行政总裁负责,地区和机构的风险总监在业务上向所属地区的行政总裁汇报,而在职能上向集团风险总监汇报,这种交叉安排在组织架构上为实行全面风险管理提供了保障。

（4）决策层广泛吸收外界人士

汇丰银行集团分别在纽约、伦敦和中国香港上市,汇丰集团还是香港最大的上市公司,并绝对控股香港本地最大的恒生银行。汇丰银行集团在董事会决策层中广泛吸收了社会有经验的人士任非执行董事,董事会成员中集团内部的执行董事只占少数,汇丰集团董事会有2/3

的人来自集团外部,董事会还下设了起决策咨询、参谋功能的各类委员会,以此增加决策的
透明度和科学性。

（5）定位准确、层次鲜明、服务专业的市场细分

汇丰集团针对不同的业务类型及客户特点配置不同的人力资源,并制定差异化的产品和营
销方案,以满足不同用户需求。以工商业务为例,对高端客户设计个性化的方案并提供全球范
围内的金融服务,对中小及大众流量型客户开发标准化的产品,并通过良好的电话平台、网络平
台提供高品质的服务。

（6）公平的薪酬机制

汇丰银行由薪酬委员会负责确定薪酬政策,薪酬委员会成员全部是独立的非执行董事。薪
酬委员会能够保证整体公平的薪酬水平,能激励和留住现有的优秀员工,而且对潜在的雇员具
有极大的吸引力。

此外,汇丰银行的薪酬计划非常灵活,充分考虑了所在国家或地区的工资水平和汇丰银行在
当地的市场地位。汇丰银行的薪酬一般包括基本的薪水福利、与业绩挂钩的年度奖金和长期的
股份奖励。

（7）覆盖全面、精细化的资本管理

集团子公司的财务、审计、风险等管理部门的负责人,实行母公司与子公司双重领导,以子
公司为主的管理体制。子公司是经营实体,管理部门的负责人履行本公司的岗位职责,但要接受
集团的考核和监督。

8. 腾讯：建立企业生态系统

对于把腾讯作为新榜样公司,郁亮的解释是:"学习腾讯,建立生态系统,自己革自己的命。"

原万科集团执行副总裁、北京万科总经理毛大庆在"2013中国房地产500强测评成果发布
会暨500强峰会"上演讲时曾表示:"万科下一步的商业模式将与苏宁、阿里巴巴、菜鸟网络等的
商业模式如出一辙,将产业链的上下游全线打通,利用万科充沛的金融资源为其提供服务,吃定
供应商和业主,以获得更高的利润。万科在搞定银行金融通道后,会和互联网公司合作,将这种
金融服务变得更加便利化、互联网化,符合现代消费趋势。"

腾讯文化转型有4个显著的特点（图5-11）:

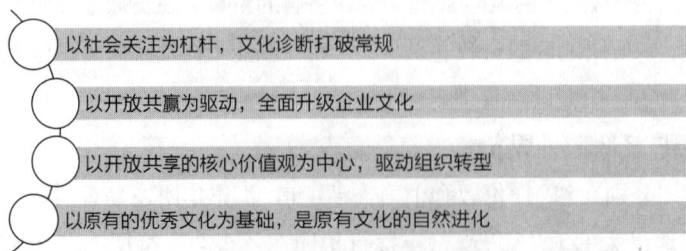

以社会关注为杠杆,文化诊断打破常规

以开放共赢为驱动,全面升级企业文化

以开放共享的核心价值观为中心,驱动组织转型

以原有的优秀文化为基础,是原有文化的自然进化

图5-11 腾讯文化转型的4个特点

特点1. 以社会关注为杠杆，文化诊断打破常规

当3Q大战爆发初期，腾讯对外来的闯入者采取了剑拔弩张的对峙策略。3Q大战前后腾讯面对的挑战和压力对马化腾显然有非常大的影响。腾讯作为一个用户规模6亿多的企业，特殊的产品、特殊的业务模式已经使腾讯在产业链和社会生态系统中的角色发生了天翻地覆的变化，仅仅有自我的满足是不够的。

马化腾认为，"这次的事件绝对是一个非常好的催化剂，使我们更加坚定地在（开放）这条路上走得更快，因为事实上内部很多人在怎么做、战略上怎么统一一直都有不同的看法。这次爆发，就好像在释放板块之间挤压的压力，我觉得会让我们更加好地诊断，未来什么地方还有压力出现，什么地方还会出现地震。"

2011年开始，马化腾就启动了一连十场的诊断腾讯活动。如果说3Q大战是被动应战，马化腾启动的"诊断腾讯"系列活动则是主动出击，将社会关注的杠杆利用到了极致。

> **⚲ 拓展延伸**
>
> ### 3Q 大战
>
> 奇虎360与腾讯间的纠葛由来已久，被业界形象地称为"3Q大战"。2010年，腾讯推出与"360安全卫士"功能相似的"QQ医生"，而后，"QQ软件管理"和"QQ医生"自动升级为"QQ电脑管家"，并强制腾讯QQ用户安装。凭借着QQ庞大的用户基础，QQ电脑管家将直接威胁360在安全领域的生存地位。2010年9月27日，360发布了其新开发的"隐私保护器"，专门搜集QQ软件是否侵犯用户隐私。随后，QQ立即指出360浏览器涉嫌借黄色网站推广。2012年11月3日，腾讯宣布在装有360软件的电脑上停止运行QQ软件，用户必须卸载360软件才可登录QQ，强迫用户"二选一"。双方为了各自的利益，从2010年到2014年，两家公司上演了一系列互联网之战，并走上了诉讼之路。

特点2. 以开放共赢为驱动，全面升级企业文化

2011年7月，腾讯公司进一步发布了腾讯企业文化优化版本，在使命中重点强调："打造开放共赢平台，与合作伙伴共同营造健康的互联网生态环境，全面配合战略转型，迎接开放浪潮的到来。"可以说，腾讯提供的不只是开放的平台，更是一个开放平台的解决方案。

在这个解决方案中，"一切以用户价值为依归"经营理念和"正直、进取、合作、创新"的企业文化进一步体现。在马化腾看来，这是腾讯在从使命1.0时代向使命2.0时代进化。他解释说，使命1.0时代要确保经营成果，使命2.0时代要不断改良生态，"如果说过去叫生意，那么现在叫生态，腾讯要确保的，是整个生态环境的良性、健康、可持续。"

马化腾说，腾讯开放是战略行动，更是公司使命的变化：腾讯过去的梦想是希望建立一

站式的在线生活平台, 今天, 这个希望又向前推进一步, 是打造一个没有疆界, 开放共享的互联网新生态。这份态度和基本原则, 已经清晰地传递给合作伙伴, 传递给用户, 传递给整个互联网行业。

特点3. 以开放共享的核心价值观为中心, 驱动组织转型

开放, 对腾讯而言早已不是新名词。早在2008年, 腾讯内部就已经开始探讨"开放"这一课题, 在过去的几年中, 腾讯更是集中精力为开放战略的实施做准备、打基础。

从2010年下半年开始, 公司部分业务线开始介入第三方合作, 比较有代表性的有: 2010年7月, 财付通接入一系列第三方生活化应用; 8月, 在Q+平台的前身——WebQQ上推出了众多第三方应用产品; 9月, 包括QQ空间和腾讯朋友两大社区产品在内的腾讯开放社区平台上线。到2010年年底, 已经有超过40款的第三方应用接入腾讯开放平台, 实现双赢。

向开放平台转型, 各类资源必须有效协作。腾讯主要有两类资源, 一类是软硬件资源(服务器, 有带宽, IDC); 一类是面向用户的市场资源。这两类资源如果都是掌握在各个产品团队里, 那就谈不上全面的开放, 也没有能力做到开放。为此, 腾讯将原有的开放委员会升级成了一个独立的一级部门——开放平台部, 专门负责做团体协调合作关系。

特点4. 以原有的优秀文化为基础, 是原有文化的自然进化

腾讯本身具有良好的内部文化基础, 所以当文化转型发生时, 企业内部并没有发生天翻地覆的变化。例如腾讯新版的企业文化价值观仍然是八个字, 只改动了两个字, 从"正直、尽责、合作、创新", 改为"正直、进取、合作、创新"。

其中"进取"的内涵, 包括了原有的尽职尽责, 同时更要求勇于承担责任, 主动迎接新的任务和挑战, 保持好奇心; 不断学习、追求卓越; 原有的合作文化, 具体阐述则是"具有开放共赢心态、与合作伙伴共享行业成长; 具备大局观, 能够具备大局观, 能够与其他团队相互配合, 共同达成目标; 乐于分享专业知识与工作经验, 与同事共同成长。"

9. 铁狮门: 通过金融化手段做房地产

万科跟世界一流的房地产业开发商——美国铁狮门合作之后, 发现它可以告诉万科怎么通过金融化手段去做房地产。例如通过房地产投资信托基金和私募房地产基金实现资产证券化, 形成有机退出机制, 适时回收资本以作进一步投资、扩张之用。

(1)运营特点: 地产+金融

铁狮门1997年启动的一系列私有基金筹集了25亿美元以上的直接股本资金, 并投资于价值63亿美元的78个房地产项目。

(2)自由资金与投资者共同投资

铁狮门以自有资金与投资者共同投资, 从而实现利益协同。这些基金投资获得了超过18%的全球投资总回报率。

（3）综合化运营

铁狮门形成了包括物业开发、物业管理、投资管理、设计、建筑、租屋、税务和风险管理能力于一体的综合化地产企业。

> **🔗 链接：郁亮的取经路**
>
> 跨过1000亿元台阶后，郁亮：青春期"补短板"的方法已经不再适用了，万科的模仿时代已经过去，我们无法找到可以全面对标的公司。为此万科找到了"均好性"的新方法，因为千亿后，很多问题你无法用单一手段去解决，一方面，要统筹资本结构、公司战略、治理结构、管理团队、产品生产、研发、文化、品牌等竞争优势；另一方面，目标也要具备均好性。
>
> 2014年新年前后，万科陆续造访阿里巴巴、腾讯、海尔、小米取经问路，引起了市场极大的关注。
>
> **阿里巴巴**
>
> 2013年10月31日上午，万科集团总裁郁亮带领万科集团执行副总裁周卫军、万科集团副总裁兼物业事业部执行官朱保全等高管，奔赴阿里巴巴总部交流学习。
>
> **腾讯**
>
> 2013年12月9日下午，郁亮又率领了一支由200人组成的团队来到腾讯总部"取经"。
>
> 腾讯公司董事会主席马化腾亲自接待了万科团队的来访，并给万科来访团做了题为《新互联网时代》的内部培训。郁亮表示要"学习腾讯，建立生态系统，自己革自己的命"。
>
> 这二者，一个是中国房地产行业首个销售金额超千亿元的房企，一个是中国首家市值过千亿美元的互联网公司，业界对万科的此次举动表示高度关注。
>
> **海尔**
>
> 步入2014年，郁亮又马不停蹄地赶往下一站，带队去海尔和小米。2014年1月18日，郁亮继续率领60多位中高层管理人员到海尔学习其互联网思维，海尔集团董事局主席兼首席执行官张瑞敏和海尔集团轮值总裁周云杰分别作了一个小时的演讲。
>
> 万科与海尔同样在1984年创立，2014年都已经30周年。2013年二者的销售收入分别约为1700亿和1600亿。郁亮说，像海尔这样的优秀企业在移动互联网时代都在改组，他对张瑞敏的那句话非常认可，那就是"只有时代的企业，没有成功的企业"。海尔恰恰为万科提供了一个传统制造企业的改组样本。
>
> **小米**
>
> 2014年2月11日，郁亮又迫不及待地带领90位公司高管到访小米，雷军出席分享小米发展经验。他们一个是房地产行业领头羊企业，一个是移动互联网领域最具成长性和创新力的公司，一个成立近30年，一个仅创立3年。
>
> 郁亮在万科的一次内部演讲中首次坦承，他担心未来房地产行业会不会出现类似"小米"的搅局者，以互联网的思维模式打碎行业旧秩序，威胁甚至取代以万科为代表的行业传统模

式。在移动互联网时代，房地产行业真的需要改变了。

郁亮直言，他希望从小米的成功经验中，寻找到房地产行业在未来的生存之路。

当然，目前还没有找到答案。

出海求经

郁亮的脚步还没有停下来，他给自己制定了清晰的出海路线——"去全球活力中心"，包括纽约、旧金山，而接下来，他准备去伦敦和新加坡。

第六章

万科精细化的客户关系管理

万科之所以成为房地产行业的领跑者，不光因为在市场占有率、销售额、利润等经济指标上超越了同行，更因为万科对于客户出自内心的尊重与爱护。万科的价值观明确提出"客户是万科永远的伙伴"，在工作中秉承"自己1%的失误，就是对客户100%的损失"的信条，并将客户满意的程度作为衡量万科成功与否的最重要的标准。

房地产行业素有设计、工程、营销、物业管理四大专业之说，万科却把客户关系管理列为"房地产第五专业"（图6-1）。

万科构建全面均衡的公共关系网络	万科客户关系管理考核与监督机制	万科会员管理策略	万科的投诉管理哲学
员工、合作伙伴也是客户	客户满意度三级考核指标	万客会运作模式	万科投诉处理的指导思想和原则
与合作方强调联盟关系	与客户关系密切相关的3个部门	万客会会员分4级管理	万科接受客户投诉的5个渠道
客户群"去精英化"	客户满意度是内部绩效考核标准	万客会注重人本精神	万科投诉处理的6个业务要求
	基于客户关系管理的人员资质模型		万科投诉处理基本流程
	聘请第三方调查机构调查和分析客户满意度		

图6-1　万科客户关系管理

第一节　万科构建全面均衡的公共关系网络

万科在2002年提出要构建全面均衡的公共关系网络。这个网络包括七个主体：业主、投资者、合作伙伴，也包括同行、政府、媒体、员工（图6-2）。

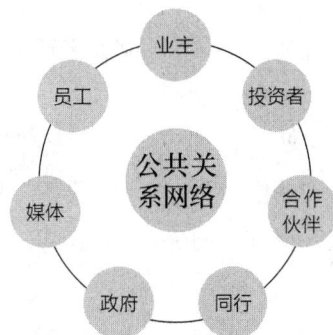

图6-2　构建全面均衡的公共关系网络

万科对这些关系元素做了如下的价值确定：

第一，业主。

是企业利润的本源，提升客户关系将成为万科在未来竞争中持续领跑的关键；

第二，投资者。

房地产开发是资金密集型行业，企业离不开资本市场（股东）的持续支持；

第三，合作伙伴。

材料供应、设计、施工、监理、中介等产业链上下游单位的支持与合作，直接影响到项目运作的质量；

第四，同行。

与同行的交流和相互学习，以及行业协会的推动和约束，都是营造健康、规范的行业环境的动力；

第五，政府。

房地产开发是城市运营的一部分，每一环节都和政府政策密不可分；

第六，媒体。

身处信息时代，媒体则必然成为企业提升形象、扩大正面影响力的不二助力。

万科把所有"关系"都设定为双向关系，即所有"合作"都应该指向共赢。

一、员工、合作伙伴也是客户

对于客户，万科突破了定位为消费者的局限，创新地把员工、合作伙伴也纳入了客户体系。创新的客户定位是万科企业文化的体现，充分体现了万科的"人文精神"及社会责任感（图6-3）。

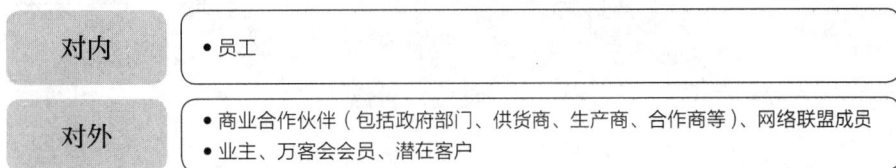

对内	• 员工
对外	• 商业合作伙伴（包括政府部门、供货商、生产商、合作商等）、网络联盟成员 • 业主、万客会会员、潜在客户

图6-3　万科的客户定位

二、与合作方强调联盟关系

万科与合作单位的合作中，讲整合和联盟的概念。在万科设定的联合模式中，各方企业总目标一致，即联合作战，协同进退，实现共赢。万科借助这个理念也进行了品牌整合，众多知名品牌加盟，为万科品牌提升产生了巨大的合力。

1. 善待合作单位

2001年3月，万科在"三个善待（善待供应商、善待顾客、善待员工）"的基础上增加了"善待合作单位"，此时，万科的客户概念达到了完整的程度。后来，万科正式出台《材料设备采购规定》，推出新的统一采购模式，引入"战略供应商"概念。

管理知识

美国 Pulte Homes 的供应链战略

美国 Pulte Homes 的供应链战略与行动框架保证了企业良好的运营（图6-4）。

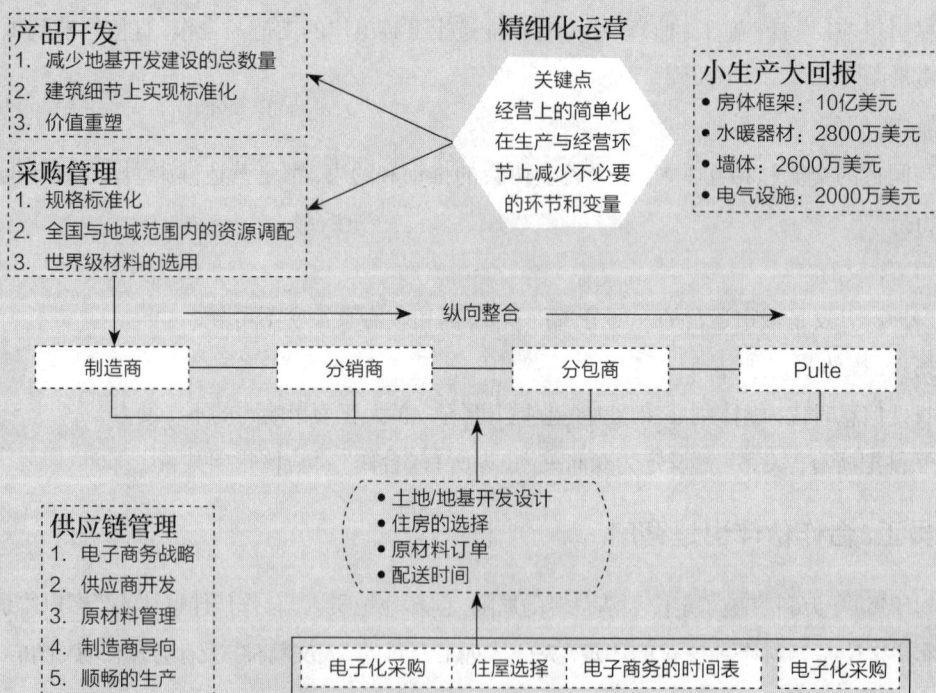

图6-4　美国Pulte Homes的供应链战略

2. 精选产品和合作伙伴

万科对合作伙伴的精挑细选，本质上出于万科对品质严格把控的需要。因为房地产开发离不开采购，采购需要招标，以及最后的达成交易。对于一个大型开发企业，购买到适用、价廉物美的材料，获得优质的售后服务是成本控制和品质控制的重要步骤，万科以此获得了高水平、低成本的服务。万科选择供应商，是其产品、管理流程中不可忽略的一个环节。

> **♀ 万科的管理**
>
> 2008 年 7 月，万科与中国惠普有限公司签署 IT 服务外包合同。这是中国房地产业首个全面 IT 服务外包合作。
>
> 2010 年，万科将装修部品集中采购的范围扩大至 A、B 两级装修标准，涉及洁具、厨房电器、橱柜、收纳系统、地板、石材、户内门、壁纸等 15 大类产品。科勒、TOTO、摩恩、方太、西门子、松下电工、杜邦应用面材、昆山日门、圣象地板、汉森家居等知名供应商齐聚一堂，成为万科最大规模集中采购的中标方。此外，万科的供货商还有日立电梯、阿克苏诺贝尔漆油等国际领先的品牌企业。

在互联网时代，万科更致力于利用互联网拉近与客户的距离，万科与大型互联网公司合作，是想为万科商用旗下的社区商业、生活广场、购物中心系列业态中，尝试引入互联网技术服务，让万科的消费者通过手机可查到商业实时信息，如周边交通是否拥堵、停车场空位数，以及商场内路线规划和停车场导航等，因为优质服务，一直是万科提供的产品的一部分。

三、客户群"去精英化"

万科的核心，万科坚持对客户群"去精英化"，即为草根大众服务。包括万科提出为蓝领建房，是出于解决1亿农民工市民化问题，农民工没有完成市民化但他们的子女肯定要完成市民化。而这个群体在逐渐市民化的过程中的一个需求就是购买房子。

> **♀ 万科的管理**
>
> **贯穿万科发展全过程的"以客户为导向"**
>
> 从 1991 年引进索尼的服务理念开始，万科的客户理念经历了多次升级，以客户为导向的发展战略始终贯穿于万科的成长历程（图 6-5、表 6-1）。

```
┌─────────────────┐   ┌─────────────┐   ┌─────────────┐   ┌─────────────┐
│ 1991年          │   │ 1997年      │   │ 1998年      │   │ 2000年      │
│ 引入"索尼服务"、 │──▶│ "客户年"    │──▶│ "万客会"    │──▶│ "万科投诉论坛"│
│ 创立业主委员会   │   │             │   │             │   │             │
└─────────────────┘   └─────────────┘   └─────────────┘   └─────────────┘
        │
        ▼
┌─────────────────┐   ┌─────────────┐   ┌─────────────┐   ┌─────────────┐
│ 2002年          │   │ 2004年      │   │ 2005年      │   │ 2006年      │
│ "客户微笑年"     │──▶│ "第五专业"—— │──▶│ 以美国帕尔迪为│──▶│ 扩展万科的客户│
│                 │   │ 客户关系管理 │   │ 标杆细分客户、│   │ 理念内涵     │
│                 │   │             │   │ "6+2"服务法则│   │             │
└─────────────────┘   └─────────────┘   └─────────────┘   └─────────────┘
        │
        ▼
┌─────────────────┐   ┌─────────────┐   ┌─────────────┐
│ 2010年          │   │ 2011年       │   │ 2013年      │
│ 客户服务中心改名  │──▶│《万科客户服务6+2│   │ 试行微信客户服务│
│ 为客户关系中心   │   │ 步法》获得中华人民│   │             │
│                 │   │ 共和国国家版权局颁│   │             │
│                 │   │ 发的著作权登记书 │   │             │
└─────────────────┘   └─────────────┘   └─────────────┘
```

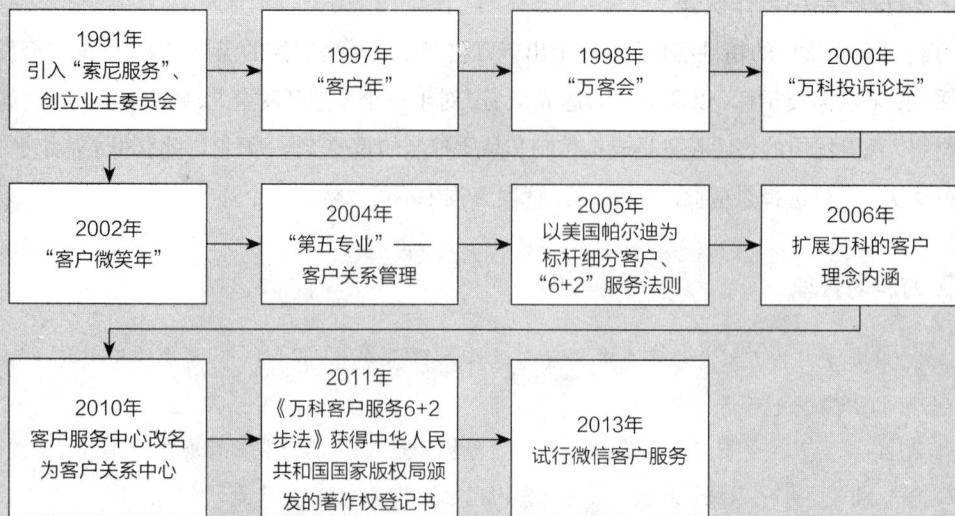

图6-5　万科客户关系的发展

万科客户关系管理纪事 表6-1

年份	事件
1991	① 引入"索尼服务"； ② 创立业主委员会，将业委会章程纳入物业管理条例
1997	将全年工作的主题确定为"客户年"
1998	成立"万客会"
2000	开通网上"万科投诉论坛"
2001	创立社区运动会； 对客户服务中心重新进行了定位
2002	① 企业的主题年确定为"客户微笑年"； ② 引入第三方机构进行客户满意度调查
2003	① 组织第二届社区运动会； ② 万客会的战略营销功能进一步确定
2004	① 成立万科客户服务中心； ② 提出打造万科"第五专业"——客户关系管理的口号
2005	① 以美国帕尔迪为标杆，提出客户细分策略； ② 成立产品品类部； ③ 发明"万科服务6+2步法"
2006	扩展客户理念的内涵
2007	万科客户体验中心
2008	万科地产与万科物业完成行政隶属关系的分离（建管分离）

续表

年份	事件
2009	① "客户细分策略"； ② CRM系统升级； ③ 物业事业本部及一线物业公司组成的物业事业部，成为集团独立事业单元
2010	客户服务中心更名客户关系中心，从理念和体系上向客户关系过渡
2011	《万科客户服务6+2步法》获得中华人民共和国国家版权局颁发的著作权登记书
2013	试行微信客户服务

第二节　万科客户关系管理的考核与监督机制

万科客户管理的考核和监督机制包括：建立客户满意度三级考核指标，设立三个密切关注客户关系维护的部门，把质量标准与内部绩效考核挂钩，并聘请第三方调查机构调查和分析客户满意度（图6-6）。

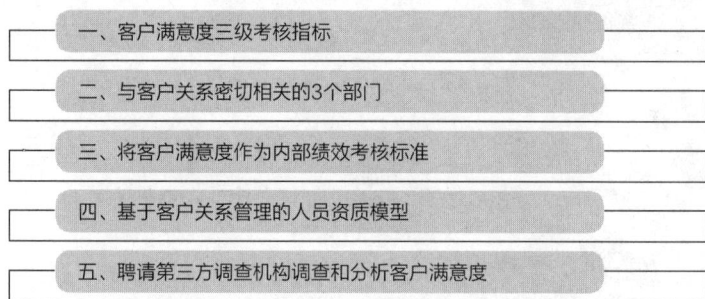

图6-6　万科客户关系管理考核与监督机制

一、客户满意度三级考核指标

万科客户满意度考核有三级指标：一级是考核性指标，具体包括用户的满意度和忠诚度；二级为方向性指标，体现为用户提供的产品和各项服务内容，包括设计、工程、营销、物业等专业指标；三级为具体操作性指标，体现用户感受各项服务内容的每个细节，如销售人员接待、小区安全管理、门窗质量等（图6-7）。

二、重点管理与客户关系密切的3个部门

在万科的组织架构内，与客户关系密切相关的三个部门是产品品类部、审计法务部和客户关系中心（图6-8）。

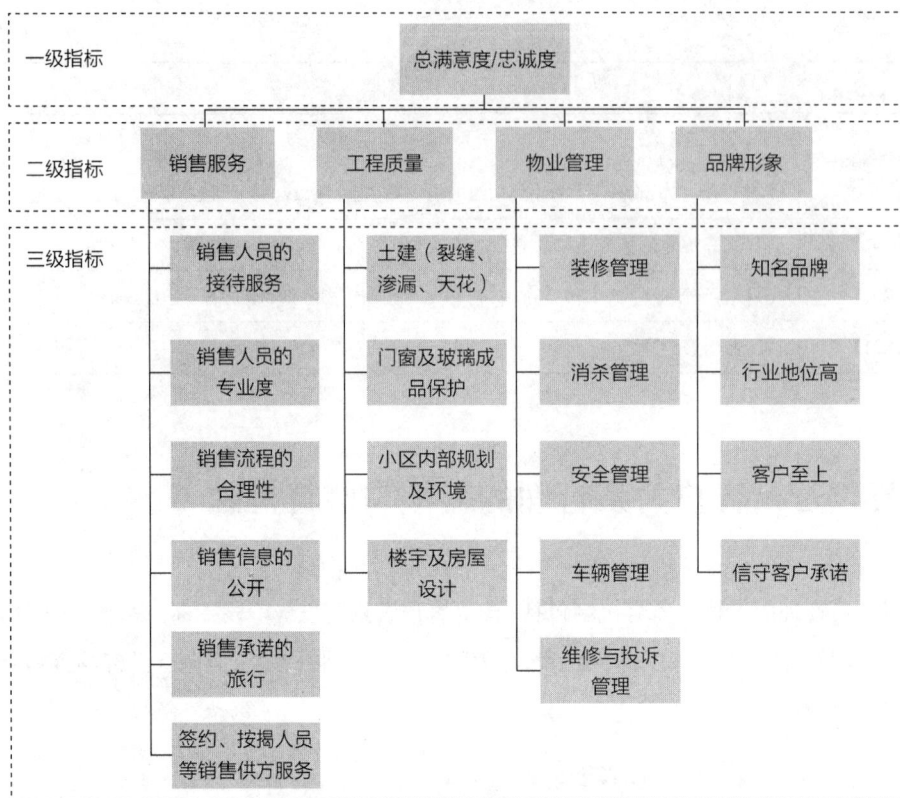

图6-7　客户满意度三级考核指标

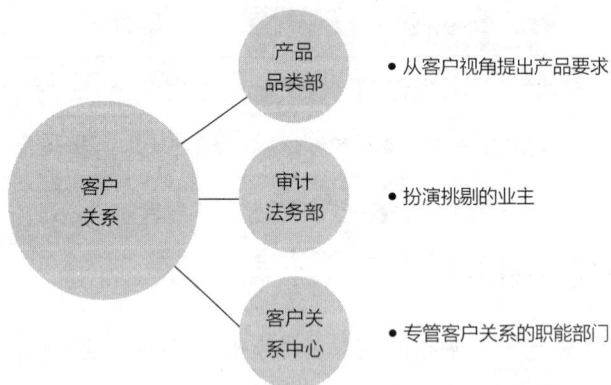

图6-8　万科与客户关系密切相关的3个部门

部门1. 产品品类部——从客户视角提出产品要求

成立产品品类部（2005年）是万科客户关系管理上的一个重要的举措。产品品类部身兼研究与管理双重责任，工作主旨是从客户体验的视角思考和解决产品问题（图6-9）。

判断一个企业的客户关系时，有两个重要指标直接与产品相关：①充分收集和利用来自客户端的信息；②依据客户的体验创新产品（图6-10）。

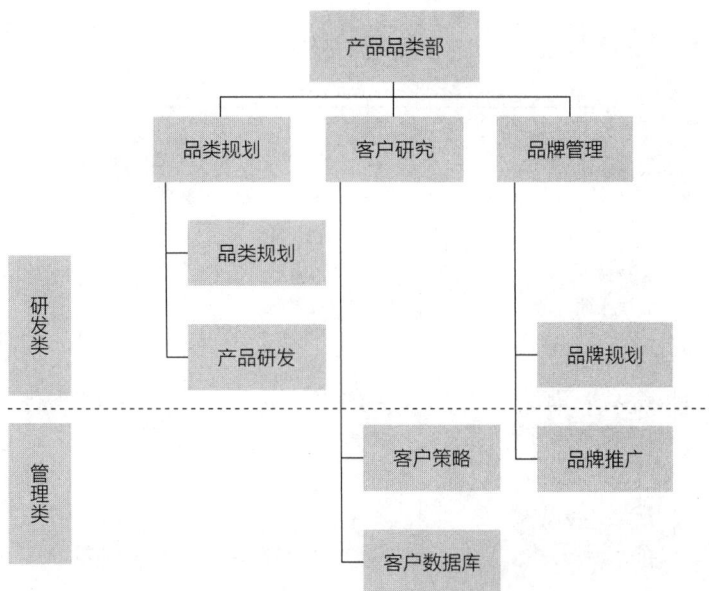

图6-9 产品品类部身兼研究与管理双重责任

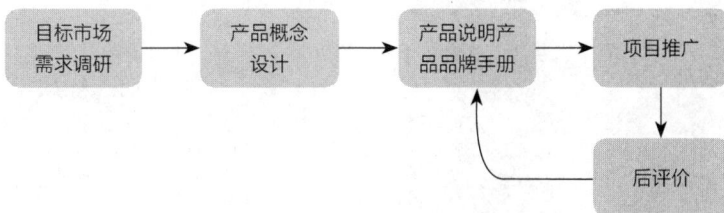

图6-10 产品品类部产品设计过程

房地产产品的区域市场研究需要从土地、客户和产品三方面入手,当此三者达到最佳匹配时,产品对客户的价值最大(图6-11)。

部门2. 审计法务部——扮演挑剔的业主

监控部门的职责不仅是风险控制,更是承担一个挑剔的业主的责任,从业主的视角考察公司的楼盘,找出问题。万科的想法是,监控部门挑出的毛病越多,开盘后客户能挑出的毛病就越少。

部门3. 客户关系中心——专管客户关系的职能部门

2003年9月以前,万科客户服务中心只是万科物业的一个职能部门,不与万科地产发生直接联系。如有与客户有关的事务,必须先经过物业公司后再与上一级万科地产沟通,造成了客户服务效率低下的问题。

2004年万科意识到这个问题时,为缩短客户与万科地产的距离,把客户服务中心从物业公司剥离出来,并入万科地产。这是万科客户管理中非常重要的一个举措。这意味着,客户服务中心直接接受万科地产的领导后,使部门职能得到完善,客户与万科的距离被缩短。

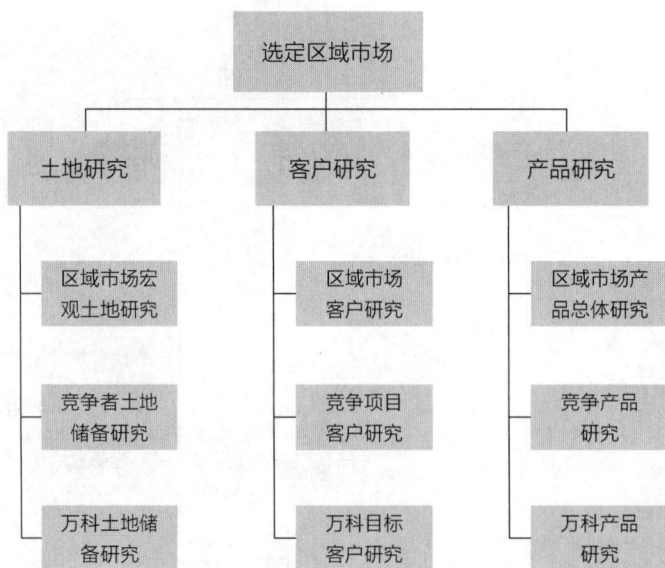

图6-11 房地产产品的区域市场研究

2010年，万科客户服务中心更名为万科客户关系中心，从理念和体系上向客户关系过渡。

万科的管理

万科福景花园业主群诉

1998年底，万科福景花园出现业主群诉，主要问题是万科的宣传与实际情况不符。爆发群诉，为解决突发的问题，万科成立了客户服务组织——业主服务中心，即客户服务中心的前身。当时的业主服务中心主要作用就是灭火队，即把业主发现和提出的问题在最短时间内有效地解决。经过一年的时间，因为处理及时和得当，万科没有因为物业出现问题而流失客户，这是万科直接面对客户的第一次体验。

在万科的组织架构中，客户关系中心是整个公司架构中最大、最重要的一个部门。每个一线公司也都设置自己的客户关系中心，在行政上隶属于一线公司，集团客户关系中心是集团各地分公司的投诉督导和客户关系管理研究部门，其职责是为一线公司投诉处理提供支持，是一线公司客户关系中心的直接领导。万科的这种管理设计促进了客户系统内部知识共享，引导一线公司创建持续改进的客户关系管理模式。

万科客户关系中心部门有四个主要职责（图6-12）：

图6-12 万科客户关系中心4个主要职责

职责1. 协调处理客户投诉

各地客户关系中心得到总公司的充分授权,遵循集团投诉处理原则,负责与客户的交流,并对相关决定的结果负责。万科对此做出的规定是:项目总经理就是客户关系问题的第一责任人,集团客户关系中心负责监控其服务质量,并协调客户与一线公司客户部门的关系(图6-13)。

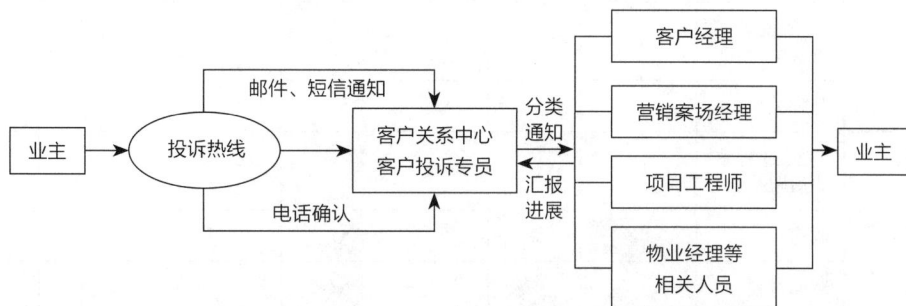

图6-13 客户关系中心处理客户投诉的流程

职责2. 监控管理投诉

2000年,万科在BBS论坛上开通"投诉万科"版,就是由集团客户关系中心统一实施监控。为配合这个投诉版块,万科专门设立了论坛督导员,规定业主和准业主们论坛上发表的投诉,须24小时内给予答复。投诉论坛的每一个帖子,都会自动打入到万科客服管理系统,经过管理人员确认其有效性后,查寻该客户的各类信息,全方位了解问候后,对症下药解决客户各类投诉问题。

投诉论坛的价值在于把所有问题——包括解决方法和解决过程公开,实际是对工作最好的督促。通过投诉论坛,一方面可以迅速暴露产品和服务的缺陷,另一方面也可以借此了解客户的关注点,改进客户关系。

职责3. 解答咨询

围绕万科和服务的所有咨询或意见,集团客户关系中心都可以代为解答或为客户指引便捷的沟通渠道。

职责4. 调查客户满意度

2004年,万科客户服务中心首先在公司内启动全面电话回访机制。为了避免客户服务中心总是筋疲力尽地解决前端遗留的问题,而是提前发现前端工作环节的问题并促使改进,大大减少产品交付后问题出现的数量,万科针对销售接待和签约按揭环节,组织电话回访,了解客户在买房和签约过程中的真实感受(表6-2)。

客户满意度调查指标　　　　　　　　　　　　　　表6-2

指标类型	问卷模块	准业主			磨合期业主		稳定期业主	老业主
		已签合同未收楼	已收楼未装修	已装修未入住	已入住三个月内	入住三个月到一年内		
总体指标	客户关系行为层面（L3）	√	√	√	√	√	√	√
	客户关系情感层面（A8）	√	√	√	√	√	√	√
	品牌关系	√	√	√	√	√	√	√
居住前体验	购买过程和售后跟踪	√	√	√				
	收房		√	√	√			
	装修过程			√	√			
居住体验	居住总体性体验				√	√	√	√
	居住方便性				√	√	√	√
	居住生态和美感			√	√	√	√	
	小区内部设计的方便性				√	√		
	内部居住舒适性			√	√	√		
	生活氛围				√	√	√	√
	物业服务				√	√	√	√
	房屋质量			√	√	√		
	质量问题的维修				√	√	√	
投诉处理		√	√	√	√	√	√	√

三、客户满意度是内部绩效考核标准

万科建立"以客户为导向"的内部绩效考核文化是为高效推进客户关系管理，具体措施包括（图6-14）：

第一，将客户忠诚度作为衡量各部门业绩的关键指标之一，并全面开展与客户有关的培训和宣讲工作及"FACE TO FACE客户沟通行动"等；

第二，通过成立集团客户服务中心搭建客户服务平台，使全体职工明确衡量服务质量的标准就是落实让客户满意的要求，把质量标准与客户满意度挂钩；

第三，考核一线公司，不再以利润为第一考虑，而以客户满意度、员工满意度这两个指标为重要的考核标准。

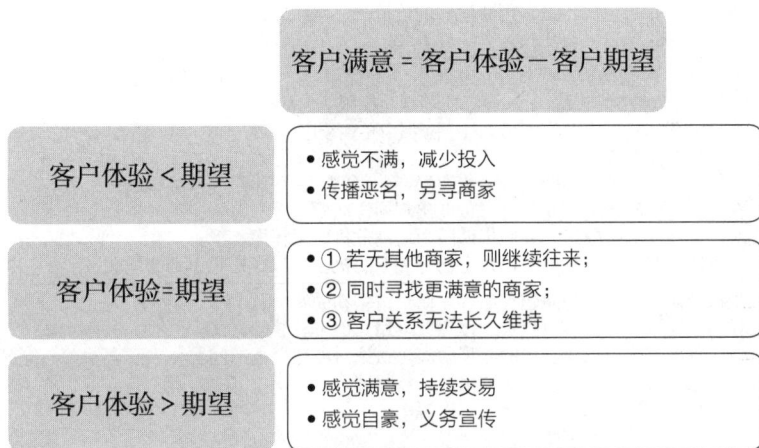

图6-14 客户满意=客户体验−客户期望

四、基于客户关系管理的人员资质模型

在万科，所有员工都要积极参与为客户服务。每一个员工都有义务接待客户，记录客户提出的问题，并负责处理客户关系中心安排的任务。从事万科客户关系工作要求具备以下资质，保证万科客服专业、热情、务实、亲切、不卑不亢的印象，以赢得客户的好感和尊重（表6-3）。

基于客户关系管理的人员资质模型 表6-3

资质	内容
问题解决	① 抓住客户投诉的重点，判断投诉问题的性质； ② 对于客户投诉的任何问题，一律按流程进行操作； ③ 坚守法律底线； ④ 和其他部门进行内部沟通，使决定成为共识； ⑤ 整合外部资源（媒体、司法、消协、行业主管等），对客户施加影响，使其认同解决方案或答复； ⑥ 平衡公司利益（费用支出等导致的损失）和客户利益； ⑦ 在处理危机过程中，面对巨大的内外部压力（决策层反对、群诉、媒体压力等），能够坚持原则
敏锐判断	① 当危机发生后，能够发现并迅速启动危机应对程序； ② 快速反应，避免犹豫不决； ③ 快速权衡利弊并做出决定； ④ 在执行决策的过程，根据执行情况随时调整决策； ⑤ 时刻保持警惕，及时预报任何可能的危机隐患； ⑥ 在复杂、高风险的局面下，以避免严重后果为原则，快速决策，最大限度地保护公司长远利益

续表

资质	内容
人际理解	① 注意别人的非言语信息，包括表情、肢体语言、穿着等； ② 愿意倾听、理解他人的需求； ③ 换位思考，想象自己站在对方的位置上会有什么样的想法和做法； ④ 了解别人的个人特点和处境，从而体会别人可能有的行为和情感； ⑤ 在对方不信任自己的情况下，克服对立情绪或负面看法，站在对方立场上想问题； ⑥ 根据与对方的交往经验，判断他们的价值观、生活方式； ⑦ 通过互动，让客户站在我方立场理解我们的处境，以利沟通
热忱主动	① 对于出现可能影响客户居住的情况，主动提醒客户注意防范（例如房屋的正确使用、灾害、停水停电等异常情况、保修期、优惠期等截止期限）； ② 在客户没有提出问题的情况下，主动接触（沟通）客户（关心、了解客户的居住情况、生活状况、对万科的建议等等）； ③ 总结客户反映的各类问题，并传递给专业部门，关注、跟进措施执行的过程； ④ 在非个案的问题上，充分考虑可能出现同样问题的客户，并主动解决； ⑤ 对已发现的危机隐患，克服内部阻力启动危机应对程序； ⑥ 把每次和客户的接触都看作建立伙伴关系的机会，想客户想不到的问题
印象管理	① 积极应对客户提出的问题，给客户以热情主动的感觉； ② 任何情况下，不对客户指责、谩骂或采用其他不礼貌的方式； ③ 通过各种方法拉近和客户的心理距离（讨论对方感兴趣的问题，主动表示关心等等）； ④ 主动地向客户承诺（下一次联络的具体日期）； ⑤ 慎重地向客户承诺（明示非承诺内容）； ⑥ 信守对客户的任何承诺； ⑦ 以平等的姿态和客户对话，保持尊严，不刻意奉承、迁就客户；当客户提出过分要求时坚决拒绝，并耐心地向对方解释原因； ⑧ 通过聆听客户抱怨，引导客户释放自己的情绪； ⑨ 拒绝对方的过分要求时，能够让对方换位思考；提高对方认识的境界，使其站在公允的立场上讨论问题； ⑩ 明确客户服务的关键时刻，并努力使客户在每次接触中产生良好体验
坚忍执着	① 在确定目标的情况下，不断尝试各种方案以实现目标； ② 在暂时无法取得成果的情况下，不轻易改变自己对既定目标的追求； ③ 不因为若干次失败而轻易怀疑自己的能力； ④ 在内部代表客户利益，与其他部门据理力争； ⑤ 面对敌意很强的客户，或谈判长时间陷入僵局时，永不放弃任何可能达成共识的机会
情绪管理	① 面对客户保持谦和的态度； ② 通过理性地分析问题（不把工作问题个人化）减少自己的负面情绪； ③ 不把个人生活中的负面情绪带到工作中； ④ 面对指责甚至谩骂时，能保持平稳的情绪和心态； ⑤ 在自己情绪状态不佳的情况下，能够寻找一些与工作无关的途径宣泄情绪； ⑥ 在长期承受巨大压力的情况下，发现生活乐趣、保持工作热情； 在碰到特殊压力（如生命威胁）时，知道如何自我保护及保护同事
知识结构	① 具备相关的设计、工程、营销、物业专业基础知识； ② 房地产管理的基础知识； ③ 具备一定的法律常识、了解与房地产开发有关的法律法规、了解国家相关的验收规范； ④ 具备一定的社会学或心理学常识； ⑤ 客户服务基础知识
必备技能	① 客户服务技巧； ② 礼仪； ③ 沟通； ④ 良好的心态； ⑤ 服务信息系统使用； ⑥ 计算机使用和办公软件应用
高级管理知识	① 熟悉客户知识和使用； ② 利用客户满意度数据，识别忠诚客户； ③ 为产品线提供客户需求

五、聘请第三方调查和分析客户满意度

2002年万科开始引入第三方机构进行客户满意度调查,此后每年均进行客户满意度调查,旨在通过全方位的了解客户对万科产品服务的评价和需求,为客户提供更符合生活需求的产品和服务。

具体做法有三:

第一,对客户关系管理的成绩进行外部总评,确保了市场外部监督机制;

第二,将调查、分析反馈到今后的客户关系管理日常工作中去,指导客服工作的完善与提升;

第三,形成月度质量投诉及返修统计分析制度,作为对供应商、施工单位等合作伙伴进行履约评估的重要依据。

为了进一步挖掘业主忠诚与否的潜在驱动因素和情感应诉,万科在定量分析报告的基础上,委托调查公司进行基于深度访谈的定性研究。通过引导客户回忆从认知万科到购买万科产品的全过程,对忠诚客户和非忠诚客户在不同阶段的感受特征进行对比分析,得出了初步结论,即:无论非忠诚客户还是忠诚客户,都不会在一夜之间发生突变,而是一个逐步演变的过程。

第三节 万科首家房地产企业客户俱乐部

1998年,万科向香港新鸿基地产学习,成立了内地首家房地产企业客户俱乐部——万客会(全称"万科地产客户俱乐部"),万客会致力于在"让万科理解客户,让客户理解万科"的基础上建立理性、对等、双赢的与客户间的供求交流方式。

至今,万客会理念不断提升和丰富,经历了从单向施予的服务,到双向沟通与互动,再到更高层次的共同分享。万客会这个组织与会员间的关系越来越亲密,从最初的开发商与客户、产品提供方与购买方、服务者与使用者,转变为更加相互信任的关系(图6-15)。

万科的这种会员管理模式很快成为中国内地房地产行业和其他行业竞相模仿和倡导的客户维系方式。目前中国房地产企业都有以自己企业命名的"××会"等各种会员组织。万客会成为万科品牌的另一标签被市场广泛认同。

截至2014年,万客会会员人数已经超过120万人。

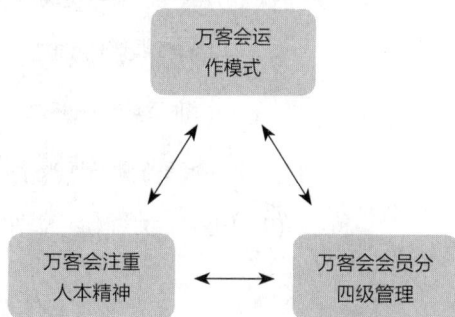

图6-15 万客会——万科会员信息管理系统

◑ 管理看点

企业建立客户价值的3种营销方式

企业一般采用三种营销方式建立客户价值（图6-16）：

第一，通过投入资金费用加强与顾客的关系，比如赠送奖品、提供各种优惠，这种方式容易被竞争对手模仿，难以保持产品与手法的独特性；

第二，制定个性化营销策略，通过了解各类客户的需求和爱好，将公司服务差异化、匹配化，这是通常所说的品牌建设；

第三，增加结构性联系，与客户建立互动的客户关系管理。"万客会"模式就属第三种。

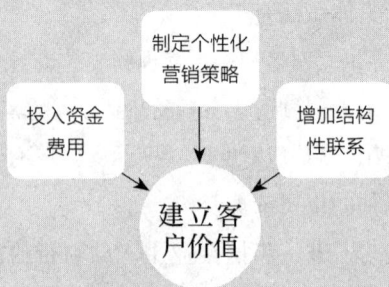

图6-16　企业建立客户价值的3种营销方式

一、万客会运作模式

万客会是万科集团与客户的纽带，由集团总部统一管理，是各区域公司灵活开展的一个会员组织。各区域组织的会员活动在公司规定的范围内灵活组织，活动具体情况及效果备案交集团存档。

这个纽带的价值有以下六个方面（图6-17）：①实现了万科集团与客户间的信息交流；②增强客户对万科品牌的认知；③大量开展的客户活动；④借助活动向客户移植万科企业文化；⑤给予客户最大的回报；⑥促进客户对万科企业品牌价值的认同。

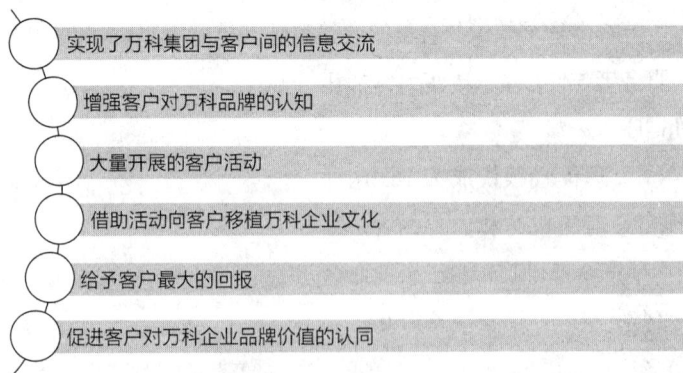

- 实现了万科集团与客户间的信息交流
- 增强客户对万科品牌的认知
- 大量开展的客户活动
- 借助活动向客户移植万科企业文化
- 给予客户最大的回报
- 促进客户对万科企业品牌价值的认同

图6-17　万客会是万科集团与客户的纽带

二、万客会会员分4级管理

万客会会员分级制度将会员分为4个等级，从低到高依次为蓝卡会员、银卡会员、金卡会员以及铂金卡会员（表6-4）。

银卡、金卡、铂金卡会员可享有会员折扣优惠，会员折扣可与其他公开正常折扣一并享受。除特别说明的项目或情况（如团购）外，银卡会员可享有原销售定价0.5%优惠，金卡会员可享有1%优惠，铂金卡会员可享有2%优惠。

蓝卡会员在被银卡或以上会员推荐购房时，在购房手续顺利按要求完成后，将享受0.2%的优惠（表6-5）。

万客会会员分级管理表 表6-4

会员等级	对象	权益有效期	营销目标
蓝卡会员	尚未购买或租赁万科开发物业的人士	权益有效期为两年，每两年更新一次会员信息，更新后可获续卡	扩大客户群，促进产品成交和去化速度
银卡会员	现租赁万科物业的人士或通过三级市场购买过至少一套万科物业的人士	权益有效期为两年，每两年更新一次会员信息，更新后可获续卡	
金卡会员	通过二级市场购买过至少一套万科物业的人士	购房成为会员的会籍终生有效；升级成为金卡的，权益有效期为两年	巩固现有客户群，改进服务和产品品质，扩大影响力
铂金卡会员	对万客会成长具有特殊贡献人士；金卡会员中上年度积分排名前5%的会员	权益有效期为两年，两年后按积分排序重新评定	

万客会四级会员权益总览 表6-5

权益类型	蓝卡会员	银卡会员	金卡会员	铂金卡会员
参与万科会计分计划，获得计分奖励	√	√	√	√
享受万客会精选商家特惠服务	√	√	√	√
享受携程网商旅优惠服务	√	√	√	√
网上会员自助服务	√	√	√	√
优先参观万科新项目	√	√	√	√
万客会年终答谢活动	部分参与	√	√	√
参与万客会会员活动	全体性会员活动	银卡以上会员专享活动	金卡以上会员专享活动	VIP会员专享活动
免费在会资讯服务	《每月在会通讯》	《每月在会通讯》、《万客会》、会刊	《每月在会通讯》、《万客会》、会刊	《每月在会通讯》、《万客会》、会刊

续表

权益类型	蓝卡会员	银卡会员	金卡会员	铂金卡会员
会员购房优惠		0.5%	1%	2%
会员被推荐购房优惠	0.2%	无	无	无
年度限量版礼品赠送	部分赠予	部分赠予	部分赠予	√

三、万客会注重人本精神

一个企业，能够真正与客户分享利益，分享话语权，是需要很大勇气和耐心的。在一些客户会，把客户吸引过来之后就是积分条款的增加，分值也增加，但奖品则做了减法。万客会的活动主要目的以直接让会员通过活动有收获、受益为主，《万客会》的杂志以生活化风格的文章为主要格调，尽量避免商业信息灌输。

冯仑在《学习万科好榜样》一文中，首先提到的便是"万科有一套非常正确的价值观"。学习万客会，所谓的营销理论、模式和手段都不复杂，但其背后所隐藏的人本精神，所反映的企业心态，一直少有能够尽仿者。

第四节　万科对待客户投诉的管理哲学

万科把投诉处理提高到哲学的高度去对待。万科提出"万科在投诉中完美"这句话，可见万科对企业投诉的积极态度。如何面对和解决客户投诉影响到客户满意度和忠诚度，万科坚持认为投诉有可能会暂时令部分想买房的人犹豫，但最终它会改进万科的工作，从而使万科赢得更多的客户。

一、投诉处理的指导思想和原则

万科认为：诚信为本，法律、法规、规范与合同条款是判断问题本质的准绳。

二、万科接受客户投诉的5个渠道

为广泛收集和受理客户的咨询、要求、意见或投诉，与客户进行良性互动，万科建设了全面系统的投诉渠道（图6-18）。

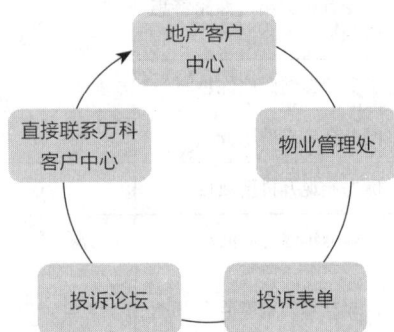

图6-18　万科5个客户投诉渠道

渠道1. 地产客户中心

地产客户中心作为万科的客户窗口,承担着与客户沟通的核心作用,并直接受理客户投诉。任何与万科产品和服务有关的、非物业类的意见,都可以通过电话、传真、E-mail或信函等方式与客户所在区域的地产客户中心联系。客户中心将在正常工作日24小时内给予答复。

渠道2. 物业管理处

物业管理处作为万科专门服务于社区居民的物业部门,负责受理纯物业类的投诉。同时借设在万科各项目小区的便利,随时准备为有急需的客户提供及时的服务。

渠道3. 投诉表单

客户可以通过万科网站填写在线"投诉表单",信息将直接进入万科网站的后台系统,客户中心将在正常工作日24小时内给予答复。

渠道4. 投诉论坛

2000年王石提出网络的概念,2001年开辟了万科投诉论坛。客户如果想通过身份保密,或希望了解其他客户的观点并与他们进行交流分享,则可以通过"投诉论坛"发表意见。

渠道5. 直接联系万科客户中心

如果通过以上渠道投诉后,问题没有得到有效解决,则可以直接和集团客户中心联系。集团客户关系中心统一监控各地客户中心服务质量,并负有协调与一线公司客户部门关系的职责。

三、万科投诉处理的6个业务要求

"投诉万科"以及"投诉论坛"等问题,在万科并不是一场秀,或者一句口号,而是基于深厚管理功底的、开放透明的客户关系管理手段,目的是希望通过客户的监督让万科做得更好,让万科在投诉中完美(图6-19)。

要求1. 记录统计

所有客户投诉应全部纳入投诉处理流程中进行管理,并予以记录跟进,定期进行统计分析。

要求2. 责任到人

投诉处理的每一个环节 都应确定具体责任人;加强与客户面对面沟通,设立现场大使,以提高客户失误处理效率及提升品牌亲和力。

要求3. 投诉预警

预防胜于被动处理,应设置预警机制,防范重大客户投诉的产生;定期总结经验,重大、热点投诉应形成案例,充分共享,避免重复发生过去的问题。

图6-19 万科投诉处理业务要求

要求4. 避免升级

制定相应的投诉处理权限，权限内的及时解决，超越处理权限的，不得拖延推诿，应尽快主动上报处理，避免被动投诉升级。

要求5. 避免群诉

及时道歉，避免矛盾激化，特事特办，灵活处理个案投诉，避免发生群诉事件。

要求6. 回访跟踪

对投诉处理结果进行回访；定期评估客户的满意度。

四、万科投诉处理基本流程

对于客户投诉，万科认为：作为一个规范经营、信守承诺的上市公司，万科尊重自己的客户，亦从不回避客户提出的问题，希望在客户的促进下努力改进自身的不足。客户可以通过多种方式提出问题，亦有多种渠道沟通解决；沟通不成，还可以通过法律手段维护自己的权益（图6-20）。

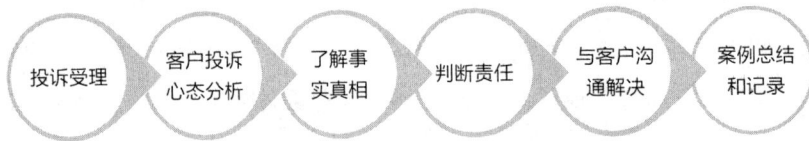

图6-20　万科投诉处理基本流程

步骤1. 投诉受理

受理投诉为投诉处理的第一步，须特别注意的是避免直接下判断。

步骤2. 客户投诉心态分析

客户投诉的心态一般可分为以下五种，或者是混合这五种心态而成的"综合心理"（图6-21）。

求尊重的心理：尽管客户投诉动机可能是自尊心受到伤害，自身利益蒙受损失，甚至是误会、误解所致，但在采取投诉行动之后，都希望别人认为他的投诉是对的，他是有道理的，希望得到理解、同情、尊敬和重视，希望有关人员、有关部门立即受理，向他表示歉意并立即采取相应的行动。

求补偿的心理：客户在受到物质和精神损失时，希望通过投诉得到补偿。

求发泄的心理：客户遇到令他不快、烦恼、沮丧的事情的时候，或者是被讽刺挖苦甚至被

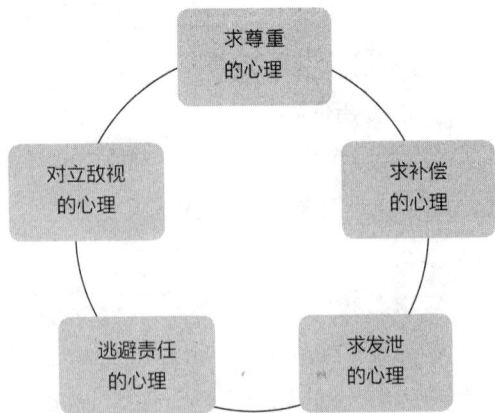

图6-21　5种客户投诉心态

辱骂之后，心中充满了怒火，要利用投诉的机会发泄出来，以维持他们的心理平衡。

逃避责任的心理：顾客因自身的某种原因造成个人或者其他客户损失（例如装修失当），为开脱责任，反而进行投诉，希望蒙混过关。

对立敌视的心理：因个人利益或要求不能得到满足，或其他不可告人的目的，个别客户对公司怀有敌意或对立情绪，希望公司声誉蒙受损失。因此没事找事、小事闹大、大事闹得更大，唯恐天下不乱，刻意给该公司制造和带来更大的麻烦。

步骤3. 了解事实真相

受理投诉后，根据记录的投诉情况，进行调查和了解。

步骤4. 判断责任

根据对投诉相关事实和情况的详尽了解，根据相关法律法规进行责任判断，必要时应征询公司法律室专业人士的法律意见，最终形成对该投诉的回复意见或可行的解决方案。

步骤5. 与客户沟通解决

当责任在我方时，诚恳向客户道歉，取得客户谅解，主动清晰地向客户传递我们依法承担责任的态度，就承担责任方面与客户沟通时，不卑不亢，有理有节。

当责任不在我方时，则应说明相关事实情况和法律规定，争取客户的理解，双方存在争议时，应求同存异，可委婉指明争议的解决途径，但不应态度含糊给予客户一定的期望值。

步骤6. 案例总结和记录

对于投诉处理得到解决后，应认真总结投诉处理过程，一方面将投诉问题转化为案例或经验教训成果转化项目，通过与相关部门及时有效地沟通，防止同类问题的再度发生；另一方面检讨投诉处理环节中是否存在可以归纳和总结的经验教训，以提高我们的投诉处理能力和沟通技巧。

如客户不接受我们的处理意见，需做好情况说明及收集相关的证据。

万科大事记

万科成立以来的发展历程可以分为四个阶段：第一阶段（1984~1993年），万科成立之际便开始多元化的经营；第二阶段（1994~2001年），万科由多元化向专业化转变，在国内房地产业取得了公认的领跑地位；第三阶段（2002~2010年），万科重新配置战略，作为专业化的地产企业步入规模发展的快速轨道；第四阶段（2010至今），万科跨界合作，实施业务拓展战略。

1 阶段1. 多元化经营阶段（1984~1993年）

1984年，万科前身—现代科教仪器展销中心成立，国营性质，经营办公设备、视频器材的进口销售业务。

1985年，万科改变策略，多方拓展销售业务，形成了深圳本部调汇、进货，广州点储运，北京点销售的"三点一线"销售模式。

1986年，开始为摆脱僵化体制而筹措发展资金，准备在两年内完成以公开发行股票为目标的股份化改造。

1987年，北京万科企业有限公司成立，万科集团首轮扩张成果之一。

1988年，万科通过拍卖进入深圳房地产业。

1988年，万科发行中国大陆第一份"招股通函"，公开向社会发行股票2800万股，集资2800万元。

1988年12月，万科通过股份化改组，更名为"深圳万科企业股份有限公司"。

1990年，万科决定向连锁零售、电影制片及激光影碟等新的领域投资，初步形成了商贸、工业、房地产和文化传播的四大经营架构。

1991年1月，万科A股正式在深圳证券交易所挂牌交易，配售和定向发行新股，集资1.3亿元。

1991年6月，万科进入上海，开始跨地域发展地产业务。

1991年，率先推行由业主参与小区物业管理的独特模式，并成立了国内首家"业主管理委员会"，确定了业主自治与专业服务相结合的管理模式。

1992年，万科的第一批人马来到天津，成立天津万科。

1992年，万科提出以房地产为主业，从而改变过去的摊子平铺、主业不突出的局面。

1992年，万科城市花园一期脱颖而出，这是万科集团城市花园品牌系列的第一个项目。

1992年初, 深圳市万科物业管理有限公司成立。

1993年1月, 确立以城市居民住宅为公司的主导业务。

1993年, 万科发行45加万股B股, 募集资金4.5亿港元, 主要投资于房地产开发, 为集团发展奠定了稳固基础。

1993年12月, 改用现名"万科企业股份有限公司"。

1993年, 大连万科房地产开发有限公司成立。

1993年, 万科企业股份有限公司沈阳公司成立。

1993年6月25日, 成都万科房地产有限公司成立。

② 阶段2. 专业化 (1994~2001年)

1994年, 万科提出以城市中档民居为主, 减少在房地产上的开发品种。

1994年, 万科开始分期转让在全国30多家企业持有的股份。

1995年底, 万科提出回师深圳, 从已经开发住宅项目的13个城市削减到深圳、上海、天津和北京等4个城市。

1996年, 万科卖掉了所属的几家与房地产主业毫无关联的企业。

1996年10月23日, 万科物业在本行业内率先通过ISO9002第三方国际认证, 获得了由英国SGS通用公证行颁发的ISO9002国际标准质量体系认证证书, 这是中国物业管理机构获得的第一张获国际机构认可的ISO9002国际品质保证证书。

1997年, 万科协议转让"扬声器厂"。

1997年, 南京万科房地产服务公司成立。

1998年, 万科转让出"怡宝蒸馏水"。

1998年8月18日, 万科地产借鉴香港新鸿基地产"新地会"的模式, 率先在内地成立了地产消费者俱乐部"万客会"。

1999年, 深圳四季花城诞生, 它是万科"四季花城"系列的第一个项目。

2000年初, 公司增资配股募集资金6.25亿元, 公司实力进一步增强。

2000年, 万科进入武汉, 成立武汉万科分公司。

2000年8月, 华润集团及其关联公司成为万科的第一大股东, 持股占集团总股本的15.08%。

2001年, 万科出售控股72%的万佳百货股份有限公司的全部股权, 成为专一的房地产公司。

2001年4月16日, 长春万科房地产开发有限公司成立, 万科正式入驻长春。

2001年, 进入南昌, 推出南昌万科四季花城。

③ 阶段3. 精细化发展阶段（2002~2010年）

2002年6月，公司发行可转换公司债券，募集资金15亿，进一步增强了发展房地产核心
业务的资金实力。

2002年，"情景花园洋房"获得国家知识产权局的专利授权，成为中国住宅业第一个
专利产品和第一项发明专利。

2002年底，创建广州万科房地产有限公司。

2003年，万科进入广州、中山、大连、鞍山房地产市场，初步形成"努X"的区域发展模式。

2003年，进入佛山市场。

2003年7月，中山市万科房地产有限公司成立。

2003年9月，进军鞍山市场。

2004年初，东莞市万科房地产有限公司成立。

2004年，无锡万科成立。

2004年9月，公司19.90亿元可转换公司债券公开发行。同期举行万科集团20周年庆典
系列活动，发布未来10年中长期发展规划。

2005年，万科集团与南都集团共同投资组建镇江润南置业有限公司。

2005年，万科进入昆山市场。

2005年3月，与南都进行战略合作，万科业务扩展到21个大中城市，迈出了新十年坚实
的一步。

2005年，"万科"成为中国房地产行业第一个全国驰名商标。

2006年，公司以"变革先锋、企业公民"为整体工作思路，保持业绩高速增长。

2006年，苏州万科成立。

2006年，公司通过定向增发募集资金42亿。

2006年，公司销售额率先突破200亿。

2006年，万科成为第一家进入全国纳税百强榜的地产企业。这一年，也是万科的"企
业公民元年"。

2007年，公司再次通过定向增发募集资金100亿。

2007年，公司销售额再次率先突破500亿，市场占有率突破2%。

2007年，公司位于东莞的住宅产业化基地将正式运行。

2007年5月9日，万科下属"物业管理有限公司"统一更名为"物业服务有限公司"。

2008年，公司59亿元可转换公司债券公开发行。

2008年7月，在英国《金融时报》公布的2008年全球市值500大企业排行榜（FT　Global
500）中，万科首次进入该榜单，也是其中唯一一家中国大陆房地产企业。

2009年3月，万科因在探索工业化与城市低收入住宅方面的成绩入选2009年3月出版的《财富》（中文版）"十大绿色公司"名单。

2010年1月7日，万科荣登由观点地产网评选的"2009年中国房地产行业年度30强企业总评榜（G30）"。

④ 阶段4. 业务拓展阶段（2011至今）

2011年中，万科总裁郁亮三次参加国务院总理温家宝主持的座谈会，作为唯一受邀的房地产企业代表所作汇报和提出的建议，得到总理肯定；并提出加快保障性住房建设，打击投机炒房，盘活土地存量，增加小户型住房供应，巩固房地产调控成果等建议。

2011年6月27日，在出席中英峰会的温家宝总理和卡梅伦首相的共同见证下，万科和英国建筑研究院（BRE）在英国外交部签订合作备忘录。这一备忘录的签署，意味着欧洲最先进的绿色建筑技术将正式引入中国。

2011年6月28日，万科区域经济与城市化发展研究中心成立，为实现适宜居住用地选址、先进合理规划布局提供研究基础与科学依据。

2011年9月15日，万科与百度携手发布首个合作成果V-in，通过LBS技术和大数据分析形成了良性生态系统。

2011年10月23日，首个社区化养老服务项目——"万科幸福家"正式亮相。

2011年12月6日，《万科客户服务6+2步法》获得中华人民共和国国家版权局颁发的著作权登记书。

2012年4月26日，位于上海的"万科2049五玠坊"举行招商发布会，这标志着万科酝酿已久的高端商业品牌2049正式在上海迈出第一步。

2012年7月，万科推出新的社区商业品牌"蜂巢商街"，万科社区商业新产品"蜂巢商街"是北京金域缇香项目中的商业街，将打造独具情调的社区第三空间。

2013年1月9日，万科集团商用地产管理部在北京成立。

2013年1月18日，亚洲最大院线韩国CGV影城签约佛山万科广场。

2013年2月5日，全资子公司上海万科投资将持有的沪彤置业39%的股权转让给华威欣城。

2013年，北京万科在北京的首个甲级写字楼——万科·金域国际中心入市。

2013年，万科旅游地产板块再添新作——天洋万科.北戴河。

2013年2月14日，万科与素有"美国头号房企"之称的铁狮门公司签约，合作开发旧金山富升街201地块，万科首次进军美国。这是继与新世界合作拿下香港荃湾地块后，万科开拓国际市场的第二站。

2013年4月16日，新加坡吉宝置业宣布，与万科建立战略合作伙伴关系，共同在新加坡和中国开发房地产项目。

2013年4月27日，万科地产第一个养老地产项目——位于杭州良渚文化村的随园嘉树举行媒体见面会。

2013年3月1日消息，万科广州首个商业项目——天河软件园已通过获规划局审批。

2013年6月28日，东莞万科首个商业项目——松湖万科生活广场成功试营业。

美国当地时间2014年2月25日中午，由万科集团、美国知名地产商RFR、Hines携手开发的纽约曼哈顿610 Lexington Avenue（列克星敦大道610号）项目举行了动工典礼。

2014年5月，万科联手廊坊控股，迈出物流地产领域第一步。

2014年5月28日，正式实行事业合伙人制度。

2014年6月，万科H股成功上市，意味着万科率先搭建起A+H双融资平台。

2014年6月，万科与百度确立了战略合作伙伴关系。

2014年10月，万科斥资30亿入股徽商银行。

⑤ 2015年

1月

万科积极谋求转型，从"小草业务"到"分拆上市"

2月

吉宝置业与万科携手

新加坡吉宝置业与万科签订协议，双方共同开发成都市占地16.7公顷优质住宅地块。

万科&乐居&实惠倾力合作O2O营销

万科、乐居、实惠正式携手深度合作标志着房地产精准营销新时代的到来。

3月

万科宣布将通过"融e购"平台销售超100亿元

万科工行"融e购"平台上即将完成超过100亿元人民币的销售额。

4月

京东携手沈阳万科，开启房企采购新时代

京东与沈阳万科达成合作协议，京东为沈阳万科提供专属企业内采平台——慧采平台。沈阳万科将实现公司物品及礼品采购电商化。

5月

万科与万达进行战略合作

万科与万达在北京签订战略合作框架协议，计划在国内外项目开展深度合作。

广州万科联姻民生银行首推地产金融产品

广州万科和民生银行签订框架合作协议，发布地产金融产品"万民宝"。

万科城V-LINK社区全面发布

万科城v-link社区发布会在金州万科城销售中心举行。v-link社区是万科社区服务商2.0版本，旨在建立万科移动互联社区。

6月

万科首次将事业合伙人制度应用于物业管理

万科宣布万科物业业务通过市场化道路及引入事业合伙人机制。万科物业业务未来几年新承接项目将大部分来自非万科开发的楼盘。

万科成立物流地产发展公司　美国黑石集团成股东

万科撤销物流地产事业部，成立万科物流地产发展有限公司，美国黑石集团是股东之一。

上海万科商业推出首个商业服务品牌"万乐会"

21世纪商业地产研究院第六届商业推动地产论坛华东峰会，上海万科商业获得"最有服务意识商业团队"和"金牌管家式购物中心"两大奖项，大会现场发布旗下首个商业服务体系品牌——"万乐会"。

7月

万科总部组织架构大调整：战投部更名事业发展部

万科对集团总部组织架构进行大调整。包括总裁办公室更名为集团办公室，客户关系、媒体关系和品牌管理职能并入集团办公室，工程管理部与建筑研究中心合并，更名为建筑研究与工程采购中心等。

万科联手阿里开发app 首个商业服务品牌正式落地

万乐会将与阿里巴巴旗下产品"喵街"合作，打造APP服务平台。

8月

万科临时股东大会高票通过百亿回购计划

万科百亿回购计划在2015年第一次临时股东大会上获得高票通过。股票回购价格调整至不超过13.20元/股。

万科转型"机器人"生产

"2015亚布力中国企业家论坛夏季高峰会"上，王石透露，万科未来转型的重点是与研究机构做"机器人生产"，30%的万科物业管理员将由机器人来取代。

万科北京区域 V-learn首发

北京万科正式发布"V-LINK"产品系中的首批产品"V-learn"相关战略。未来3年内 V-LINK将全面覆盖北京区域共计10个城市内所有在建及已建成的166个社区。

万科物业启用新标，同步发布睿服务2.0产品

万科物业宣布正式启用新的企业标识，同步发布睿服务2.0产品。进一步实现对物业服务在新技术条件下的精细理解。

万科链家合作家装公司，2015年底营业额欲达5亿元

北京万科和北京链家举行家装合作发布会，为保证质量，至2015年底新公司单月装修数量将少于500套，营业规模大约为4亿~5亿。

9月

颠覆产业地产运营模式，万科推出"万科云"

万科在深圳举行"万科云"产品发布会，"万科云"、"设计公社"、"路由器计划"等产品正式亮相。

万科联手三企业进军环保产业，技术将应用于万科社区

万科集团、大成食品集团、华大基因及凯达环保召开发布会，宣布绿倍生态科技公司正式成立，四家企业跨界进入环保产业。

鹏华前海万科REITs将上市

鹏华基金发布关于变更《鹏华前海万科REITs封闭式混合型发起式证券投资基金招募说明书》有关本基金上市交易规则的公告。

万科新商业战略：万丈资本专注存量资产

万科内部拟新成立的万丈资本有限公司主要业务是金融和城市存量资产的收购改造。为有效解决商业地产资金沉淀过多的问题。

万科联手P2进军联合办公领域

万科在上海虹桥万科中心与国内最大的联合办公空间——联合创业办公社（People Squared，简称P2）正式签约联盟，双方联手打造独特创业办公空间—VIP。

10月

绿景（中国）地产投资有限公司发布公告称，已与万科企业股份有限公司的全资附属公司Wkland Investments V Limited订立认购协议。万科斥6.6亿港元认购绿景中国地产17.81%股权。

万科首款智能硬件"可邻"正式投放市场

万科首款智能硬件产品"可邻"正式投放市场。即将有1000台产品准备分批次在万科内部十个城市推广。

万科光璟&红星美凯龙跨界合作

万科光璟与红星美凯龙战略合作发布会隆重启幕, 新一代国际公寓——万科光璟10套
个性定制样板房同步面世, 地产业老大与家居业老大首次跨界合作。

11月

租金抵房款, 万科推重庆首家长租公寓

重庆首个长租公寓——西九·万科驿, 推出 "用租金抵房款" 政策。

万科广场启用新LOGO, 服务周边5公里社区居民

据万科周刊消息, 万科广场正式启用新LOGO。

万科工业4.0时代转型来临, 万科云·星火online面世

万科云·星火online作为万科转型的标志性项目, 承接万科工业4.0转型的服务型社区,
推动中小微企业和创业者在全球资源与竞争的平台上发展及合作。

万科400热线升级, 首推"直呼管家服务"

万科物业CEO朱保全发布公开信, 推出"直呼管家服务", 旨在系统解决"人到人贴身
服务"。

12月

宝万股权演变。

12月6日下午, 万科大股东易主。前海人寿累计持股逾20%, 成为万科第一大股东。

12月16日, 钜盛华再投52亿增持万科, 持股比例升至22.45%。

12月18日午间万科A股及H股均宣布午后停牌, 称正在筹划股份发行。

12月24日, 宝能系再次买入万科8196万股, 持股至24.26%。

12月29日上午, 万科拟以新股及现金引入合作方。